TRABALHO ESCRAVO CONTEMPORÂNEO:

O DESAFIO DE SUPERAR A NEGAÇÃO

1ª edição — 2006
2ª edição — 2011

ANDREA SAINT PASTOUS NOCCHI
GABRIEL NAPOLEÃO VELLOSO
MARCOS NEVES FAVA
coordenadores

TRABALHO ESCRAVO CONTEMPORÂNEO:

O DESAFIO DE SUPERAR A NEGAÇÃO

2ª edição

LTr 75

ANAMATRA
ASSOCIAÇÃO NACIONAL
DOS MAGISTRADOS DA
JUSTIÇA DO TRABALHO

LTr
EDITORA LTDA.

Rua Jaguaribe, 571
CEP 01224-001
São Paulo-SP — Brasil
Fone (11) 2167-1101
www.ltr.com.br

Produção Gráfica e Editoração Eletrônica: R. P. TIEZZI
Projeto de Capa: R. P. TIEZZI
Impressão: HR GRÁFICA E EDITORA
LTr 4559.7
Dezembro, 2011

Dados Internacionais de Catalogação na Publicação (CIP)
(Câmara Brasileira do Livro, SP, Brasil)

Trabalho escravo contemporâneo : o desafio de superar a negação / Andrea Saint Pastous Nocchi, Gabriel Napoleão Velloso, Marcos Neves Fava, coordenadores. — 2. ed. — São Paulo : LTr, 2011.

Bibliografia

ISBN 978-85-361-1968-7

1. Trabalho escravo — Brasil I. Título.

11-12937 CDU-34:331(81)

Índice para catálogo sistemático:

1. Brasil : Trabalho escravo : Direito do trabalho 34:331(81)

Sumário

Apresentação

Em 2006, quando a Anamatra — Associação Nacional dos Magistrados da Justiça do Trabalho, em parceria com a LTr, lançou a primeira edição do livro *Trabalho Escravo Contemporâneo: o desafio de superar a negação, estava consolidando*, de forma irreversível, uma nova faceta do movimento associativo e da atuação dos juízes do trabalho: ser protagonista na superação de negações que impediam a compreensão de diversas formas de conflitos e mazelas que envolvem o trabalho humano.

O olhar multidisciplinar, a base jurídica e a vivência expressa nos artigos da obra, possibilitaram a instrumentalização e conscientização de um número cada vez maior e mais qualificado de juízes do trabalho que, mesmo não vivenciando nas suas localidades de atuação conflitos desta espécie, passaram a afirmar a existência da escravidão contemporânea e, construindo uma nova postura política diante desta realidade, ajudam a superar e enfrentar essa dura realidade.

A Anamatra aprendeu muito, mas também contribuiu de forma significativa, nos anos de atuação junto à CONATRAE — Comissão Nacional de Combate ao Trabalho Escravo — e nas inúmeras parcerias que firmou com entidades comprometidas com o objetivo de denunciar, instrumentalizar e contribuir para a efetiva superação, não só da negação que impedia a possibilidade de um olhar diferenciado sobre a escravidão contemporânea e suas inúmeras faces, mas da inércia que impede a erradicação definitiva de todo e qualquer trabalho humano prestado em condições de escravidão e de forma degradante.

Decorridos mais de cinco anos da primeira edição, que está esgotada, a Anamatra tem a alegria e o compromisso de relançar a obra que, além de artigos revisados e atualizados, procura demonstrar o amadurecimento político da entidade e dos juízes do trabalho e demais operadores do Direito. Esse amadurecimento, fruto da conscientização e da apropriação de conhecimentos específicos sobre o tema, ainda que não suficiente para determinar a erradicação do trabalho escravo moderno, tem facilitado e multiplicado ações políticas efetivas na busca de soluções para o problema.

Este livro é um símbolo e uma forma de reafirmar a determinação da entidade com a promoção dos Direitos Humanos e a abolição de toda forma de escravidão contemporânea, da mesma forma, intensidade e firmeza com que a Anamatra defende a valorização da magistratura e de um Poder Judiciário livre, independente e transformador da sociedade brasileira.

Esperamos que a obra seja útil e que faça parte da história da Anamatra contar, no futuro próximo, como foi possível superar a negação e, depois, superar o próprio problema, de forma a, definitivamente, erradicar o trabalho escravo contemporâneo.

Renato Henry Sant'Anna
Presidente da ANAMATRA

Prefácio da Segunda Edição

Passados alguns anos da primeira edição, ANAMATRA e LTr trazem à lume esta reedição revista, ampliada e modificada do *Trabalho escravo contemporâneo: o desafio de superar a negação.*

É atividade institucional importante da Associação Nacional de Magistrados da Justiça do Trabalho, o oferecimento de subsídios teóricos — e práticos — para a defesa do Direito do Trabalho.

A chaga do trabalho escravo no Brasil, longe de se ver extinta há anos — oficialmente, não a temos desde 1888! — amplia-se.

Este livro traz um preciso perfil de várias facetas desse lamentável episódio que ofende e vilipendia toda a sociedade brasileira.

Anunciávamos, na primeira edição, que "A essencialidade do trabalho para o homem dá o tom da importância de medidas de sua intensa proteção. Tutelar o valor-trabalho, que é fundamento do Estado de Direito e que é esteio da organização econômica do País, significa proteger o próprio homem e sua dignidade. Equivale a proteger a própria sociedade em que se insere o homem".

A luta avança, inegavelmente, e vem contando com as decisões da Justiça do Trabalho como uma importante arma. O balanço desta realidade faz-se num artigo acerca da jurisprudência sobre o tema, que é inovação desta reedição.

Outro viés de infeliz novidade constitui-se o trabalho escravo urbano, que vem ceifando liberdades e malferindo cidadania nas oficinas de costura, muitas vezes envolvendo o tráfico de estrangeiros, que se submetem de maneira ainda mais pacífica, por sua precária condição no País. O diagnóstico deve, como interessa a toda ciência humana, vir acompanhado de propostas de solução e indicação dos caminhos de luta. Disto não se descura, no artigo sobre trabalho escravo urbano, que aparece como novidade nesta reimpressão do livro.

De novo, buscou-se a participação de atores das mais diversas frentes, todos a refletir, em seu campo de atuação, acerca do grave problema e a relatar os êxitos obtidos nesta permanente — e necessária — guerra.

Percorrem-se os espaços históricos e antropológicos, desde a constatação da existência de trabalho escravo — formas contemporâneas de escravidão, desenhando o conceito de trabalho escravo.

Segue por procurar entender os mecanismos de recrutamento de trabalhadores escravizados: as estruturas que alimentam e mantêm a exploração dos trabalhadores em condições subumanas, visando compreender a lógica da exploração e a utilização de mão de obra escrava. Com estes fundamentos, estuda a realidade, cultura e costumes na área rural: a utilização de mão de obra escrava na Amazônia.

A ANAMATRA espera que este trabalho possa seguir fornecendo meios para reflexão da dura realidade que ainda representa o trabalho escravo no País e sirva de referência para os profissionais de Direito e ativistas sociais, como testemunho da luta pela erradicação desta prática.

Um passo a mais, na caminhada longa e dura, para a qual contamos com a inestimável, competente e sempre pronta parceria da LTr Editora, fator imprescindível para a concretização da obra.

Porto Alegre, Belém, São Paulo, novembro de 2010

Andrea Saint Pastous Nocchi
Gabriel Napoleão Velloso
Marcos Neves Fava

Prefácio da Primeira Edição

A essencialidade do trabalho para o homem dá o tom da importância de medidas de sua intensa proteção.

Tutelar o valor-trabalho, que é fundamento do Estado de Direito e que é esteio da organização econômica do País, significa proteger o próprio homem e sua dignidade. Equivale a proteger a própria sociedade em que se insere o homem.

O sistema que se erige a partir destas premissas constitucionais busca amparar a relação subordinada de trabalho e se identifica com o Direito do Trabalho, por princípios, regras e uma particular hermenêutica.

Toda luta pelo encarecimento dos direitos sociais não extirpou, no entanto, do seio da sociedade contemporânea, a mácula intragável da escravidão. A abusiva exploração do homem pelo homem, que é quase tão antiga quanto a humanidade, modifica como camaleão seus contornos, permanecendo presente nestes tempos de capitalismo voraz, em várias partes do mundo, como também no Brasil.

A existência do trabalho escravo obriga o jurista a empreender renovada reflexão. As premissas contratuais clássicas que fundamentam parte do Direito do Trabalho devem ser revisitadas, pois nem sequer a liberdade fictícia do contrato de trabalho pode ser encontrada; a coação capitalista, ao invés de econômica e sub-reptícia, torna-se aberta e exibe sua face mais violenta. Como resultado, o combate efetivo não se dá pela repetição dos princípios e instituições clássicas, e exige o esforço inventivo e criativo dos juristas comprometidos em pôr fim ao trabalho escravo.

Este trabalho é fruto da reflexão desses profissionais do Direito, pesquisadores jurídicos, ativistas sociais e cidadãos que compartilham do repúdio à odiosa exploração do trabalho escravo na modernidade. Imersos na perplexidade pela resistência de tal exploração. Visa a reunir a reflexão de operadores do Direito que insistem em resgatar a dignidade do homem, perdida na fria relação de exploração neoes-cravocrata.

Constituem-no artigos de estudiosos e ativistas dos direitos humanos, que têm voltadas suas forças para a guerra contra essa amaldiçoada prática. Percorre os espaços históricos e antropológicos, desde a constatação da existência de trabalho escravo — formas contemporâneas de escravidão, desenhando o conceito de trabalho escravo.

Segue por procurar entender os mecanismos de recrutamento de trabalhadores escravizados: as estruturas que alimentam e mantêm a exploração dos trabalhadores em condições subumanas, visando a compreender a lógica da exploração e a utilização de mão de obra escrava. Com estes fundamentos, estuda a realidade, cultura e costumes na área rural: a utilização de mão de obra escrava na Amazônia.

A degradação ambiental — e humana — na Amazônia é vertente da pesquisa que escancara a coordenação entre o trabalho escravo e os ataques à integridade do meio ambiente, o que se faz a partir do enfoque do trabalho degradante nas carvoarias. A degradação do homem e da natureza resulta em forma de violação dos direitos humanos, como se procura demonstrar.

Trabalho escravo infantil, a exploração da mão de obra de crianças e adolescentes das famílias de trabalhadores, é parcela importante na luta contra os predadores de trabalho subjugado, porque duplamente cruel.

Segue-se, na obra, com a demonstração dos diversos mecanismos de luta em favor do homem e pela erradicação dessa grave doença social, a partir do importante instrumento do cadastro de empregadores previsto pela Portaria n. 504 do MTE, analisando, depois, as importantes medidas da OIT, do Ministério Público do Trabalho e da Magistratura Trabalhista; esta, em grande medida, comprometida com o enfrentamento *vis a vis* dos efeitos da escravidão, por meio das varas itinerantes, a funcionar nas mais remotas áreas da produção agrícola brasileira.

Na empreitada social pela erradicação do trabalho escravo, não há como perder de vista os estreitos liames entre o abuso cometido pelo capital contra o homem, compreensão que leva a novos instrumentos de luta, organizados a partir da divulgação prejudicial dos produtores de bens que exploram os escravos. A resposta pecuniária que vêm dando os Tribunais do Trabalho, com a imposição de multas e indenizações pesadas aos empregadores (*retius*, exploradores), precisa ampliar-se para tomar conta de toda a sociedade, banindo-se do mercado tudo o que se produzir com a força humana sob degradante exploração.

A ANAMATRA espera que este trabalho possa fornecer meios para reflexão da dura realidade que ainda representa o trabalho escravo em nosso País e sirva de referência para os profissionais de Direito e ativistas sociais, como testemunho da luta pela erradicação desta prática. Representa mais um passo na consolidação do papel social de nossa associação e no seu compromisso em denunciar a prática do trabalho escravo, fomentar o debate cívico sobre o tema e lutar por sua pronta extirpação.

A iniciativa da ANAMATRA inaugura importante espaço de debate e reflexão sobre o tema. A inestimável, competente e sempre pronta parceria da LTr Editora constituiu passo imprescindível para a concretização da obra.

Gabriel Napoleão Velloso
Marcos Neves Fava

Da Negação ao Reconhecimento da Escravidão Contemporânea

Eliane Pedroso(*)

1. Introdução

> O estudo do passado, longe de ser operação saudosista, modo de legitimar as estruturas vigentes, ou simples verificação, pode ser uma arma para abrir caminho aos grandes movimentos democráticos integrais, isto é, os que contam com a iniciativa do povo trabalhador e não o confinam ao papel de massa de manobra, como é uso.
>
> Antonio Candido, *post-scriptum* sobre o significado de *Raízes do Brasil*, de Sérgio Buarque de Holanda.

Nestas primeiras décadas do século XXI, grande é a dedicação dos meios de comunicação de massa para a questão do trabalho escravo. Está nas páginas dos jornais de maior circulação do País, nos telenoticiários e em documentários produzidos pela televisão, nas notícias e denúncias que se ouvem através da radiodifusão e em *outdoors* espalhados por locais públicos. Inúmeros órgãos passaram a colocar como prioridade de pauta o debate sobre o trabalho escravo e estratégias de combate, lançando diversos programas em operações um tanto recentes. Também o Poder Judiciário está com seus olhos voltados ao trabalho escravo, sendo que os ementários de jurisprudência têm mostrado um número crescente de decisões que envolvem o tema, além de cada vez mais o mote fazer parte de congressos, encontros e debates.

(*) Juíza do Trabalho, titular da 4ª Vara de Santo André, São Paulo (2ª Região). Especialista em Direito pela Universidade de Salamanca.

O empenho do Estado, a divulgação da mídia e a preocupação social sugerem que nunca se falou tanto e com tamanha repercussão sobre a escravidão no Brasil como em dois períodos da nossa história: a época pré-abolicionista da segunda metade do século XIX e a contemporaneidade do século XXI. Mas surge aqui uma dúvida: o que reacende com tanto vigor esta matéria quando, ao estudarmos a evolução da civilização brasileira sobre o tema, iremos nos deparar com o fato de que a escravização nunca deixou de existir no Brasil?

A importância deste estudo, a considerar que não podemos situar-nos ao mesmo tempo dentro e fora da nossa sociedade para podermos integralmente compreendê-la, seria entender como evoluiu socialmente a escravização de homens, para com isto tentar entender a persistência do fenômeno. Se a todo tempo, nas mais diversas regiões e civilizações, e se ainda persiste em várias partes do mundo a escravização de homens por outros homens e, considerando que o Brasil, em toda a extensão possível em que historicamente possa ser estudado, possui mais de meio milênio de contínua prática da escravização, poderíamos concluir que o homem é escravizador?

Conforme Ruth Benedict, ao explicar que sociedade e indivíduo não são antagônicos, de um lado nenhuma civilização contém um elemento que não seja a contribuição de um indivíduo, de outro lado, porém, cada cultura é que fornece a matéria-prima com a qual o indivíduo constrói a sua vida.(1) Parece fundamental, portanto, estudar onde está inserido este homem escravizador para que possamos entender a persistência desta chaga anacrônica na sociedade atual.

Outra preocupação de relevo recomenda o estudo da evolução social do trabalho escravo.

Conforme definição de Evans-Pritchard, grupos são formações de "pessoas que se consideram como uma unidade distinta em relação a outras unidades, são assim encaradas pelos membros dessas outras unidades, e todos têm obrigações recíprocas em virtude do fato de pertencerem a ele".(2) Ora, é certo que há uma tendência humana a se classificar em grupos e a reconhecer quem faz parte do grupo e, especialmente, realizar tal reconhecimento ao distinguir quem é que *não* faz parte do grupo. Sob este ponto de vista, a escravização de pessoas externas ao grupo pode ser desumana sob a ótica da nossa civilização contemporânea, mas é perfeitamente natural sob o ponto de vista do grupo escravizador. Assim, a escravização de tribos nativas por outra, ainda que com requintes de extrema crueldade, sobressai-se como um fato justificável e compreensível. Até mesmo os mais hediondos exemplos de escravização, que mesmo na mais rápida tentativa de lembrança não deixaríamos de fora, como a de judeus, negros ou asiáticos, indicam

(1) BENEDICT, Ruth. *Padrões de cultura*. Trad. Alberto Candeias. Lisboa: Livros do Brasil, p. 276-277.

(2) EVANS-PRITCHARD, E. E. *Os* nuer. Trad. Ana M. Goldberger Coelho. São Paulo: Perspectiva, 2002. p. 272.

a existência de um grupo eliminando o grupo considerado estrangeiro. E não que alguém vá defender ou louvar a escravização por torpes motivos, tais como raça, credo ou cor, porém, os modos contemporâneos de escravização do homem, sem a sua classificação em um grupo inimigo, surge como um dado a mais para que se pondere a gravidade com que este fato social está transformando a sua feição. No Brasil, já não há mais a escravização de um grupo por outro, mas de modo cada vez mais mesquinho, mais sem móbil, escraviza-se qualquer homem, de qualquer grupo, até mesmo do próprio grupo a que pertence o escravizador, basta para tanto que as circunstâncias favoreçam esse objetivo. Talvez esta seja a razão para que, após mais de um século após a abolição da escravatura, o trabalho escravo seja uma das grandes preocupações nacionais.

Daí a necessidade de analisar como a escravidão era vivenciada e como foi se transformando até atingir o perfil atual. Talvez não seja possível dizer se o panorama social melhorou, mas, com certeza, o fenômeno da escravidão é mais sutil, mais dissimulado. Pode ser até menos agressivo, mas esta última característica é de mais difícil análise ainda, eis que é muito fácil nos chocarmos com a escravização de negros africanos ao vivermos no século XXI, mas é certo que ela conviveu em um estado de aceitação social por cerca de três séculos. Se algum dia conseguirmos erradicar qualquer espécie de trabalho escravo, o homem que viver nesta época irá também voltar seus olhos indignados para este passado da nossa atual história.

2. A escravidão do índio pelo índio

Morrer gloriosamente é melhor do que salvar-se.
Ésquilo, Fragmentos, 453.

Não que deva ser poupado o colonizador europeu pelo lamentável estrago que o escravismo adotado nas colônias causou, mas é um equívoco tratar a escravidão no Brasil como um mal trazido pelos portugueses ou por eles difundido. Não bastasse o fenômeno de a escravidão ser tão antigo quanto a humanidade, o que pode ser demonstrado pelas referências encontráveis, de modo expressivo, nas passagens mais remotas da Bíblia[3], na história da civilização e da filosofia grega[4],

(3) O livro *Gênesis*, o primeiro da reunião de escritos que forma a Bíblia, menciona expressamente a existência de escravos desde a época de Noé (9,20-29), inclusive fazendo menção aos que possuiria Abraão, presumidamente por volta do século XIX a.C. A descrição, porém, da vida escrava, aparece em seguida, no *Êxodo* 1,11, e pouco adiante, em *Êxodo* 1,13 e 1,14. Cf. Bíblia: com ajudas adicionais. Traduzida em português das línguas originais hebraico e grego. Rio de Janeiro: Alfalit, 2000. p. 7, 8, 49.

(4) Nos séculos IV e V a.C, à época da ascensão de Atenas, muito embora o sistema político fosse a democracia, na qual todos os cidadãos participavam das decisões, só era considerado como cidadão pouco mais de 10% da população, estando excluídos dessa intitulação os escravos, além das mulheres e dos descendentes daqueles que também não possuíam cidadania.

ou da civilização romana[5], esse pensamento enganoso, que a história do Brasil parece propagar, desconsidera que, antes do desembarque do português, já estava a escravidão instalada arraigadamente nestas terras.

2.1. A desmitificação da usual imagem atribuída ao índio brasileiro

De início, é imperioso desfazer a figura mítica e generalizada do índio brasileiro como um ser preguiçoso, diuturnamente pendurado em sua rede, trabalhando apenas no plantio do que comia e comendo só aquilo que vingava. Em verdade, possuíam, os índios, grande vigor, boa saúde e resistência física ao trabalho pesado. Estavam habituados à caça, à pesca e às longas caminhadas, eram extremamente destros na lida com arcos e flechas, envolviam-se em belicosas guerras intestinais e, sem grande dificuldade, eram capazes de abater árvores de grande porte e de suportar o transporte de cargas pesadas[6], além de serem excelentes remadores e de, em boa parte das tribos, fabricarem e utilizarem instrumentos de pedra. Gilberto Freyre, citando Thomas Whiffen e sua obra The North-West Amazon[7] sobre as tribos do Nordeste do Brasil, menciona que estas, bem como as de quase todo o Brasil, praticavam a "cultura de mandioca, tabaco e coca, e em menor extensão de milho, inhame ou cará, jerimum, pimenta; os campos clareados a fogo (coivara) e cavados a pau e não a enxada; nenhum animal doméstico; toda vida animal aproveitada como alimento; uso do mel, havendo certa domesticação de abelhas; a farinha ou o bolo de mandioca e a caça pequena conservada em caldo grosso, apimentado — os dois alimentos de resistência; a raiz de mandioca espremida depois de embrulhada em palha ou esteira; a coca mascada e as sementes de mimosa usadas como rapé; o tabaco usado apenas como bebida e só em certas cerimônias; o conhecimento e uso do curare e outros venenos; uso da flecha, lança, arco e remo; captura de peixe pelo processo de lançar veneno na água, mas também por anzol, armadilha, rede e fisga denteada (...); instrumentos de madeira; canoas cavadas na madeira; árvores derrubadas por meio de cunhas (...)".[8]

É portanto muito importante ressaltar que o antagonismo entre o modo de viver a que até então o índio estava habituado e aquele que lhe procurava imprimir o explorador português não pode ser confundido com as características de indolência e inatividade que, equivocadamente, são atribuídas àquela etnia.

---

(5) A escravidão faz parte da civilização romana desde a fundação de Roma no séc. VIII a.C., ainda que só com a expansão romana, especialmente a partir do século II a.C., que o escravo se transforma na base do seu sistema produtivo.

(6) Cf. ALENCASTRO, Luiz Felipe de. *O trato dos viventes:* formação do Brasil no Atlântico Sul. São Paulo: Companhia das Letras, 2000. p. 195: "Tirante a cal marinha cavada dos sambaquis do litoral, os produtos desciam da serra do Mar nas costas dos índios. Em sentido inverso, subiam — sempre carregados pelos índios — os importados: sal, tecidos, especiarias, vinho, ferramentas, pólvora".

(7) A Referência é à edição de Londres, datada de 1951.

(8) FREYRE, Gilberto. *Casa-grande & senzala.* Rio de Janeiro: Record, 2002. p. 168.

Freyre, não obstante não permanecer livre de duras críticas[(9)(10)] pela etnologia indígena constante em *Casa-Grande & Senzala*, atesta: "Não que o português aqui tivesse deparado em 1500 com uma raça de gente fraca e mole, incapaz de maior esforço que o de caçar passarinho com arco e flecha e atravessar a nado lagoas e rios fundos: os depoimentos dos primeiros cronistas são todos em sentido contrário"[(11)] e, mais adiante, transcreve alguns trechos da *Carta* de Pero Vaz de Caminha a D. Manuel, o primeiro documento descritivo que se conhece sobre o Brasil, em que são enaltecidas a beleza, a saúde e a robustez dos índios com quem o missivista se pôs em contato tão logo deitou os pés na recém-nomeada Terra de Santa Cruz.[(12)]

Aproximadamente em 1570, Pero de Magalhães de Gândavo escreve o *Tratado da Terra do Brasil*, que se destinava a atrair os portugueses para a imigração em razão da potencialidade de expansão comercial e desenvolvimento populacional das novas terras, assim como a desviar o foco comercial lusitano, totalmente centrado na Ásia, objetivos que realiza ao exaltar a abundância e a fertilidade das terras brasileiras. Mas, além disso, ainda que escrito sob o olhar eurocêntrico e parcial de quem cultua os valores da vida civilizada, o que o leva a ser permeada de impressões até preconceituosas, o *Tratado* aponta novamente as características de força, valentia e vigor do povo indígena: "As armas com que pelejam são arcos e frechas; a cousa que apontarem não na errão, são muito certos com esta arma e mui temidos na guerra, andam sempre nela exercitados. E são mui inclinados a pelejar, e mui valentes e esforçados contra seus adversários, e assim parece cousa estranha ver dois, três mil homens nus duma parte e doutra com grandes assobios e grita frechando huns aos outros; e enquanto dura esta peleja nunca estão com os corpos quedos meneando-se duma parte pera outra com muita ligeireza (...). Gente lhe esta mui atrevida e que teme muito pouco a morte, e quando vão á guerra sempre lhes parece que têm certa a vitória e que nenhum de sua companhia hade morrer".[(13)]

Outro testemunho importante é o do capuchinho francês Claude D'Abeville, que permaneceu em missão no Brasil durante quatro meses, ao evidenciar a habilidade indígena no abate de árvores, construção de cabanas e transporte de sobrecargas: "(...) por ser tanto de seu interêsse como do nosso, começaram imediatamente a trabalhar com muita alegria e boa-vontade, edificando logo cabanas para os franceses, feitas de pequenas árvores de doze, quinze e vinte pés, conforme a altura desejada. Enterrando essas árvores no chão, umas ao lado das outras, prendiam-nas em seguida com outros paus atravessados, com barrotes e vigas. Por

---

(9) RIBEIRO, Darcy assim comenta no prólogo para a edição de *Casa-grande e senzala*. 46. ed. São Paulo: Record, 2002. p. 32.

(10) ALENCASTRO, Luiz Felipe de. *O trato dos viventes:* formação do Brasil no Atlântico Sul. São Paulo: Companhia das Letras, 2000. p. 137.

(11) *Op. cit.*, p. 224.

(12) *Idem.*

(13) GÂNDAVO, Pero de Magalhães de. *Tratado da terra do Brasil e história da província Santa Cruz.* Belo Horizonte: Itatiaia-Edusp, 1980, *apud* Luiz Roncari. *Literatura brasileira:* dos primeiros cronistas aos últimos românticos. São Paulo: Edusp, 1995. p. 52.

cima estendiam ripas e cobriam tudo com folhas de palmeiras, de tal modo arranjadas que a chuva não penetrava de modo algum (...)".[14] E adiante prossegue: "Em pouco tempo construíram várias cabanas dessas, de um e dois andares, e mais um grande armazém para o qual transportaram, eles próprios, toda a carga de nossos navios".[15]

D'Abbeville, na referida obra, ao tratar das providências dos índios de Ibiapaba contra as invasões de portugueses e de índios de Pernambuco às tribos amigas de Cotiba, relata de modo impressionante: "(...) os de Ibiapaba se entregaram durante toda a noite ao corte de árvores, edificando, na manhã seguinte, um forte ao sopé da montanha, a cerca de uma légua de distância do exército inimigo. A maior parte dos moradores de Cotiba, vendo o esfôrço feito pelos seus amigos de Ibiapaba, que haviam esposado sua causa, a eles se uniu, entricheirando-se e fortificando-se solidamente contra o inimigo". [16] Por fim, conclui D'Abbeville: "Jamais desistem de trabalhar naquilo a que estão habituados. E o mesmo ocorre com os homens que com a mesma coragem, ou mais se possível, se entregam às tarefas mais penosas e difíceis como se continuassem na flor dos anos (...)".[17]

Ainda sobre a figura mítica do índio, recentes pesquisas científicas publicadas na revista americana *Science*, em 19 de setembro de 2003, comprovam que, no Brasil, ao menos desde o final do século XV, já havia no Alto Xingu "grandes espaços planejados, que obedeciam a um traçado tão racional quanto complexo",[18] apresentando-se a região norte do Mato Grosso como de alta densidade demográfica, dividida por comunidades que se interligavam através de estradas que podiam atingir até cinco quilômetros. Segundo este estudo "a área de algumas dessas aldeias, de infraestrutura sofisticada e projetadas a partir de princípios não muito diferentes das técnicas urbanísticas usadas, na época, em outras partes do mundo, podia chegar a até 500 mil metros quadrados".[19]

Também nesse sentido é o trabalho de Anna Curtenius Roosevelt ao tratar da economia das sociedades indígenas estabelecidas nas várzeas dos principais rios da Amazônia, no primeiro milênio antes e primeiro milênio depois da era cristã. Roosevelt, em seus relatos etno-históricos sobre o cacicado amazônico declara: "Ao contrário daquelas da Amazônia indígena atual, as economias destas sociedades eram complexas e de larga escala, englobando a produção intensiva de plantas de raiz e de sementes em campos de poli ou monoculturas, a caça e pesca intensiva, o amplo processamento de alimentos e a armazenagem por longos períodos. Havia

---

(14) D' ABBEVILLE, Claude. *História da missão dos padres capuchinhos na Ilha do Maranhão e terras circunvizinhas*. Trad. Sérgio Milliet. Belo Horizonte: Itatiaia; São Paulo: Universidade de São Paulo, 1975. p. 58.

(15) *Op. cit.*, p. 58.

(16) *Op. cit.*, p. 67.

(17) *Op. cit.*, p. 212.

(18) Cf. Os índios escrevem a sua história. *Nossa história,* São Paulo, n. 1, nov. 2003. p. 6.

(19) *Idem.*

investimentos consideráveis em estruturas substanciais e permanentes ligadas à produção, tais como viveiros de tartarugas, represas com pesca, campos agrícolas permanentes, entre outras. A agricultura baseava-se mais na limpeza dos terrenos e nas culturas anuais do que na derrubada e queimada (...). Os artefatos eram produzidos em larga escala e quantidades de tecidos e cerâmicas decoradas de alta qualidade, assim como diversos utensílios, alimentos e matérias-primas, eram comercializados através de grandes distâncias. Parece ter havido locais que funcionaram como mercados, onde o comércio intensivo era realizado periodicamente".[20]

Assim, é seguro dizer que, mesmo à época do Brasil nativo, era possível encontrar sistemas "desenvolvidos" de urbanização, economia, sociedade e política. Não é de se estranhar, portanto, que os portugueses, quando aqui desembarcaram, no século XVI, encontrassem inúmeros índios escravizados, vítimas de uma prática remota e usual nas mais diversas tribos.

2.2. *A descoberta da escravidão pelos portugueses*

O primeiro grupo indígena com o qual os portugueses aqui se depararam foi o que se desenvolveu no litoral atlântico desde aproximadamente o século XI, quase completamente habitado por uma única nação indígena, a tupi, que possuía, de norte a sul, uma identidade cultural e um mesmo idioma de origem, ainda que com incontáveis variações de tribo para tribo, não obstante a extensão da costa e seu fracionamento em subgrupos divisos. Conforme cita Sérgio Buarque de Holanda: "Onde a expansão dos tupis sofria um hiato, interrompia-se também a colonização branca, salvo em casos excepcionais (...)".[21]

Dentre os tupis, uma das principais nações indígenas brasileiras,[22] que se encontravam espalhados por toda a costa, além de várias áreas do interior de mais fácil acesso, já se praticava a escravidão. Claude d'Abbeville, ainda que em relato referente a 1612, consegue ilustrar como era o convívio entre índios e escravos no interior de suas moradias: "Tudo se vê de ponta a ponta, mas não há confusão alguma, pois cada chefe de família vive em seu canto com suas mulheres, seus filhos, seus escravos e seus móveis".[23] E à frente descreve: "Os escravos moram

---

(20) ROOSEVELT, Anna Curtenius. Arqueologia Amazônica. Trad. John Manuel Monteiro. In: CUNHA, Manuela Carneiro da (org.). *História dos índios no Brasil*. São Paulo: Companhia das Letras, 2002. p. 72.

(21) *Raízes do Brasil*. São Paulo: Companhia das Letras, 2002. p. 106.

(22) Segundo classificações tradicionais baseadas em critérios linguísticos, que dividem os índios em quatro grandes nações: tupi (que habitava toda a costa atlântica e parte do interior), jê ou tapuia (que ocupava o Planalto Central), nuaruaque (que ocupava a Bacia Amazônica até os Andes) e caraíba (que ocupava o norte da Bacia Amazônica). Cf. SILVA, Francisco de Assis; BASTOS, Pedro Ivo de Assis. *História do Brasil*. São Paulo: Moderna, 1984. p. 37.

(23) *Op. cit.*, p. 222.

também com seus senhores, dentro da mesma cabana, como filhos da mesma família. Comem bem e são bem tratados. Dão-lhes por mulheres suas filhas e irmãs, as quais os tratam como maridos. Isso tudo até que lhes agrade matá-los para comê-los. Dão-lhes liberdade, entretanto, para andar à vontade, de modo a trabalharem na roça, caçarem e pescarem. Fazem, por conseguinte, o que bem entendem. As mulheres escravas são empregadas no serviço da roça e nos trabalhos domésticos, tal qual as outras mulheres, à espera, como os homens escravos, que as matem e as comam como recompensa quando se apresente a oportunidade".[24]

Ensina Antonio Risério, ao falar sobre a escravidão e o povo tupi: "era uma prática ancestral, sacramentada pelos seus códigos de existência social. Os tupinambás conseguiam seus escravos, basicamente, por dois expedientes: capturando adversários (objetivo principal de suas guerras incessantes) e acolhendo fugitivos".[25] Conforme se verá adiante, essas duas formas de aquisição de escravos geravam dois padrões de comportamento bem distintos, cada qual segundo a forma própria em que os escravos foram obtidos.

Sobre os tupinambás, Hans Staden, com a autoridade de quem permaneceu nove meses[26] em seu convívio, vivendo a aflição de quem espera a cada minuto a decisão dos índios sobre quando seria morto e devorado em razão da sua condição de escravizado, apresentou um relato minucioso sobre seus costumes e relações com seus escravos. *Duas viagens ao Brasil*, publicada pela primeira vez em 1557, conta as diuturnas aventuras que Staden viveu nas duas vezes que veio ao Brasil e, em especial, dedica-se à segunda delas, na qual caiu prisioneiro. Conforme narra Staden, encontrava-se ele caminhando através da selva, quando foi cercado por índios em grande alarido, armados de arco e flecha, que o renderam e o levaram consigo. É o primeiro momento que se revela clara a ideia do índio sobre quem escravizar e porque: "À minha frente ia um chefe com o tacape que empregam para abater os prisioneiros. Discursava e narrava que em mim havia aprisionado e feito escravo a um "peró" — assim chamavam eles aos portugueses — e que agora queria vingar em mim a morte de seus amigos".[27] [28] [29]

---

(24) *Op. cit.*, p. 225.

(25) RISÉRIO, Antonio. Escravos de escravos. *Nossa história*, São Paulo, n. 4, p. 63, fev. 2004.

(26) De meados de janeiro de 1554 a 31 de outubro de 1554.

(27) STADEN, Hans. *Duas viagens ao Brasil*. Trad. Guiomar de Carvalho Franco. Belo Horizonte: Itatiaia; São Paulo: Edusp, 1988. p. 81.

(28) Os tupinambás contaram a Staden, detalhadamente, a origem do espírito de vingança em relação aos portugueses: "Com os portugueses era diferente. Pois anos antes haviam chegado à terra — assim continuaram contando — e lá, onde ainda moram, estreitado amizade com os tupiniquins, seus inimigos. Logo depois os procuraram para comerciarem. Eles, os tupinambás, também tinham ido com muita confiança aos navios e subido a bordo, como fazem ainda nos dias presentes com os navios franceses; quando os portugueses conseguiram um número suficiente deles a bordo, os assaltaram, amarraram, conduziram e entregaram aos tupiniquins, pelos quais foram então mortos e devorados. Atiraram ditos portugueses alguns com sua artilharia e cometeram ainda outras violências e vieram com os tupiniquins para guerreá-los e fazer prisioneiros". *Ibidem*, p. 93.

(29) Em outra passagem, bem posterior ao dia do aprisionamento, Hans Staden comenta sobre um fato que repete o orgulho que sente o índio com a escravização do inimigo e a importância desta

O prolongado aprisionamento era mantido até a decisão que levaria o escravo à morte para a realização dos rituais antropofágicos, sobre o que Staden foi informado logo no início de sua estada entre os tupinambás.[30] Daí em diante, inúmeras foram as ocasiões em que Staden se apercebeu do momento de sua morte, o que recheou seu livro de incontáveis passagens nas quais ele pergunta aos índios se é chegada a vez em que seria vitimado, até que, beneficiado com a sorte é certo, mas, essencialmente, em razão de um poder de persuasão singular que o tornou senão temido, ao menos respeitado pelos índios, passou a não mais ouvir sobre a devoração, ainda que permanecesse vigiado e escoltado por todo o lado, até ser resgatado por um navio francês.

Ao lado desse comportamento adotado em relação aos escravos obtidos entre os seus adversários, havia outro padrão, reservado aos escravos assim mantidos por se cuidarem de fugitivos acolhidos. Nessa situação, o escravo não seria morto, o que não é de se estranhar, eis que era identificado como um covarde; entretanto, permaneceria na aldeia e deveria servir à tribo que o acolheu. Nesse sentido, esclarece Staden, ao se referir a um índio carijó que há três anos servia como escravo aos tupinambás: "Entre os índios vivia um cativo, da tribo dos carijós, que também eram hostis aos amigos dos portugueses. Tinha sido servo destes, mas fugira e os selvagens não matam ninguém que se refugia entre eles, a menos que cometa algo de invulgar. O fugitivo é conservado como escravo e deve servi-los". [31]

Os relatos de Hans Staden, ainda que quase absolutamente centrados nos tupinambás, em evidente decorrência de sua vivência, revelam que tais hábitos se estendiam pela maioria das demais tribos conhecidas dos portugueses, tais as referências que faz aos maracajás, aos guaitacás, aos guaianás, aos carajás, aos carijós guaranis, e aos tupiniquins[32] [33].

Afora a obra de Staden, outras fontes também podem assegurar semelhantes costumes praticados em outras tribos como a dos caetés,[34] a dos timbiras[35] e a dos botocudos[36].

O foco importante, porém, a atrair a atenção na obra de Staden, é que se tornam claros os propósitos essenciais que norteavam os índios com a escravidão:

---

conquista, ressaltada através da oratória: "À nossa entrada em uma das choças, foi um dos meus guardas à frente e gritou em voz alta, para que todos ouvissem: 'Aqui trago o escravo, o português!'. Ele achava que era belo espetáculo ver-se como alguém tinha um inimigo em seu poder, e discursava ainda muitas outras cousas. Isto é muito usado entre eles". *Ibidem*, p. 98.

(30) *Ibidem*, p. 89.

(31) *Ibidem*, p. 119.

(32) *Ibidem*, p. 154.

(33) *Ibidem*, p. 57.

(34) Cf. MONTEIRO, John Manuel. *Negros da terra:* índios e bandeirantes nas origens de São Paulo. São Paulo: Companhia das Letras, 2000. p. 42.

(35) Cf. DIAS, Gonçalves. I-Juca Pirama. *Os timbiras*. Outros poemas. São Paulo: Martin Claret, 2002.

(36) Cf. SCHWARCZ, Lilia Moritz. *A longa viagem da biblioteca dos reis:* do terremoto de Lisboa à independência do Brasil. São Paulo: Companhia das Letras, 2002. p. 254.

a vitória sobre os inimigos, a vingança pela morte de membros de sua tribo, a aquisição de honra por meio de símbolos de valentia e a prática de ritos religiosos.

2.3. A ESCRAVIDÃO COMO SIGNO DE HONRA E PODER

Sobre os símbolos de coragem, avalista da honra e do poder por via dela conquistados, Hans Staden, na obra citada, ensina no tomo dedicado à vida e aos costumes dos tupinambás: "Considera um homem sua maior honra capturar e matar muitos inimigos, o que entre eles é habitual. Traz tantos nomes quantos inimigos matou, e os mais nobres entre eles são aqueles que têm muitos nomes".(37) E mais adiante ajunta: "Quem matou o prisioneiro recebe ainda uma alcunha, e o principal da choça arranha-lhe os braços, em cima, com o dente de um animal selvagem. Quando esta arranhadura sara, vêm-se as cicatrizes, que valem por ornato honroso".(38) No mesmo sentido declara Claude d'Abbeville ao comentar a antropofagia: "(...) disso é que se vangloriam os tupinambás, julgando-se tanto mais gloriosos quanto o número de homens que mataram na guerra e de inimigos que comeram".(39)

Ainda naquele tomo, há um esclarecimento sobre a relação entre o ritual antropofágico e a religião. Segundo Staden, a crença dos tupinambás estava depositada em um objeto, semelhante a um chocalho, chamado maracá. Além disso, consideravam o poder mágico dos pajés. Os pajés teriam o poder de fazer falar e dar poder a todos os maracás e para tanto era celebrada uma grande festa após a qual o pajé divinizava as matracas, ocasião em que: "Ordenam-lhes então os adivinhos que partam para a guerra na captura de inimigos, pois apetece aos espíritos que estão nos maracás comer carne escrava".(40)

O retorno triunfal dos guerreiros, que traziam os escravos aprisionados, era celebrado em ritual festivo que honorificava os vencedores, conforme episódio presenciado por Claude D'Abbeville em local próximo à Ilha do Maranhão: "Esse Caruatapirã voltava de uma guerra sangrenta que durara seis meses e da qual trouxera onze escravos de diversas nações, em virtude do que fêz em Cumá uma entrada solene à moda do país".(41)

John Manuel Monteiro fornece mais uma razão para explicar a guerra indígena e o consequente aprisionamento de inimigos direcionado à consumação do ritual antropofágico, qual seja, preservar a memória do grupo, saudando e honrando os antepassados, ao passo que o próprio respeito e coragem que se pretendia impor

---

(37) *Op. cit.*, p. 172.
(38) *Op. cit.*, p. 184.
(39) *Op. cit.*, p. 229.
(40) Cf. STADEN, Hans. *Op. cit.*, p. 174.
(41) *Op. cit.*, p. 121.

iam se firmando.[42] Indo ao encontro desta asserção ilustra D'Abbeville: "(...) não fazem a guerra para conservar ou estender os limites de seu país, nem para enriquecer-se com os despojos de seus inimigos, mas unicamente pela honra e pela vingança. Sempre que julgam ter sido ofendidos pelas nações vizinhas ou não, sempre que se recordam de seus antepassados ou amigos aprisionados e comidos pelos seus inimigos, excitam-se mutuamente a guerra, a fim, dizem, de tirar desforra, de vingar a morte de seus semelhantes. (...) Escolhem para chefe o que julgam mais hábil e valente, e este vai de cabana a cabana exortando os homens e, com grandes gritos, dizendo-lhes como se devem preparar para a guerra. Mostra-lhes também que é importante se apresentar com coragem, pois pela covardia perderiam, para sua desonra, a reputação guerreira da nação conquistada pelos antepassados na matança e esquartejamento dos inimigos".[43]

O sistema escravista dos indígenas, portanto, mostrava-se bem diferente do que aquele que costumeiramente vem à mente ao imaginarmos situações de escravidão, o que se constata também por intermédio de Gândavo: "Quando estes índios tomam alguns contrários, se logo com aquele ímpeto os não matão, levam-nos vivos para suas aldeias (...), e tanto que chegam a suas casas lançam uma corda mui grossa ao pescoço do cativo pera que não possa fugir, e armam-lhe uma rede em que durma e dão-lhe uma índia moça, a mais fermosa e honrada que há na aldeia, para que durma com ele, e também tenha cuidado de o guardar, e não vai pera parte que não no acompanhe".[44]

Adiante, porém, Gândavo prossegue, ressaltando o caráter de nobreza que a intrepidez representava para os índios, ainda que o faça, em dado instante, de modo um tanto pejorativo: "E acontece algumas vezes afeiçoar-se tanto a este cativo e tomar-lhe tanto amor que foge com ele para sua terra pera o livrar da morte. E assim alguns portugueses há que desta maneira escaparão e estão hoje em dia vivos; e muitos índios que do mesmo modo se salvarão, ainda que são alguns tam brutos que não querem fugir depois de os terem presos; porque houve algum que estava já no terreno atado para padecer e davam-lhe a vida e não quis senão que o matassem, dizendo que seus parentes o não teriam por valente, e que todos correrião com ele (...)".[45]

No mesmo sentido, conclui D'Abbeville sobre os escravos índios: "Embora lhes seja possível fugir, à vista da liberdade de que gozam, nunca o fazem apesar de saberem que serão mortos e comidos dentro em pouco. E isso porque, se um prisioneiro fugisse, seria tido em sua terra por *cuave eim*, isto é, poltrão, covarde, e morto pelos seus entre mil censuras por não ter sofrido a tortura e a morte junto dos inimigos, como se os de sua nação não fossem suficientemente poderosos e

---

(42) *Op. cit.*, p. 27.

(43) *Op. cit.*, p. 229.

(44) GÂNDAVO, Pero de Magalhães de. *Tratado da terra do Brasil e história da província Santa Cruz.* Belo Horizonte: Itatiaia-Edusp, 1980, *apud* Luiz Roncari. *Literatura brasileira:* dos primeiros cronistas aos últimos românticos. São Paulo: Edusp, 1995. p. 53.

(45) *Idem.*

valentes para vingá-lo".[46] E mesmo os escravizados já sentenciados de morte recebem um tratamento minimizador de sua desonra: "Um ou dois meses antes de matá-lo, amarram-no tal qual os carrascos fazem aos prisioneiros após a sentença de morte; mas deixam-lhe ainda movimentos suficientes para que possa bater, brigar, roubar galinhas e gansos e outras cousas e fazer o que bem entenda digno de vingar sua própria morte".[47]

Não há, portanto, no aprisionado qualquer expressão que possa ser interpretada como medo da morte. Mesmo nesta hora, a queda do ex-escravo não se dá sem seu discurso em que proclama a valentia, prediz a vingança de seus parentes e enfrenta com ousadia os opositores que certamente o matarão. Só um medo tem o guerreiro fadado ao fim, o de ser humilhado em razão de "não ter o seu algoz estado ainda na guerra, de não ser como ele próprio um grande e valente guerreiro".[48]

Reunimos, portanto, todos os elementos que esclarecem a escravização do índio pelo índio, no que contribuíram os relatos de antigos viajantes estrangeiros com frações da própria literatura brasileira, a fim de demonstrar que conviviam o caráter de bravura ao lado do de honra. Por sua vez, encontrava-se a vaidade decorrente desta honra conjugada à religião. Enfim, presentes a formação cultural e o sistema sociopolítico.

2.4. O índio escravizado como objeto de escambo

Em 1570 a Coroa Portuguesa autoriza a escravidão dos índios e, por seu turno, a escravidão do índio pelo índio também tem seus contornos alterados. Surge a figura do "resgate", isto é, índios prisioneiros de índios passam a funcionar como troca de mercadorias com os portugueses.[49]

É bem verdade que, mesmo antes de 1570, os resgates já existiam, o que a obra de Staden não deixa qualquer dúvida,[50] sendo que em mais de um momento Staden ressalta a predileção dos índios por ferramentas, machados, facas, espelhos, pentes, tesouras e outras bugigangas, inclusive em seu próprio resgate.[51] Mas não há menos dúvida de que o alvará real fomenta e intensifica essa prática, fazendo proliferar a ideia de que a troca de índios escravizados por mercadorias poderia ser muitíssimo vantajosa. Ainda assim, as características do escravismo nas nações indígenas permanecem bem diversas.

---

(46) *Op. cit.*, p. 231.

(47) *Idem.*

(48) *Ibidem*, p. 232.

(49) Cf. ALENCASTRO, Luiz Felipe de. *Op. cit.*, p. 119: "Nos termos do alvará de 1574, somente os indígenas 'à corda', isto é, já presos e amarrados para serem mortos, podiam ser objeto de um resgate pelos moradores. Indivíduos obtidos por esse expediente tinham, segundo a lei, seu cativeiro limitado a dez anos".

(50) Cf. STADEN, Hans. *Op. cit.*, p. 122.

(51) *Op. cit.*, p. 111, 139 e 143.

De fato, conforme ensina Luiz Felipe de Alencastro, há três fatores interligados que desestimulavam os grupos indígenas dominantes ao uso, como mercadoria de troca, de índios dominados. Inicialmente, a quantidade de terra disponível e os modos de vida e de sobrevivência da sociedade indígena não dificultavam o surgimento de grupos dissidentes, implicando na "fragmentação da comunidade". Por outro lado, o poder do chefe indígena era muito instável e bem mais moral do que administrativo para, de modo organizado e comercialmente finalístico, permitir a extração de cativos da "própria comunidade" a fim de participar do mercado colonial, lucrando com isto. Por fim, ao contrário do que se passava na África, não se formaram redes de tráfico internas a movimentar os cativos entre as diversas tribos indígenas brasileiras.(52)

Some-se a esse modelo, um elemento específico do escravismo existente nas comunidades indígenas, que é tocante aos propósitos daquele sistema e que o torna bem diferenciado dos novos modelos de escravidão que o Brasil conhecerá. A finalidade essencial da conquista de escravos pelos índios é o cumprimento de uma tradição cultural, que engloba religião, crendices, normas de conduta, rituais e valores, e por isso mesmo é "aceita" naquela sociedade, que valorizava os atributos da valentia, vingança e orgulho, ao passo que nutria a crença da morte e da devoração do guerreiro inimigo como meio de aquisição de sua bravura.(53)

Portanto, mesmo após as profundas alterações socioeconômicas que afetaram a comunidade indígena, trazendo-lhe novos valores que os levaram a pensar que vender seus escravos seria mais interessante do que comê-los, não ocorre uma mudança social a ponto de acarretar a solidificação de qualquer grupo indígena como um efetivo fornecedor de escravos. É o que ensina mais uma vez Alencastro: "O fato é que nenhuma comunidade indígena se firmou no horizonte da América portuguesa como fornecedora regular de cativos aos moradores (...). Para converter os indígenas em fornecedores de escravos, carecia transformar sociedades de coleta e de caça em sociedades predadoras de homens".(54)

3. A ESCRAVIDÃO DO ÍNDIO PELO BRANCO

Ninguém ouviu um soluçar de dor
No canto do Brasil.
Um lamento triste sempre ecoou
Desde que o índio guerreiro
Foi pro cativeiro e de lá cantou.
Canto das Três Raças. *Mauro Duarte e Paulo César Pinheiro*

(52) *Op. cit.*, p. 117-118.

(53) Cf. RONCARI, Luiz. *Literatura brasileira:* dos primeiros cronistas aos últimos românticos. São Paulo: Edusp, 1995. p. 60: "A morte confere valor ético à carne do seu corpo, pois aqueles que o matam acreditam que, comendo-o, adquirem sua valentia e coragem".

(54) *Op. cit.*, p. 118.

A escravização do índio pelo branco é frequentemente abordada como um acontecimento menor na história do Brasil, como se mal houvesse existido, e costuma reforçar a ideia do índio indolente e insubordinado como se, de vítima, surgisse como culpado pelo insucesso de parte do empreendimento colonial. Assim, propaga-se a ideia de que, por preguiçosos ou agressivos, os índios não serviram para o trabalho e, por suscetíveis a doenças, logo foram exterminados.

Contudo, um estudo um pouco mais aprofundado pode propiciar um outro modo de pensar este período histórico, a partir de questionamentos como a duração da escravização indígena, as suas vantagens e conquistas e as reais condições que levaram à substituição daquela mão de obra.

É preciso compreender a importância do trabalho escravo indígena para o Brasil colonial, a partir do que se constata também como se deu o desafortunado massacre que arrasou uma população estimada em um a cinco milhões de habitantes[55].

3.1. *A prática e lucrativa escravização dos nativos*

Os séculos XV e XVI foram marcados pela Revolução Mercantil, que possibilitou a expansão comercial marítima portuguesa, a qual não intencionava povoar qualquer colônia, ao contrário do que se deu com a colonização de povoamento inglesa na América do Norte a partir do século XVII, mas sim prosseguir na busca de ouro e prata, além de desenvolver seus interesses mercantilistas por meio do contato com bons mercados produtores e consumidores. Deste modo, ainda que o pau-brasil, e em menor escala o comércio de outras madeiras e de peles, houvesse atraído um pequeno grupo de exploradores desde o início do século XVI, não podemos falar em verdadeira colonização até 1530, período em que os estabelecimentos já fundados não passavam de feitorias precárias.

Mesmo a partir de 1530, data em que parte a primeira expedição colonizadora comandada por Martim Afonso de Souza, o intento verdadeiramente povoador não surgiu de pronto. A presença de colonizadores estava totalmente voltada à expulsão e posterior impedição da ocupação do território pelos espanhóis e, principalmente, pelos franceses, que ameaçavam as terras americanas pertencentes a Portugal ao arranhar o litoral brasileiro com a cobiça pelo pau-brasil, e à necessidade de solucionar os problemas financeiros que vinham assolando aquele país desde a perda do monopólio do comércio das especiarias asiáticas.

Neste contexto, a colonização visava unicamente defender a posse das terras e explorar as suas riquezas, como se aquelas fossem uma vasta empresa comercial

---

(55) Cf. SALZANO, Francisco M. O velho e o novo: antropologia física e história indígena. In: CUNHA, Manuela Carneiro da (org.). *História dos índios no Brasil*. São Paulo: Companhia das Letras, 2002. p. 30.

voltada ao desenvolvimento econômico da metrópole. É certo que o grande interesse português era a descoberta de ouro e prata. Contudo, a inexperiência dos nativos na comercialização de bens, isto é, na troca de mercadorias, impelia Portugal à efetiva conquista e posse do território, sem o que a provável existência de minas permaneceria imprestável ou, o que era pior, sujeitar-se-ia à extração comandada por outros países europeus.

Com este propósito o perfil de exploração a ser adotado não poderia ser outro senão o fundado na grande propriedade monocultora voltada para o mercado externo, o que requeria pouco mais do que uma adaptação rudimentar ao meio unida a uma necessidade mínima de capacitação técnica e da qual o açúcar surge como resultado e não como inspiração.[(56)] Assim se vai alterando a economia, que deixa de ser de extrativismo, centrada no pau-brasil, para se transformar, entre o fim do século XVI e o fim do século XVII, em economia de produção, baseada, essencialmente, nas promissoras empresas açucareiras, até então largamente experimentadas pelos portugueses há dezenas de anos nas ilhas atlânticas e produtoras de uma mercadoria relativamente nova, mas que vinha se transformando em valorizado e caríssimo artigo de luxo nos mercados europeus.[(57)(58)] É o açúcar, e a sua valorização a partir do final do século XVI, que determina, efetivamente, o início da fase colonizadora. Instala-se, então, um novo tipo de colonização, denominado de colônia de plantação, que se caracteriza "pela base agrícola e pela permanência do colono na terra, em vez do seu fortuito contato com o meio e com a gente nativa".[(59)]

Essa decisiva transformação sugere a adoção do escravismo como única medida que viabilizaria a sua finalidade econômica de geração de altos lucros exportáveis. Conforme ensina Sérgio Buarque de Holanda sobre a grande lavoura: "Sem braço escravo e terra farta, terra para gastar e arruinar, não para proteger ciosamente, ela seria irrealizável".[(60)]

Assim, é a necessidade de um grande contingente de trabalhadores que primeiro conduz ao uso da força de trabalho escrava, a qual possibilita a reunião de um grande número de indivíduos cingidos a serem mero combustível daquelas grandes empresas de produção e com os quais pouco era preciso importar-se, sendo absolutamente viável ignorar o seu depauperamento, salvo sob o aspecto econômico. Segundo Gilberto Freyre, são os portugueses os primeiros dentre os colonizadores modernos "a deslocar a base da colonização tropical da pura extração de riqueza mineral, vegetal ou animal — o ouro, a prata, a madeira, o âmbar, o marfim — para a de criação local de riqueza. Ainda que riqueza — a criada por eles sob a pressão das circunstâncias americanas — à custa do trabalho escravo: tocada, portanto,

---

(56) FAORO, Raymundo. *Os donos do poder:* formação do patronato político brasileiro. Porto Alegre: Globo, 1976. v. 1, p. 107.

(57) Cf. FURTADO, Celso. *Formação econômica do Brasil*. São Paulo: Nacional, 1977. p. 9.

(58) Cf. FREYRE, Gilberto. *Casa-grande & senzala*. Rio de Janeiro: Record, 2002. p. 480.

(59) *Idem.*

(60) *Raízes do Brasil*. São Paulo: Companhia das Letras, 2002. p. 49.

daquela perversão de instinto econômico que cedo desviou o português da atividade de produzir valores para a de explorá-los, transportá-los ou adquiri-los".[61]

Tais características se opõem frontalmente às da outra hipótese existente, mas obviamente nada atrativa, de utilização da mão de obra branca europeia, que era escassa e cara, não servindo, portanto, àquele sistema. Conforme explica John Manuel Monteiro, a origem da escravidão "encontrava-se na articulação de um sistema colonial que buscava criar excedentes agrícolas e extrativistas, transformados em riqueza comercial, e apropriar-se deles".[62] Portanto, a necessidade de mão de obra escrava, o que, porém, nem sempre significa barata, eis que a aquisição de escravos negros demandava altas somas de dinheiro, facilitou a escravização do índio, que serviu como "capital de instalação".[63]

Além da moderação de gastos, a escravização do índio atendia a uma outra necessidade imediata para a qual a importância e a contribuição do trabalho indígena era e foi imprescindível. Com efeito, as terras recém-descobertas eram inóspitas, cheias de perigos e segredos. Logo, a experiência do índio, já adaptado à interação humana com esse meio ambiente abreviaria o período de instalação das empresas produtivas, porquanto não seria preciso realizar a adaptação ecológica de trabalhadores estrangeiros, fossem eles brancos ou negros.

A escravização dos índios, nesse quadro, passa a se situar em uma via de duas mãos, ambas direcionadas ao implemento e desenvolvimento daquele fenômeno. Se de um lado, os engenhos açucareiros, em razão do seu porte e de sua finalidade superlucrativa, veem o escravismo como alternativa rápida e eficaz para a consecução dos seus objetivos, de outro lado, surgem novos grupos de indivíduos, formados pelos colonos menos abastados e situados em localidades menos favoráveis à prosperidade econômica, que se unem no empreendimento da captura e comercialização de índios. Neste sentido, ensina Furtado: "A captura e o comércio do indígena vieram constituir, assim, a primeira atividade econômica estável dos grupos de população não dedicados à indústria açucareira".[64] De fato, a expansão do bandeirismo deu-se graças à escassez de mão de obra para a lavoura e se intensifica nas regiões em que faltavam aos lavradores condições de aquisição de africanos.

3.2. A importância da escravidão indígena para o sistema colonial

Conforme Alencastro, o número de índios escravos, ainda que incerto, em razão das divergências encontradas em documentos e testemunhos, "sobrepuja largamente o contingente de africanos introduzidos no mesmo período no Brasil

---

(61) FREYRE, Gilberto. *Casa-grande & senzala.* Rio de Janeiro: Record, 2002. p. 91.

(62) MONTEIRO, John Manuel. *Negros da terra:* índios e bandeirantes nas origens de São Paulo. São Paulo: Companhia das Letras, 2000. p. 129.

(63) FREYRE, Gilberto. *Casa-grande & senzala.* Rio de Janeiro: Record, 2002. p. 223.

(64) *Op. cit.,* p. 42.

holandês e português, cujo montante situa-se em torno de 50 mil habitantes (...). Desse modo, as entradas dos bandeirantes no período 1627-1640, concentradas na zona do Guairá-Tapes e envolvendo o cativeiro de perto de 100 mil indígenas, apresentam-se como uma das operações escravistas mais predatórias da história moderna".[(65)]

A escravidão de índios se intensifica no período da guerra holandesa, isto é, de 1625 a 1650, tendo em vista a alta do preço do escravo africano,[(66)] que passa a valer cinco vezes mais do que o escravo índio,[(67)] consequência óbvia da interrupção do seu tráfico para o Brasil.

Ainda neste período, a farinha de mandioca se sobressai como alimento básico da dieta dos viventes no Brasil, servindo, por vezes, como moeda no pagamento de soldos das tropas militares, o que estimulava o interesse na escravização de índios, que dominavam a cultura daquele tubérculo em razão da longa experiência com o seu cultivo agrícola.

Além disso, durante toda a sua duração, era a escravização indígena que possibilitava o desbravamento e a conquista dos sertões, em que o índio funcionou como "o guia, o canoeiro, o guerreiro, o caçador e pescador",[(68)] bem como garantia a defesa dos engenhos de açúcar já formados das investidas de tribos indígenas inimigas e corsários estrangeiros, o que viabilizava a exploração pretendida pelo colonato. Neste sentido, ensina Gilberto Freyre: "Cada engenho de açúcar nos séculos XVI e XVII precisava de manter em pé de guerra suas centenas ou pelo menos dezenas de homens prontos a defender contra selvagens ou corsários a casa de vivenda e a riqueza acumulada nos armazéns: esses homens foram na sua quase totalidade índios ou caboclos de arco e flecha".[(69)]

Portanto, a escravização de índios teve, em um primeiro momento da colonização, as suas finalidades precípuas de garantir mão de obra farta, produtiva e barata e de viabilizar a exploração do agressivo ambiente, absolutamente alcançadas. Logo, é fundamental repensar a ideia da escravização indígena como um fiasco que resultou na escravização de negros. Os benefícios obtidos com aquele sistema só deixaram de ser apreciados quando superados por novos benefícios mais atraentes aos interesses da Coroa portuguesa e dos colonos que se encontravam nos setores

(65) ALENCASTRO, Luiz Felipe de. *O trato dos viventes:* formação do Brasil no Atlântico Sul. São Paulo: Companhia das Letras, 2000. p. 193-194.

(66) Cf. ALENCASTRO, Luiz Felipe de. *Op. cit.*, p. 198, ao comentar o trabalho de Vera Lúcia Amaral Ferlini na obra *Terra, trabalho e poder:* "A curva dos preços dos escravos do engenho Sergipe do Conde, situado no Recôncavo e estudado por Vera Ferlini, desenha o impacto das fases da guerra holandesa. Há uma primeira alta em 1623-24, em consequência da ofensiva naval resultando na tomada de Salvador; um segundo movimento ascendente entre 1629 e 1631, na conquista de Pernambuco; um pico em 1633-1634, quando se intensifica o bloqueio naval holandês, e um forte salto a partir de 1646 com a abertura de hostilidades frontais na Nova Holanda".

(67) Cf. FAORO, Raymundo. *Op. cit.*, p. 156.

(68) FREYRE, Gilberto. *Casa-grande & senzala*. Rio de Janeiro: Record, 2002. p. 166.

(69) *Idem.*

econômicos mais privilegiados, o que se verá adiante. Portanto, é bem mais correto dizer que as vantagens inerentes à escravização dos negros contribuíram para a substituição da mão de obra indígena do que afirmar que o mau negócio representado pela escravização indígena obrigou os portugueses a encontrar novas fontes de mão de obra mais favoráveis ao lucro imensurável. É neste sentido a lição de Celso Furtado: "O fato de que desde o começo da colonização algumas comunidades se hajam especializado na captura de escravos indígenas põe em evidência a importância da mão de obra nativa na etapa inicial de instalação da colônia (...). A mão de obra africana chegou para a expansão da empresa, que já estava instalada. É quando a rentabilidade do negócio está assegurada que entram em cena, na escala necessária, os escravos africanos (...)".[70]

3.3. A ESCRAVIDÃO INDÍGENA E O (DES)ORDENAMENTO JURÍDICO

Segundo Alencastro, havia três modos, legalmente admissíveis, de posse de índios: a) os *resgates*, isto é, a troca de índios cativos por mercadorias entregues aos índios aprisionadores, permitida desde o Alvará de 20 de março de 1570, e posteriormente pelos Alvarás de 06 de janeiro 1574 e de 24 de fevereiro de 1587, que a limitava aos índios que já se encontrassem amarrados e prontos para serem mortos, sendo que a servidão era restrita a dez anos; b) os *cativeiros*, também permitidos desde o Alvará, de 1570, que englobavam índios que se tornariam escravizados perpetuamente e que atingiriam essa condição por terem sido capturados em uma guerra determinada pela administração régia contra certos grupos indígenas; c) os *descimentos*, ou seja, o "deslocamento forçado dos índios para as proximidades dos enclaves europeus", os quais passariam a viver em aldeamentos. Entretanto, os aldeados eram forros e, se prestassem trabalhos, deveriam receber salários, ainda que de baixo valor, conforme fixação legal, prevista, pelo menos, desde o Alvará Régio de 26 de julho de 1596.

Não obstante, porém, a permissão legal de posse de escravos resgatados somente a partir de 1570, Hans Staden, em sua primeira viagem ao Brasil, entre 1547 e 1548, já informa a existência de índios escravizados por colonos.[71] Na segunda viagem, em 1554, é fácil observar que tal prática se encontrava absolutamente consolidada, conforme confessa: "Eu tinha um selvagem, da tribu dos carijós, que me pertencia. Apanhava-me caça, e eu ia de quando em quando com ele à floresta".[72]

Mas não eram poucos os ataques sofridos pelos colonos, a partir do século XVI, pelas mais diversas tribos indígenas, tais como as de aimorés, potiguares e

---

(70) *Op. cit.*, p. 42.

(71) STADEN, Hans. *Duas viagens ao Brasil*. Trad. Guiomar de Carvalho Franco. Belo Horizonte: Itatiaia; São Paulo: Edusp, 1988. p. 46: "(...) Acrescente-se a este número trinta negros e escravos brasileiros, a saber, selvagens que pertenciam aos colonos".

(72) *Op. cit.*, p. 78.

tamoios, em vilas sediadas do Rio de Janeiro a Pernambuco. Os jesuítas até procuravam impor limites na exploração da mão de obra indígena, mas o colonato também não se propunha a abrir mão dos escravos, insurgindo-se bravamente contra tal situação,[(73)] não obstante a administração régia editasse leis proibindo a escravização dos índios e estimulando a dos negros.

Assim, a existência de sucessivas e numerosas leis proibitivas da escravização indígena e da formação de expedições de capturas, durante os séculos XVI e XVII, não significou, por si só, o seu cumprimento, a qualquer época, pelo colonato,[(74)] que, continuamente, reafirmava a posse de índios escravos, em verdade livres segundo a lei, como derivada do uso e costume da terra, fato recorrente até ao menos o final do século XVII.[(75)] Ao lado dos usos e costumes da terra, justificavam-se os colonos, afirmando que a posse dos índios estava a serviço de Deus, do Reino e dos próprios índios.

A legislação régia, por sua vez, era muito ambivalente, visto que, por diversas vezes, às leis que impediam a escravização de índios outras surgiam que a permitiam, o que ocorria sempre que assim interessasse à Coroa, como, por exemplo, em 1640, ante a necessidade de índios cativos na guerra contra os holandeses. Aliás, o período da guerra holandesa coincide parcialmente com o do primeiro grande desenvolvimento da agricultura paulista, que se deu de 1630 a 1680, razão pela qual a escravização indígena atingiu os níveis mais expressivos de sua existência, sendo que, segundo Monteiro, apareceram "a partir desse período, diversas propriedades rurais que ostentavam plantéis com mais de cem índios".[(76)] Por outro lado, como a Coroa portuguesa também estivesse interessada nos lucros que o tráfico negreiro lhe rendia, a permissão ou a proibição se alternavam frequentemente segundo a conveniência do momento. Por exemplo, logo ao final daquele ciclo, ainda em 1680, novas ordens régias foram editadas, desta vez para limitar o cativeiro e o uso do trabalho forçado indígena.[(77)]

Também por vezes, a própria lei abria brechas em seu texto, como nas disposições que previam a possibilidade de capturar índios por meio de guerras justas, possibilitando o abuso de direito. Conforme explica John Manuel Monteiro: "(...) a partir do momento em que a Coroa começou a baixar leis e decretos coibindo o cativeiro indígena, os colonos buscaram qualquer pretexto para dar cobertura às atividades escravagistas".[(78)] Bem mais adiante Monteiro esclarece: "Assumindo o papel de administradores particulares dos índios — considerados como incapazes de administrar a si mesmos —, os colonos produziram um artifício no qual se

(73) Por exemplo, por meio da Revolta de Beckman, de 1684, no Maranhão.

(74) Cf. MONTEIRO, John Manuel. *Op. cit.*, p. 51-52.

(75) Nesse sentido: ALENCASTRO. *Op cit.*, p. 120.

(76) *Op. cit.*, p. 115.

(77) Cf. ALENCASTRO, Luiz Felipe de. *Op. cit.*, p. 142.

(78) *Op. cit.*, p. 61.

apropriaram do direito de exercer pleno controle sobre a pessoa e propriedade dos mesmos sem que isso fosse caracterizado juridicamente como escravidão".[79]

Assim, a Coroa oscilava na administração, ora se aproximando dos interesses dos colonos e os apoiando, ora os inibindo. Mas de fato, ensina John Manuel Monteiro: "De modo geral, tanto colonos quanto as autoridades portuguesas reconheciam a relação íntima entre o trabalho indígena e a produção de um excedente que, mesmo não orientado para o mercado, poderia ao menos sustentar uma classe não produtiva de colonos, funcionários públicos e eclesiásticos".[80] Raymundo Faoro sustenta, inclusive, que as autoridades não só anuíam, como estimulavam a escravização de índios, não obstante a sua ilegalidade, fazendo-o, obviamente, de modo dissimulado: "Não seria crível que o devassamento dos sertões, a escravização do índio, atos em princípio proibidos com reserva de autorização, se levassem a cabo sem a anuência de autoridades. Absurda a admissão da preia ao índio, contrariando a poderosa Companhia de Jesus, sem o afago, a tolerância e o velado estímulo dos agentes reais na colônia".[81]

Deste modo, não se questiona a existência de autorização e proibição legal para a escravização do índio, contudo, é imperioso que fique bem claro a que (ou a quem) se destinavam tais autorizações ou proibições legais, o que, por óbvio, não seria para regulamentar ou pacificar as relações conflituosas havidas entre as diversas comunidades indígenas, até porque a escravização de índios colocava em conflito não só a autoridade régia tanto com os colonos como com os jesuítas, mas também os próprios colonos e os jesuítas entre si. Conforme ensina Gilberto Freyre: "Vivo e absorvente órgão da formação social brasileira, a família colonial reuniu, sobre a base econômica da riqueza agrícola e do trabalho escravo, uma variedade de funções sociais e econômicas. Inclusive, como já insinuamos, a do mando político: o oligarquismo ou nepotismo, que aqui madrugou, chocando-se ainda em meados do século XVI com o clericalismo dos padres da Companhia".[82] Em síntese, os jesuítas se opunham ferrenhamente à posse ilegal dos índios pelos colonos, "viam no bandeirante o destruidor de sua obra de catequese".[83] Contudo, os colonos também se insurgiam contra os padres, afirmando que impossibilitavam o desenvolvimento das suas atividades econômicas. E esses conflitos se sucederam, contínua e intensamente, até a expulsão dos jesuítas, o que só se deu em 1759 mediante a legislação pombalina.

Quanto aos jesuítas, também eles, apesar de defenderem a liberdade dos índios, não eram unívocos e muitas vezes se mostravam contraditórios. Conforme Monteiro: "Afinal de contas, todos — excluindo os índios, é claro — concordavam

---

(79) *Op. cit.*, p. 137.
(80) *Op. cit.*, p. 100.
(81) *Op. cit.*, p. 158.
(82) *Op. cit.*, p. 96.
(83) FAORO, Raymundo. *Op. cit.*, p. 156.

que a dominação nua e crua proporcionaria a única maneira de garantir, de uma vez por todas, o controle social e a exploração econômica dos indígenas".[84] Monteiro cita ainda Manuel da Nóbrega para quem "a escravidão indígena devia ser permitida e mesmo desejada em determinados casos, não apenas para efeitos de defesa ou de castigo, mas também porque a oferta de legítimos cativos atrairia novos colonos para o Novo Mundo".[85]

3.4. O PAPEL DOS COLONOS NO DECLÍNIO DA ESCRAVIDÃO INDÍGENA

É corriqueiro, inclusive em algumas obras consagradas,[86] atribuir-se o insucesso da escravidão indígena à indisciplina e à falta de costume ao trabalho organizado. Contudo, esta análise superficial e equivocada esconde um verdadeiro quadro de abusos que os colonizadores cometeram contra os índios desde o início da colonização, bem como a inabilidade dos portugueses frente às constantes fugas e as revoltas e insurreições contra a submissão ao trabalho forçado.

O discurso do chefe indígena Momboré-uaçu aos colonizadores franceses, em 1612, resume como se iniciou e evoluiu a escravização de indígenas por portugueses, salientando, inclusive, a diferença entre a escravidão já praticada imemorialmente pelos índios e a gananciosa escravização instituída pelos portugueses: "De início, os peró não faziam senão traficar sem pretenderem fixar residência. Nessa época, dormiam livremente com as raparigas, o que os nossos companheiros de Pernambuco reputavam grandemente honroso. Mais tarde, disseram que nos devíamos acostumar a eles e que precisavam construir fortalezas, para se defenderem, e edificar cidades para morarem conosco. E assim parecia que desejavam que constituíssemos uma só nação. Depois, começaram a dizer que não podiam tomar as raparigas sem mais aquela, que Deus somente lhes permitia possuí-las por meio do casamento e que eles não podiam casar sem que elas fossem batizadas. E para isso eram necessários *paí*. Mandaram vir os *paí*; e êstes ergueram cruzes e principiaram a instruir os nossos e a batizá-los. Mais tarde afirmaram que nem eles nem os *paí* podiam viver sem escravos para os servirem e por eles trabalharem. E, assim, se viram constrangidos os nossos a fornecer-lhes. Mas não satisfeitos com os escravos capturados na guerra, quiseram também os filhos dos nossos e acabaram escravizando toda a nação; e com tal tirania e crueldade a trataram, que os que ficaram livres foram, como nós, forçados a deixar a região".[87]

---

(84) *Op. cit.*, p. 41.

(85) *Idem.*

(86) A exemplo, cite-se Gilberto Freyre, que diz que os escravos africanos foram trazidos para o trabalho de eito e de bagaceira para o lugar dos índios incapazes, molengos, inconstantes e culturalmente inferiores. Cf. *Casa-grande & senzala*. Rio de Janeiro: Record, 2002. p. 92, 304, 322 e 371. *Vide* também: PEIXOTO, Afrânio. *Minha terra e minha gente*. Rio de Janeiro: F. Alves, 1916.

(87) D'ABBEVILLE, Claude. *História da missão dos padres capuchinhos na Ilha do Maranhão e terras circunvizinhas*. Trad. Sérgio Milliet. Belo Horizonte: Itatiaia; São Paulo: Universidade de São Paulo, 1975. p. 115.

Em verdade, o contato do índio com o português gerou um verdadeiro despovoamento resultante das inúmeras enfermidades trazidas pelos europeus somadas ao rápido desgaste físico decorrente das péssimas condições do trabalho escravo. Portanto, se a escravização indígena "não deu certo" ou "não durou muito", foi antes em razão de se exaurir a capacidade humana de produção, fator que atingiria qualquer outra etnia, do que um efeito do indolente comportamento do índio. No mais, a "curta" duração da escravidão indígena só pode ser assim considerada se relacionada com o quase meio século de escravização negra contínua e legalizada, tendo em vista que a escravização de índios, ora incentivada ora coibida pela Corte, acabou durando, em maior ou menor escala, mais de duzentos anos.

O choque microbiano sofrido pelos índios em razão da interação com europeus e africanos acarretou um aumento tão considerável nos níveis de mortandade, que tal fator contribuiu para a quase dizimação daquele povo, antes conhecido pelo vigor, robustez e longevidade.(88) Gilberto Freyre relata: "Através de certas épocas coloniais observou-se a prática de ir um frade a bordo de todo navio que chegasse a porto brasileiro, a fim de examinar a consciência, a fé, a religião do adventício. O que barrava então o imigrante era a heterodoxia; a mancha de herege na alma e não a mongólica no corpo. Do que se fazia questão era da saúde religiosa: a sífilis, a bouba, a bexiga, a lepra entraram livremente trazidas por europeus e negros de várias procedências".(89)

É certo que os índios podem ser considerados como um grupo de grande vulnerabilidade às doenças epidemiológicas. Contudo, deve ser considerado que aquela comunidade, durante tanto tempo preservada do contato com qualquer outra, passa, em curto período, a se relacionar com um número vultoso de indivíduos de diferentes regiões, os quais já haviam mantido contato com povos de tantas outras origens e que já conviviam com inúmeras doenças, para os índios letais, há bastante tempo.(90) Conforme informa Alencastro, até a metade do século XVI, índios brasileiros já haviam sido "expostos ao contato de cerca de 10 mil europeus".(91) Em interessante trocadilho, Gilberto Freyre distingue a civilização da sifilização imprimida no Brasil: "Costuma-se dizer que a civilização e a sifilização andam juntas: o Brasil, entretanto, parece ter-se sifilizado antes de se haver civilizado. Os primeiros europeus aqui chegados desapareceram na massa indígena quase sem deixar sobre ela outro traço europeizante além das manchas de mestiçagem e de sífilis. Não civilizaram: há, entretanto, indícios de terem sifilizado a população aborígene que os absorveu".(92)

---

(88) Cf. D'ABBEVILLE, Claude: "Há de parecer, portanto, que a duração da vida desses índios é anormal. O fato é que vi alguns com cento e sessenta e cento e oitenta anos, os quais presenciaram a fundação de Pernambuco e ainda se mostram robustos e bem dispostos". *Op. cit.*, p. 211.

(89) *Op. cit.*, p. 102.

(90) Alencastro cita doenças que os índios só passaram a conhecer por meio do contato com europeus e africanos: varíola, rubéola, escarlatina, tuberculose, lepra, doenças venéreas, sarna, tracoma, dracunculose e elefantíase, amarelão, febre amarela, terçãs dobres e, talvez, um subtipo do dengue.

(91) *Op. cit.*, p. 127-128.

(92) *Op. cit.*, p. 62, prefácio à 1ª edição.

Além do contato com os europeus, passam a desembarcar também os primeiros escravos negros, a ampliar o leque de moléstias comunicativas. Ademais, não só em razão do contágio com outros povos adoeciam os indígenas. Conforme ensina Gilberto Freyre: "Da imposição de vestuário europeu a populações habituadas à pura nudez ou a cobrirem-se apenas do bastante para lhes decorar o corpo ou protegê-lo do sol, do frio ou dos insetos conhecem-se hoje os imediatos e profundos efeitos disgênicos. Atribui-se ao seu uso forçado influência não pequena no desenvolvimento das doenças da pele e dos pulmões que tanto concorreram para dizimar populações selvagens logo depois de submetidas ao domínio dos civilizados; doenças que no Brasil dos séculos XVI e XVII foram terríveis".(93)

A pouca resistência a este panorama de intensa propagação de novas enfermidades era incrementada pelo desgaste derivado do trabalho forçado associado à fraqueza proveniente da má alimentação. A alimentação precária era uma realidade em todo o cenário colonial, atingindo escravos e colonos, em consequência da adoção da monocultura em latifúndios. Conforme afirma Alencastro, a proliferação de mosquitos e febres resultava da derrubada de matas e da ampliação da extensão territorial de canaviais.(94) Fecha-se, portanto, um quadro de estragos que a monocultura explorada sob o regime escravocrata produz.

Ao lado desta união de fatores propícios à destruição da qualidade da saúde indígena, outras circunstâncias contribuíram com o aniquilamento daquele povo. As guerras de conquista e aprisionamento de índios eram devastadoras, nelas morriam não só os índios que se encontravam na iminência de serem capturados como tantos outros que guerreavam ao lado dos aprisionadores e que serviam nas expedições de captura. Ademais, dentre os índios capturados e os já escravizados que contribuíam nas batalhas de apresamento, inúmeros deles morriam ainda no caminho de retorno às vilas colonizadas. Neste sentido é a lição de Manuela Carneiro da Cunha, que juntamente às guerras preadoras elenca outros fatos que participaram da dizimação indígena: "O exacerbamento da guerra indígena provocado pela sede de escravos, as guerras de conquista e de apresamento em que os índios de aldeia eram alistados contra os índios ditos hostis, as grandes fomes que tradicionalmente acompanhavam as guerras, a desestruturação social, a fuga para novas regiões das quais se desconheciam os recursos ou se tinha de enfrentar os habitantes (*vide*, por exemplo, Franchetto e Wright)(95), a exploração do trabalho indígena, tudo isto pesou decisivamente na dizimação dos índios".(96)

---

(93) *Op. cit.*, p. 181.

(94) *Op. cit.*, p. 128.

(95) As referências da autora são aos artigos O aparecimento dos caraíba, de Bruna Franchetto e História indígena do noroeste da Amazônia: hipóteses, questões e perspectivas, de Robin M. Wright, inseridos na obra que organizou: *História dos índios no Brasil*. São Paulo: Companhia das Letras, 2002.

(96) CUNHA, Manuela Carneiro da. Introdução a uma história indígena. In: CUNHA, Manuela Carneiro da (org.). *História dos índios no Brasil*. São Paulo: Companhia das Letras, 2002. p. 13.

Por outro turno, a transição entre o sistema social em que viviam os índios para aquele em que foram conduzidos também foi brutal para as condições de saúde e atingiram frontalmente o modo de vida indígena e a sua identidade étnica, alterando as condições sociais bruscamente e arrasando as características culturais das etnias. Ensina Francisco M. Salzano: "Até agora não foi descoberta uma fórmula mágica que estabeleça uma transição menos brusca e menos traumática para tais grupos, cujos membros, muitas vezes, saem de um meio em que a subsistência é assegurada mediante a caçarrecoleta, para um contato direto com a sociedade industrial. O que se tem notado, em geral, é uma ruptura do equilíbrio normalmente harmonioso dos grupos não aculturados com seu meio ambiente, para uma situação de extrema dependência com relação à sociedade envolvente. O seu modo de vida se altera dramaticamente, levando a uma deterioração das condições de saúde e muitas vezes à morte de parcela considerável da população. A recuperação é lenta, e em geral os grupos aculturados são absorvidos na camada mais pobre de nossa paupérrima população rural".[(97)]

No que toca à evolução da população indígena como consequência do processo civilizatório imposto pela expansão colonial, é evidente a transfiguração daquela sociedade e o malferimento de sua cultura, fenômeno não menos grave do que o seu abatimento como resultado da sucumbência em doenças epidêmicas e da irresistência ao penoso trabalho escravo e às crueldades a que era submetida. Afinal de contas, a partir da invasão europeia se instala a desorganização das formas socioculturais e econômicas consolidadas pela sociedade indígena, desequilibrando as relações humanas amadurecidas no seio desta população, bem como as relações do índio e seu meio ambiente.

Conforme afirma Gilberto Freyre: "(...) não nos esqueçamos, entretanto, de atentar no que foi para o indígena, e do ponto de vista de sua cultura, o contato com o europeu". Contato dissolvente. Entre as populações nativas da América, dominadas pelo colono ou pelo missionário, a degradação moral foi completa, como sempre acontece ao juntar-se uma cultura, já adiantada, com outra atrasada.

Sob a pressão moral e técnica da cultura adiantada, esparrama-se a do povo atrasado. Perde o indígena a capacidade de desenvolver-se autonomamente tanto quanto a de elevar-se de repente, por imitação natural ou forçada, aos padrões que lhe propõe o imperialismo colonizador. Mesmo que se salvem *formas* ou *acessórios* de cultura, perde-se o que Pitt Rivers considera o *potencial*, isto é, a capacidade construtora da cultura, o seu elã, o seu ritmo.

A história do contato das raças chamadas superiores com as consideradas inferiores é sempre a mesma. Extermínio ou degradação. Principalmente porque o

---

(97) SALZANO, Francisco M. O velho e o novo: antropologia física e história indígena. In: CUNHA, Manuela Carneiro da (org.). *História dos Índios no Brasil*. São Paulo: Companhia das Letras, 2002. p. 32-33.

vencedor entende de impor ao povo submetido a sua cultura moral inteira, maciça, sem transigência que suavize a imposição (...).[98]

Darcy Ribeiro ensina que, em razão dos impulsos expansionistas, certos povos foram indiretamente atingidos por meio de um movimento que se denomina *atualização* ou *incorporação histórica* pelo qual se situaram "sob o domínio de um centro reitor fazendo-os transitar também de uma a outra etapa evolutiva, mas com perda de sua autonomia e mediante sua conversão em proletariado externo de outros povos. Vale dizer, como provedores de força de trabalho ou de produtores destinados a promover a prosperidade alheia".[99] E prossegue, esclarecendo a traumática transfiguração étnica oriunda nessa corrente de expansão, principalmente, ante os novos valores culturais e socioeconômicos que são impostos àqueles povos em detrimento dos pertencentes ao patrimônio de suas tradições: "(...) é frequente uma completa traumatização da sociedade avassalada. Isto ocorre quando há uma drástica aculturação da população, seja em seu próprio território, seja nas áreas para onde é trasladada, na condição de escrava. Ocorre algo semelhante nos casos de aculturação compulsória que não deixa a alternativa de eleger entre os elementos culturais estranhos que se oferecem e, menos ainda, de preservar formas próprias de ordenação social e de distribuição dos produtos de trabalho".[100]

Nestas condições, a sobrevivência da etnia indígena e sua imposição, como tal, estavam totalmente comprometidas pela dominação europeia, só lhe restando transformar-se em um terceiro grupo de conformação sociocultural original, mas sem genuinidade. Mais uma vez, é Darcy Ribeiro quem explica: "Desgarrada de seu contexto, essa população se decultura como condição prévia à sua integração em uma nova construção cultural. Nesta primeira instância, o resultado da confluência com a sociedade dominante é a erradicação da cultura original e, mais tarde, a criação de uma construção cultural nova e inautêntica; uma cultura colonial espúria".[101]

3.5. A contribuição dos jesuítas para o insucesso da escravidão indígena

Em um primeiro momento, não foi difícil conformar os índios, formados, em sua vasta maioria, por gente crédula, aos ideais dos jesuítas. Conforme assevera Raymundo Faoro: "A inocência dos indígenas aponta para um caminho inesperado: a inocência é o caminho do cristianismo". No mais, os jesuítas possuíam o apoio tanto dos colonos como das autoridades portuguesas, eis que a obra missionária facilitaria a domesticação do gentio, e a consequência parecia ser a contribuição com a sua barata escravização. Assim jesuítas, colonos e Coroa compartilhavam de um mesmo projeto, que passou a falir conforme os índios se mostravam revoltosos,

---

(98) *Op. cit.*, p. 181.
(99) *Os brasileiros:* 1. teoria do Brasil. Rio de Janeiro: Vozes, 1978. p. 43.
(100) *Ibidem*, p. 44.
(101) *Ibidem*, p. 137.

a agressividade dos colonos era questionada pelos jesuítas e a posição dos colonos era de pouca importância quanto a serem os índios cristãos ou não, importando-lhes que fossem escravos. De todo modo, mais de dois séculos se passaram, até que a legislação pombalina, em 1759, expulsasse definitivamente os jesuítas que, dentre todas as ordens religiosas existentes, pertenciam à "mais irredutível aos interesses econômicos dos colonos" [102] e à "mais rebelde aos ditames da administração".[103]

Mas, segundo Alencastro, foram os descimentos a mais danosa forma de extração de índios de sua comunidade original, tendo em vista que sob o argumento legal de ser o meio "menos violento de intervir nas sociedades indígenas", processaram-se níveis muito mais altos de mortalidade do que os alcançados pelos resgates e pelos cativeiros, ainda que a longo prazo.[104] Manuela Carneiro da Cunha parece também compartilhar dessa ideia quando afirma que: "Particularmente nefasta foi a política de concentração da população praticada por missionários e pelos órgãos oficiais, pois a alta densidade dos aldeamentos favoreceu as epidemias, sem no entanto garantir o aprovisionamento".[105]

Os descimentos, malgrado a sua finalidade essencial de facilitar a catequização do gentio, dócil à pregação, cumpriam um fim complexo que abrangia o estreitamento de laços com alguns grupos indígenas para que exercessem a proteção dos colonos frente a outros grupos, o desestímulo às fugas ante a dessocialização dos índios e a formação de mão de obra servível ao colonato. Além de catequização, a educação para o trabalho e o comércio eram passadas aos indígenas descidos e então fixados em aldeamentos, locais em que se misturavam com pares de outras tribos, em grande concentração, e se submetiam a uma compulsória sedentarização.

Nesse processo, os descimentos, que em verdade escondiam interesses diversos de jesuítas e da Corte portuguesa, aparentavam uma ordem justa e direcionada à humanização e à elevação espiritual de um povo e iam ao encontro, inclusive, de manifestações papais, tais como as da bula Romanus Pontifex, de Nicolau V, de 8 de janeiro de 1455, que concedia à Coroa o monopólio ultramarino em razão dos sacrifícios e despesas em benefício da propagação e proteção do catolicismo.

Mas os jesuítas, no projeto dos aldeamentos, ao concentrar os índios, contribuíam com o alastramento das epidemias. Ademais, ao sofrer grande resistência de diversos grupos indígenas e, sem conseguir um verdadeiro controle social indígena nem a transformação dos índios em grande força de trabalho, os jesuítas se limitaram a criar índios dessocializados, deculturados, enfermos e sem condição de garantir sequer a própria subsistência ou de vivenciar qualquer desenvolvimento pessoal.

---

(102) FAORO, Raymundo. *Op. cit.*, p. 198.

(103) *Idem.*

(104) *Op. cit.*, p. 120.

(105) CUNHA, Manuela Carneiro da. Introdução a uma história indígena. In: CUNHA, Manuela Carneiro da (org.). *História dos índios no Brasil*. São Paulo: Companhia das Letras, 2002. p. 13.

Com efeito, a concentração de índios nos aldeamentos lesou a cultura original e não deu permissão aos aldeados para qualquer tentativa de adaptação à vida colonial, uma vez que a segregação praticada pelos jesuítas se processava em duas frentes, inicialmente, retirando o índio de seu meio, e em seguida, impedindo-o de viver além das aldeias.

O alto grau de deculturação dos índios foi ressaltado por Gilberto Freyre que afirmou que a eles não restava qualquer vestígio de individualidade ou de liberdade quando aldeados.(106) (107)

A deculturação ia se assentando principalmente nas crianças, às quais dedicaram-se intensivamente os padres da Companhia de Jesus, posto que mais facilmente influenciáveis pelos novos valores que lhes vinham sendo impostos, de modo que a cultura original era destruída quando ainda incipiente e pertencente às mentes pouco conservadoras, mais abertas à flexibilização de regras sociais e morais. Os jesuítas construíam, assim, um indivíduo totalmente desgarrado do seu núcleo sociocultural original para jogá-lo em um universo em que a sua formação seria toda moldada espuriamente.

Também por mãos jesuíticas, portanto, facilitou-se a propagação de doenças (tanto contagiosas como decorrentes de hábitos novos que atentavam contra a saúde indígena, tais como o uso de vestimentas e o sedentarismo, impostos pelos aldeamentos), mas ainda mais importante que a existência deste fator de contribuição para o extermínio praticado contra os índios e das consequências nefastas advindas da participação dos aldeados em guerras é que sob a influência dos jesuítas a cultura indígena foi totalmente desfigurada e dissolvida desde a semente. O extermínio que se alastrava fisicamente por intermédio de cada indivíduo, acometido de doenças diversas, atingia coletivamente grupos que perdiam suas regras morais, sua estrutura social, sua cultura e sua valorização interna, ao ponto de inviabilizar a manutenção do sistema sociocultural até então adotado, impedindo, também, a reconstrução ou o progresso cultural da população atingida. Alguns dos inúmeros exemplos desta destrutiva influência dos jesuítas são encontráveis em Gilberto Freyre, que atesta a sufocação da espontaneidade, a transformação dos cantos indígenas em cantos exclusivamente religiosos e a extinção das danças e festas tribais, a destruição de toda a cultura artística ou religiosa que colidisse com a moral católica ou europeia, a segregação, a sedentariedade absoluta, a desintegração de valores, a alteração do ritmo de vida social, a proibição do casamento à moda indígena, a aplicação de legislação penal editada por europeus, a abolição das guerras intertribais e da poligamia, a extinção da autoridade dos pajés, os métodos cruéis de catequese etc.(108)

---

(106) *Op. cit.*, p. 96.

(107) *Ibidem*, p. 180.

(108) Cf. FREYRE, Gilberto. *Casa-grande & senzala*. Rio de Janeiro: Record, 2002. p. 179-181 e 214.

O que restou a essas comunidades indígenas senão a miséria cultural e econômica, além da opressão de uma moral a elas infligida, mas totalmente destacada do sistema socioeconômico no qual ela hipocritamente se esparramava pela superfície e contribuía para a idealização do branco como um ser superior?

3.6. O REMATE

Como se viu, o que reduz a escravização dos índios, transformando-a em uma forma secundária de exploração da mão de obra, em especial a partir da segunda metade do século XVII quando se inicia o declínio da escravidão indígena, foi um conjunto de fatores marcado pela dizimação dos nativos, as fugas constantes, as insurreições belicosas que perturbavam a paz dos engenhos, o aumento das distâncias e dos custos para o aprisionamento de índios e a tumultuada administração que não conseguia solucionar os conflitos inter-relacionados entre colonos, índios e jesuítas. Nesse contexto, a escravização de índios, que no início parecia barata e lucrativa, torna-se bem dispendiosa e desgastante, ao passo que a escravidão de negros poderia solucionar, pelo menos à primeira vista, todos esses males, o que, sem dúvida, substitui todo o interesse na escravização de índios, que só continua a existir em regiões menos prósperas e, mesmo assim, por intermédio de proprietários pouco abastados.

Impõe-se, porém, concluir relembrando dois importantíssimos dados, pouco reconhecidos socialmente, e não poucas vezes pela história, mas que não podem deixar de ser incutidos na nossa memória, para sempre, em respeito às origens do povo brasileiro: a mão de obra indígena foi um fator de contribuição decisivo no desenvolvimento econômico da colônia e o escravismo praticado levou a um efetivo genocídio do indígena de proporções incomparáveis. Manuela Carneiro da Cunha, sobre essa malfadada dizimação, enfatiza: "Povos e povos indígenas desapareceram da face da terra como consequência do que hoje se chama, num eufemismo envergonhado, 'o encontro' de sociedades do Antigo e do Novo Mundo. Esse morticínio nunca visto foi fruto de um processo complexo cujos agentes foram homens e microorganismos mas cujos motores últimos poderiam ser reduzidos a dois: ganância e ambição, formas culturais da expansão do que se convencionou chamar o capitalismo mercantil. Motivos mesquinhos e não uma deliberada política de extermínio conseguiram esse resultado espantoso de reduzir uma população que estava na casa dos milhões em 1500 aos parcos 200 mil índios que hoje habitam o Brasil".(109)

---

(109) CUNHA, Manuela Carneiro da. Introdução a uma história indígena. In: CUNHA, Manuela Carneiro da (org.). *História dos Índios no Brasil*. São Paulo: Companhia das Letras, 2002. p. 12.

4. A ESCRAVIDÃO DO NEGRO PELO BRANCO

De manhã cedo num lugar todo enfeitado nóis ficava
Amuntuado pra espera os compradô
Dispois passava pela frente dum palanque
Afincado ao pé de um tanque que chamavam bebedô
E nesse dia minha véia foi comprada
Numa leva separada *[...]*
Leilão. Hekel Tavares e Joracy Camargo

4.1. O INÍCIO: OS NEGROS E OS HOMENS

O tráfico negreiro se inicia a partir de expedições portuguesas à África em busca de ouro e demais metais preciosos, tais como prata e cobre, com os quais se comerciava na Ásia. Para a obtenção dos metais, realizavam-se trocas com nativos africanos, que escambavam aqueles materiais por escravos de outras regiões da África.[110] Desde logo, nota-se a essencial diferença entre a obtenção de escravos a partir de escambos realizados com os nativos africanos e com os americanos, tendo em vista que aqueles já conheciam o valor comercial do escravo e a sua troca era verdadeiramente mercantilista, feita, muitas vezes, em portos negreiros e feiras de trato constituídas. Muito ao contrário era o que se dava com os americanos que forneciam escravos como presente ou os trocavam por bugigangas sem nenhum valor mercantil, bem como não possuíam qualquer organização comercial para as trocas.

Situando-se em um contexto muito mais complexo do que a preferência de escravos negros aos escravos índios, a escravidão negra no Brasil firma-se mediante uma aspiração complexa que envolve os grupos mercantis que enriqueciam por meio dos altos lucros do tráfico negreiro, os colonos e a Coroa portuguesa que tanto arrecadava para o Tesouro Régio e, portanto, também lucrava com aquele tráfico.

Dois modos de troca existiam no que se refere ao escambo de mercadorias por negros. Havia o escambo realizado com os próprios nativos, que se dava essencialmente na Costa da Mina, norte da Guiné, e o escambo realizado com feitorias de compra e captura de escravos situadas em Angola, o qual já contava com a participação de Portugal nas operações de caça de africanos e funcionava, também, como fonte de lucro de grupos mercantis.

O aumento da implantação de engenhos e o seu desenvolvimento, em especial a partir do século XVII, exigiam a ampliação da mão de obra, tornando necessária a posse de mais escravos. Era preciso farta mão de obra para plantar a cana-de-

---

(110) Cf. ALENCASTRO, Luiz Felipe de. *O trato dos viventes:* formação do Brasil no Atlântico Sul. São Paulo: Companhia das Letras, 2000. p. 30.

-açúcar, cortá-la madura, moê-la nos moinhos de roda d'água ou movidos a animais, limpar as caldeiras, coalhar o caldo, purgar e branquear o açúcar, destilar a aguardente.(111)

Não obstante a distância, muito mais difícil era navegar através da costa brasileira, repleta de regiões ventosas, marés enviesadas e fortes correntezas, do que atravessar o Atlântico, a partir dessa mesma costa, em rotas para a África. Como se não bastasse: "O intercâmbio direto entre as capitanias fica proibido a partir de 1549, e a navegação de cabotagem só passa a ser livremente permitida em 1766, data em que o tráfico negreiro já rodava com todo o ímpeto na América portuguesa".(112) Essa condição, ao passo que inviabilizava um regular comércio de indígenas entre as colônias, estimulava grupos mercantis ao tráfico de negros.

Somando-se a esse quadro o fato de que as frequentes fugas dos índios implicavam em constantes prejuízos, também para o colonato o custo-benefício do tráfico de negros acabava sendo mais atraente do que o da exploração da mão de obra compulsória indígena. Com efeito, ao menos neste primeiro momento, ao negro nada mais restava senão adequar-se como fator de produção. Os negros se encontravam separados de suas famílias e de suas tribos originais e em inúmeras vezes sequer conseguiam se comunicar com facilidade com outros negros, de etnias diversas, em razão da diversidade de dialetos existentes na África. Até chegarem ao Brasil, esses nativos eram objeto de inúmeras transações comerciais que cada vez mais os afastavam de suas origens e provocavam a sua dessocialização. As matas próximas lhes eram desconhecidas e a fuga se apresentava tão nefasta quanto a submissão à escravidão. Enfim, a recaptura dos que ousavam fugir os levava a punições ainda mais severas do que as quotidianas impingidas aos espíritos mais dóceis, tais como a violência dos castigos corporais e a revenda dos foragidos para outros mercados mais distantes do que aqueles em que começavam a se familiarizar.(113)

Ademais, o choque microbiano que dizimava os índios, especialmente os aldeados, ao passo que restringia a escravização indígena, estimulava a negra. Com efeito, os negros já haviam adquirido imunidade, ou ao menos resistência, a diversas doenças sequer conhecidas no Brasil, seja em razão do contato com os europeus, seja porque preexistentes na África, o que lhes creditava uma aparência de mais resistentes ao mesmo tempo em que o efeito dizimador dessas doenças se derramava sobre as populações indígenas.

---

(111) Cf. FREYRE, Gilberto. *Casa-grande & senzala*. Rio de Janeiro: Record, 2002. p. 481.

(112) ALENCASTRO, Luiz Felipe de. *O trato dos viventes:* formação do Brasil no Atlântico Sul. São Paulo: Companhia das Letras, 2000. p. 126.

(113) Só com a Lei n. 1.695, de 15 de setembro de 1869, é que, nas vendas de escravos, passou a ser proibida a separação de casais, bem como dos filhos menores de quinze anos. A partir da Lei do Ventre Livre n. 2.040, de 28 de setembro de 1871, essa idade diminui para doze anos. De qualquer modo, como frequentemente ocorria quando as leis dispunham sobre a escravização indígena, as leis que restringiam a ruptura das famílias escravas não eram muito acatadas.

É no final do século XVII, passados os tormentos oriundos das guerras holandesas, e no início do século XVIII, marcado pelo ciclo do ouro, que aquela relação custo-benefício se torna mais evidente. A descoberta do ouro ofereceu uma atração sem igual para o tráfico negreiro. Mesmo os paulistas, empenhados até então quase que exclusivamente no aprisionamento de índios, voltam os seus olhos ao tráfico de africanos. Portanto, ainda que o ponto alto da exploração econômica se desloque da lavoura canavieira para as minas de ouro, não há alteração do instrumento de trabalho, reduzido ao escravo.

As arrecadações fiscais, por sua vez, brilhavam aos olhos da Coroa, inundada nos gastos que as despesas militares demandavam para a proteção dos territórios conquistados com a expansão marítima portuguesa, especialmente contra nativos e holandeses, e se preocupava em legislar para estimular o tráfico negreiro, reprimindo as trocas de escravos entre as capitanias e proibindo a escravização de índios. Assim se deu desde o Alvará régio de 1559, que autorizava aos senhores de engenho a importação de 120 africanos por apenas um terço das taxas normais.

Eram os negros, portanto, uma mercadoria tributada. Havia taxas tanto para sair dos portos africanos como para entrar nos portos brasileiros, razão pela qual o trato proporcionava lucro certo. Além disso, cada negro que aportava no Brasil deveria, obrigatoriamente, ser batizado, o que gerava novas taxas, desta vez em benefício do clero. Ademais, o clero abraçava a doutrina contida na bula papal Romanus Pontifex (1455), utilizada como autorização para a ampla exploração da mão de obra escrava, uma vez que a escravidão era vista como meio para a salvação dos negros pagãos por meio da catequese católica. Era nesse sentido a profissão do padre Manuel da Nóbrega, da Companhia de Jesus, que chefiou, a partir de 1549, a primeira missão jesuítica no Brasil, para quem: "o cativeiro só se legitimava se fosse acompanhado de catequese".[114] Quase 150 anos após, em 1707, o também jesuíta Jorge Benci afirma que "o direito de possuir escravos 'ignorantes nos Mandamentos da Lei de Deus' tinha como corolário o dever de fornecer pão para o corpo e a alma dos cativos, conforme o sentido lato do preceito ensinado por Agostinho: *panis, ne succumbat*".[115]

Alencastro compara o tráfico de negros com os descimentos de índios, realizados pelos inacianos, ao apontar uma das razões pelas quais os jesuítas não manifestavam qualquer pejo na presença da escravização negra: "Efetivamente, o que é o tráfico de africanos senão outra grande travessia, um longo descimento marítimo, transatlântico? Extraído do Continente Negro, onde a resistência das comunidades nativas, o quadro epidemiológico e a pilhagem escravista embaraçavam a atividade missionária, o africano, definitivamente desenraizado na América, torna-se permeável aos ensinamentos da Igreja".[116]

---

(114) ALENCASTRO, Luiz Felipe de. *O trato dos viventes:* formação do Brasil no Atlântico Sul. São Paulo: Companhia das Letras, 2000. p. 161.

(115) *Ibidem,* p. 185.

(116) *Ibidem,* p. 182.

Seria bastante o tão variado interesse econômico para a consolidação da escravização negra, mas um interesse social, e não menos mesquinho, impunha-se. Os portugueses e seu espírito conquistador, voltado a alcançar a fidalguia sem grande esforço, e no Brasil estabelecidos por gente, em sua grande maioria, nada nobre em sua origem, tinham no escravo negro o símbolo de sua prosperidade e a colocação de seu prestígio. A terra, vasta e selvagem, pouco valia perante o valor representado pela propriedade de um caro escravo negro. Faoro ressalta que, no século XIX, o valor dos escravos alcançava "mais de 70% do conjunto da terra, instalações e construções do estabelecimento cafeeiro"(117) e, em outra passagem, afirma que "num quadro válido para o açúcar e o café, no curso de trezentos anos, a terra representaria o valor de um décimo do valor da escravaria".(118) Era preciso, portanto, ter escravos e, se possível muitos, às vezes até desnecessários, a fim de sustentar a imagem de luxo e nobreza que os aristocratas emergentes queriam apresentar em seus círculos sociais permeados por viventes imbuídos em uma competição de demonstração de poder.

4.2. *Os números do grande líder das importações*

Tanto interesse originário dos mais diversos e importantes segmentos da sociedade, comerciantes, senhores de engenho, a Coroa portuguesa e até mesmo o clero, fizeram do Brasil, em pouco tempo, o maior dos territórios importadores de escravos, que eram embarcados, principalmente, em Guiné e Angola e, a partir do século XVIII, embarcados expressivamente também em Moçambique.

Conforme gráfico inserido na obra de Alencastro, o Brasil começa a importar africanos no período compreendido entre 1551-1575 e logo a partir do período compreendido entre 1576-1600 já ultrapassa o número de negros desembarcados pela América espanhola desde 1526, só sendo superado, em pequeníssima escala, no período de 1626-1650. Ao serem acrescentadas neste gráfico as Américas francesa e britânica (incluindo os EUA), o Brasil liderará as importações de 1651 até 1740, quando inicia o apogeu do número de negros desembarcados na América britânica e EUA. Entretanto, a liderança brasileira é finalmente retomada e em seus mais elevados graus de 1811 em diante.(119) Ao final, são cerca de 4.019.400 indivíduos aportados no Brasil entre 1526 e 1850 contra aproximadamente, no mesmo período, 1.568.800 na América espanhola, 2.195.200 na América britânica e EUA e 1.681.300 na América francesa.(120) Conforme estudos de Alencastro, foram feitas cerca de 12 mil viagens em um período de três séculos até atingir o número acima,(121)

---

(117) FAORO, Raymundo. *Os donos do poder:* formação do patronato político brasileiro. Porto Alegre: Globo, 1976. v. 1, p. 132.

(118) *Ibidem,* p. 125.

(119) *Op. cit.,* p.43.

(120) *Ibidem,* p. 389.

(121) *Ibidem,* p. 85.

que, ressalte-se, só considera os negros que chegaram vivos, ignorando as inúmeras mortes ocorridas durante a penosa travessia, a maioria por desidratação decorrente da alta temperatura e da falta de água potável nos tumbeiros, as quais, segundo outros apontamentos, atingiam cerca de 40% dos traficados.(122)

Conforme se extrai dos números acima, mesmo a partir do século XIX, quando o Brasil passa a sofrer forte pressão internacional para o fim do tráfico, todas as medidas tomadas surgem apenas como um dissimulado paliativo da realidade sobre o tráfico negreiro, que continua a existir e atinge seus mais altos índices, em clara decorrência do aumento, no mercado interno, da procura pela mercadoria que poderia escassear. Assim, a despeito do tratado com a Grã-Bretanha, assinado por D. Pedro em 1826, no qual o Brasil se compromete a extinguir o tráfico a partir de 1830, da lei editada em 1831, que declara a liberdade dos escravos a partir de então ingressos no país, e mesmo da britânica lei Bill Aberdeen, de 1845, que conferia às autoridades inglesas poderes para reprimir o tráfico em navios brasileiros, os negros importados em 1845 somavam 19.363, passaram para 50.354 em 1846, atingiram 56.172 em 1847, 60.000 em 1848 e 54.000 em 1849 e só foram reduzidos a partir de 1850, ano da aprovação da Lei Eusébio de Queirós.(123)

Várias mercadorias produzidas no Brasil passaram a contribuir com a continuidade e intensificação do tráfico de negros, tais como o açúcar, a mandioca e o milho. Mas dentre essas mercadorias, destacam-se, sobremaneira, o tabaco e, principalmente, a cachaça, que era oferecida nas feiras de trato por um ótimo preço na segunda metade do século XVII.

É neste sentido que afirma Alencastro: "armadores de navio, importadores e exportadores de escravos tinham agora uma mercadoria de escambo que barateava os fretes e aumentava os lucros de intercâmbio entre as duas margens do Atlântico Sul.(124) Enxerga-se, portanto, a formação de um ciclo que girava ocasionando a necessidade de cada vez mais aumentar o número de escravos a fim de que mais se produzisse nos engenhos, em especial, a cachaça e, com mais cachaça sendo exportada para a realização do escambo, mais negros poderiam ser traficados para o Brasil. Esse ciclo fez com que a cachaça brasileira atingisse "78,4% do total de bebidas alcoólicas legalmente importadas em Luanda no decurso desses cinco anos", conforme análise de Alencastro sobre a importação de bebidas alcoólicas em Luanda de 1699 a 1703.(125)

Logo abaixo da cachaça, encontrava-se o tabaco, mercadoria que também contribuiu singularmente com o tráfico de negros para o Brasil. O ciclo desenhado

---

(122) Cf. SILVA, Francisco de Assis; BASTOS, Pedro Ivo de Assis. *História do Brasil*. São Paulo: Moderna, 1984. p. 42. FERREIRA, Aurélio Buarque de Holanda. *Novo Aurélio século XXI:* o dicionário da língua portuguesa. Rio de Janeiro: Nova Fronteira, 1999. p. 2015.

(123) HOLANDA, Sérgio Buarque de. *Raízes do Brasil*. São Paulo: Companhia das Letras, 2002. p. 77.

(124) *Op. cit.*, p. 320.

(125) *Ibidem*, p. 322.

em relação à cachaça também se dava, ainda que em escala menor, com o tabaco, largamente produzido na Bahia, mas possuindo também representativos produtores em Pernambuco, Maranhão, Minas Gerais e Rio de Janeiro. Mais uma vez, é Alencastro quem nos dá os números do escambo: "No século XVIII, em 1410 viagens saídas da Bahia e de Pernambuco, 8.131.000 arrobas de tabaco são exportadas para a Costa dos Escravos. Cerca de 575 mil escravos daquela região são introduzidos na Bahia e em Pernambuco no mesmo período".(126) E prosseguindo afirma que: "as exportações brasileiras de cachaça e de fumo serviram para adquirir 48% dos 2.027.000 escravos chegados vivos à América portuguesa nos anos 1701-1810".(127)

Todo esse histórico demonstra, à evidência, que a escravização negra não surgiu como um remédio contra o insucesso da escravização indígena, mas sim foi ganhando espaço em um contexto socioeconômico em que a escravização indígena se encontrava em desvantagem ante as maiores benesses da escravização negra. Em todos os segmentos sociais, Reino, Igreja e Colonato, a escravização de negros era a saída para que se pusesse fim à escravização indígena menos lucrativa e obstativa aos intentos evangelizadores dos jesuítas. Na mesma corrente, a intensificação da importação de escravos negros vai cada vez mais decaindo a importância da escravização indígena, que só resiste em regiões mais pobres e ainda assim parcialmente, de modo que os escravos existentes no Brasil passam a ser, em sua quase totalidade, negros arrancados da África. É certo também que, nesse momento, a situação indígena se transforma, grande parte dos índios já se encontram deculturados e dessocializados, vivenciando plenamente o processo de extermínio que tornou essa etnia uma referência que se localiza entre a memória nacional e alguns poucos exemplos de comunidades completamente embrenhadas nas matas mais ermas.

4.3. *A imoralidade contra a dissociabilidade*

Para o colonato, o tráfico negreiro acarretava reflexos econômicos. Não obstante as taxas de mortalidade elevadíssimas encontradas nos engenhos e, posteriormente, nas minas e nos cafezais, compensava muito mais importar novos escravos para a reposição do estoque humano do que manter dignamente os já adquiridos e propiciar a sua reprodução, ainda que os rebentos nascessem submetidos ao sistema escravista. Neste sentido afirma Darcy Ribeiro: "Os depoimentos mais conhecidos demonstram que não valia a pena criar porque os crioulos saíam mais caros pelo que comiam enquanto cresciam do que o africano comprado já feito e pronto para o desgaste rendoso, embora chegasse bruto e boçal".(128)

---

(126) *Ibidem,* p. 324

(127) *Ibidem,* p. 324.

(128) RIBEIRO, Darcy. Prólogo. FREYRE, Gilberto. *Casa-grande e senzala.* Rio de Janeiro: Record, 2002. p. 38.

Assim como se deu com os indígenas, a escravização de negros, a serviço da monocultura, dessocializou-os e deculturou-os, deformando aquela raça e a transformando em alvo fácil de críticas de cunho moral que os atingiam. Ao contrário dos índios, de personalidade mais soturna e ensimesmada, os negros eram alegres, trabalhavam cantando e estavam praticamente desprotegidos da atenção dos jesuítas, além disso se encontravam muito distantes da África e das pessoas que anteriormente formavam o núcleo social do qual partilhavam. Todas essas razões fizeram com que o negro reagisse à escravidão de modo bem diverso do índio, característica que era confundida com pouca disposição para as regras morais e inclinação superior à do índio para a depravação sexual, vícios e, nas mulheres, à prostituição, mas que na verdade escondia a desfiguração dos bons costumes gerada pela escravidão sob o manto de um já pregresso desregramento da raça.

Como prova de que a escravidão é que deturpou o caráter do negro, ensina Gilberto Freyre que, não obstante um ou outro escravo viesse da África contaminado pela sífilis, foi no Brasil que ele se sifilizou, tornando esta doença endêmica no interior das senzalas[(129)]: "Não era a "raça inferior" a fonte de corrupção, mas o abuso de uma raça por outra. Abuso que implicava em conformar-se a servil com os apetites da todo-poderosa. E esses apetites estimulados pelo ócio (...), pela própria estrutura econômica do regime escravocrata".[(130)] Além disso, grassava a prostituição de negras e mulatas, às vezes ainda meninas, geralmente exploradas pelos brancos e vitimadas pelo estímulo à promiscuidade oferecido nas senzalas pelos próprios senhores.

Portanto, é o fato social e econômico, e não o étnico, que cria o ambiente de imoralidade do qual o escravo é apontado como culpado e que, por anos a fio, e, infelizmente, por vezes até atualmente, implicam a classificação do negro como uma raça dissoluta e culpada pelas "justificadas" manifestações racistas.

Gilberto Freyre ressalva, porém, a diferença entre os escravos do eito e os domésticos, que recebiam alguma assistência moral e religiosa. Sempre batizados, uma decorrência da superstição dos brancos, e geralmente, possuindo uma família própria, os domésticos, porém, também não estavam livres do trabalho em péssimas condições de higiene, geradora de precárias condições de saúde.

Assim, além das deletérias práticas sexuais contribuíram para a redução numérica de escravos negros as más condições de saúde. Gilberto Freyre cita os médicos, as curiosas, os curandeiros e os sangradores do Brasil colonial como contribuintes da grande mortalidade infantil e de mães, "que por épocas sucessivas reduziu quase de 50% a produção humana nas casas-grandes e nas senzalas".[(131)] Além disso, as condições do sistema escravocrata exigiam a busca a modos de fuga do sofrimento daquele decorrente, levando muitos negros ao alcoolismo, ao vício

(129) *Vide Casa-grande & senzala*. Rio de Janeiro: Record, 2002. p. 373.

(130) FREYRE, Gilberto. *Casa-grande & senzala*. Rio de Janeiro: Record, 2002. p. 375.

(131) *Ibidem*, p. 418.

em drogas, à violência, circunstâncias que demonstram as consequências do regime e não características raciais. Em especial, dentre os negros era alto o índice de suicídios e de contenção em um estado de inação decorrente do banzo, da saudade da África, que não poucas vezes terminava com o falecimento do doente.

4.4. Entre a fuga e a sujeição

O incremento do número de negros, a proximidade de que os indivíduos começam a usufruir ante este inchaço demográfico e as péssimas condições do trabalho escravo passam a possibilitar a comunicação e a organização de grupos revoltosos e articulados contra a escravidão. A legislação se volta contra esta nova situação colonial e começa a editar leis que visem reprimir as fugas e associações insurrecionais. Deste modo, a lei de 1676 cria o cargo de capitão-do-mato, que se ocupa da busca e apreensão de escravos foragidos. A Ordem Régia de 1699 exclui a punibilidade dos que matem quilombolas. A Provisão Régia de 6 de março de 1741 classifica como quilombo qualquer abrigo que conste ao menos cinco escravos foragidos. O Alvará de 3 de março de 1741 determina que todos os negros encontrados em quilombos devem ter a letra F, de fujão, marcada a ferro em uma das espáduas e, se já capturados com tal marca que lhes fosse cortada uma das orelhas. Aliás, as diversas cicatrizes possuídas pelos escravos, em todos os tempos, muito além de apenas comprovar o tratamento desumano a que eram submetidos, tinham exatamente a finalidade de dificultar a fuga, possibilitando a identificação do evadido por qualquer um que o encontrasse.

O perigo de ser considerado foragido ou quilombola afeta também o negro alforriado. Com medo de ser perseguido e de ter a sua família confundida com um quilombo, disponível à destruição, não foram poucos os negros que continuaram se sujeitando à permanência nas fazendas e engenhos, que lhes garantiam maior estabilidade, ainda que sob a irreal concretização da liberdade. E, com efeito, o temor era mais do que razoável, já que, conforme Lilia Schwarcz, "qualquer elemento de cor que transitasse na rua era capturado e até segunda averiguação ficava detido 'por suspeita de ser escravo'",[132] sendo que "não foram poucos os libertos que, ao vagarem pelas ruas, foram presos e reconduzidos ao cativeiro".[133]

Os proprietários de escravo, por seu turno, detinham total soberania sobre o seu patrimônio, não intervindo habitualmente o Estado quer na aplicação de castigos, quer na concessão de alforrias. A supremacia do senhor em relação ao seu direito de proprietário sobre os escravos era tanta que quando necessário o apoio da polícia, "era sempre a sua justiça que predominava (já que o escravo era sua pro-

---

(132) *Retrato em branco e negro:* jornais, escravos e cidadãos em São Paulo no final do século XIX. São Paulo: Companhia das Letras, 2001. p. 155.
(133) *Idem.*

priedade), sendo que nas "ocorrências" recorria-se antes de tudo à palavra e à determinação dos senhores". [134]

Se o Estado não se envolvia nas manumissões, muito menos o fazia quanto aos prazos e formas impostos por estas, o que incluía condicionar os então "libertos" à prestação de serviços assalariados quando de interesse do senhor e mediante salários e condições fixados prévia e exclusivamente por este, interesse esse geralmente decorrente do grave problema da mão de obra que se avolumava no último terço do século XIX. Conforme assevera Lilia Schwarcz: "Dessa maneira, a libertação trazia consigo a retenção da mão de obra, que nesse momento era exercida e traduzida como uma espécie de tutela ou proteção".[135]

Apesar das péssimas condições de trabalho, a ideia do sistema escravocrata era explorar a energia produzida pela caríssima mão de obra negra para que rendesse ao máximo, mas sem que isto afastasse a capacidade de produção, razão pela qual os escravos eram mantidos com alimentação abundante, ainda que pouco variada, concentrada em carboidratos, proteínas e ferro. Neste sentido explica Gilberto Freyre: "(...) bem ou mal os senhores de engenho tiveram no Brasil o seu arremedo de taylorismo, procurando obter do escravo negro, comprado caro, o máximo de esforço útil e não simplesmente o máximo de rendimento".[136] E adiante, conclui: "A alimentação do negro nos engenhos brasileiros podia não ser nenhum primor de culinária; mas faltar nunca faltava. E sua abundância de milho, toucinho e feijão recomenda-a como regime apropriado ao duro esforço exigido do escravo agrícola".[137] Esta, portanto, mais uma razão para que as famílias se conformassem à condição oferecida por fazendas e engenhos, eis que a fuga e a consequente marginalização daí decorrente eram uma via fácil ao encontro da fome e das doenças.

4.5. Brancos contra a escravidão

Ao encontro das ainda incipientes insurreições negras vem a Inglaterra, que altera o perfil adotado até o final do século XVIII, época em que incentivava o tráfico negreiro, para, a partir do século XIX, iniciar uma forte pressão rumo à extinção da escravidão, inaugurando-a ao encerrar o próprio tráfico que praticava, bem como o de suas colônias, incluídos nestas os Estados Unidos da América.

Ao lado disso, a Guerra do Paraguai, finda em 1870, gera dois efeitos, muito bem delimitados por Lilia Schwarcz: "a evolução política e social do exército e o fortalecimento da campanha abolicionista".[138] Neste sentido, ensina a autora, o

(134) *Ibidem,* p. 157.

(135) *Ibidem,* p. 205.

(136) *Op. cit.,* p. 116.

(137) *Idem.*

(138) *Retrato em branco e negro:* jornais, escravos e cidadãos em São Paulo no final do século XIX. São Paulo: Companhia das Letras, 2001. p. 35.

exército, formado por homens livres e não proprietários, conquista uma posição política e social de destaque e, por se identificar com os escravos com os quais juntamente combateram durante a guerra, passam a questionar a sua função de perseguição destes, a recondução dos ex-combatentes à condição cativa, bem como a rejeitar a captura de escravos fugitivos e, com tal atitude, engrossa a corrente favorável à abolição da escravidão.(139)

É neste cenário que o País passa a editar leis, que caminhavam rumo à abolição da escravidão, para tão somente tentar postergar este compromisso e assim iludir os atores sociais ao contemporizar os interesses das forças abolicionistas que colidiam com as frentes reatoras em favor da manutenção da escravidão. Surge, inicialmente, a Lei do Ventre Livre ou dos Nascituros, de 28 de setembro de 1871 e, em seu aniversário, catorze anos depois, é aprovada a Lei Saraiva-Cotegipe, mais conhecida por Lei dos Sexagenários. Note-se que esta última só libertava os maiores de 60 anos após mais três anos de trabalhos forçados, quando então os ex-escravos já se encontravam velhos e inválidos e a sua libertação vinha a ser um verdadeiro presente aos proprietários, que também se "libertavam" do fardo de garantir alimentação e moradia a pessoas imprestáveis aos fins econômicos de seus senhores. Tais leis contemporizadoras se prestavam a auxiliar a ideia difundida no período pré-abolicionista, especialmente pela elite dominante, de que a abolição, no Brasil, só teria condições de se dar se em passos cada vez maiores, porém lentos e cuidadosos, a fim de não ameaçar o equilíbrio reinante, mormente em razão do despreparo da massa escrava para exercer a sua nova condição de vida e da escassez de mão de obra que a libertação acarretaria.(140)

Não há, portanto, como nutrir qualquer ilusão de que a extinção do tráfico decorreu de uma revolução das classes sociais ou da realização de um ideal de distribuição de direitos e de renda. Apesar da existência de algumas irmandades onde negros, livres ou escravos, reuniam-se e de alguns grupos muito radicais que incentivavam fugas e se organizavam para a proteção dos foragidos em quilombos, conforme apregoa Faoro: "as medidas de extinção do tráfico e as leis abolicionistas saíram todas de gabinetes conservadores". Ademais, segundo ensina Lilia Schwarcz, sequer havia um "entrosamento entre os rebeldes negros e os abolicionistas, sendo que a própria propaganda abolicionista não se dirigia aos escravos, que tendiam a ser considerados bárbaros, incapazes de exercer ações políticas".(141) No mais, a partir de 1870, com a alta do preço dos escravos, a desorganização do trabalho agrícola por conta das fugas e revoltas, o depauperamento e a retrogradação da força de trabalho escrava, os próprios fazendeiros, em especial os mais bem sucedidos à época, como os das regiões cafeeiras, passam a, mais do que aceitar a

---

(139) *Ibidem*, p. 35 e 177.

(140) Cf. SCHWARCZ, Lilia Moritz. *O espetáculo das raças:* cientistas, instituições e questão racial no Brasil — 1870-1930. São Paulo: Companhia das Letras, 2001. p. 13.

(141) RIBEIRO, Darcy. Prólogo. FREYRE, Gilberto. *Casa-grande e senzala*. Rio de Janeiro: Record, 2002. p. 38.

abolição, desejá-la, com o que restabeleceriam as condições necessárias para "o estabelecimento da ordem e a continuidade da produção. (...) são vários os proprietários de terras do Oeste paulista que, visando garantir a estabilidade da mão de obra, concedem liberdade a seus escravos mediante contratos de trabalho".[(142)] Neste momento, tornava-se muito mais econômico contratar trabalhadores, imigrantes ou não, do que comprar e manter os caros cativos desqualificados.

Nessas circunstâncias históricas, o saldo restante aos negros produziu efeitos que ainda hoje são plenamente identificáveis em seu quadro de exclusão social e que, portanto, não atingiu apenas os escravos, mas também seus descendentes. Com efeito, a escravização dos negros pelos brancos gerou gente absolutamente desenraizada, dessocializada e deculturada, desqualificada profissionalmente, de imagem social deturpada, desprovida de assistência social verdadeira e ainda submetida a optar entre a segurança de condições desfavoráveis a si oferecidas e o total desamparo social.

5. A Escravidão do homem pelo homem

Toda pessoa tem direito ao trabalho,
à livre escolha de emprego,
a condições justas e favoráveis de trabalho.
Declaração Universal dos Direitos Humanos, 1948

O fim do tráfico de negros saídos da África, a partir de 1850, por meio da Lei Eusébio de Queirós, que proibia a entrada ilegal de escravos negros no Brasil, induz, à primeira vista, à ideia de que haveria um grande estímulo para a sua mercancia por meio do comércio interno.

Em princípio, houve mesmo uma grande mobilidade de negros das lavouras de cana-de-açúcar que eram vendidos aos recentemente prósperos cafeicultores. O preço do escravo, que já era bem representativo se comparado ao valor da terra, atinge espetacular alta. Conforme informa Raymundo Faoro: "Em 1821, um negro custava entre duzentos e cinquenta e quatrocentos e quarenta mil-réis, em 1843 alcança setecentos mil-réis, para atingir, em 1855, o valor de quinhentos a um conto de réis, preferida pelos compradores a peça entre 17 e 30 anos. (...) de 1835 a 1875 o preço médio do escravo subiu 221,8%, enquanto o custo de vida cresceu, no período, 70,2%".[(143)] Mesmo assim, este comércio, quer em virtude da lei, quer em razão do próprio colonato, cioso de livrar-se de seus escravos problemáticos, mas não interessado em deixar de lucrar com eles, não obteve a prosperidade imaginada.

(142) FURTADO, Celso. *Formação econômica do Brasil*. São Paulo: Nacional, 1977. p. 126.

(143) SCHWARCZ, Lilia Moritz. *Retrato em branco e negro:* jornais, escravos e cidadãos em São Paulo no final do século XIX. São Paulo: Companhia das Letras, 2001. p. 37.

Nesta segunda metade do século XIX, a força de trabalho concentrada em escravos se constituía de cerca de dois milhões de pessoas. Já em 1798, os escravos representavam 48,7% da população brasileira.[144] Porém, no censo demográfico de 1872, revelou-se a existência de quantidade ainda mais expressiva, correspondente a cerca de um milhão e meio de escravos. Entretanto, a crise do escravismo era evidente e se acentuava. As taxas de mortalidade da população escrava aumentavam em face de sua precária condição de vida. Darcy Ribeiro afirma que, variável segundo a região e a intensidade de produção, a vida média de um escravo que trabalhasse no eito não ultrapassava a faixa compreendida entre cinco a sete anos.[145] Por sua vez, o número de foragidos e quilombolas aumentava e havia pressão de todos os lados para o fim da escravidão, já abolida por diversos outros países.

Assim, ao contrário do esperado, o escravismo no Brasil entra em crise. Com efeito, era de conhecimento comum que a maior parte desses negros vendidos internamente eram revoltosos ou ex-quilombolas. Deste modo, malsucedida a ideia original da escravização de índios e perecendo os lucros decorrentes da escravização negra, a força de trabalho necessária ao sistema econômico estabelecido no Brasil começou a requisitar a imigração de trabalhadores, perdurando a configuração da mão de obra no Brasil como preponderantemente estrangeira.

Dentro deste panorama, destaca-se a existência de duas diferentes unidades econômicas. Dentro das terras do grande proprietário, principal unidade econômica, haviam se formado as *roças*, a principal unidade da economia de subsistência. O convívio entre a grande propriedade e a roça se dava pacificamente porque atingia interesses de ambos os lados. O grande proprietário não arcava com o gasto total da subsistência dos roceiros e quando de seu trabalho precisasse os pagava com ínfima remuneração. Em verdade nada gastava, eis que a extensão das terras não lhe acarretava verdadeiro custo no momento da cessão do espaço para a roça. O roceiro, por sua vez, aceitava a terra da qual tirava a sua subsistência, bem como a da sua família, até porque dela precisava para se estabelecer, e se ligava ao senhor de terras que lhe dava proteção, estabilidade e algum trabalho remunerado para acrescer às necessidades de subsistência já satisfeitas por meio da roça. Toda essa mão de obra espalhada pelo campo vivia de tal modo que mal lhes pertencia uma ocupação profissional duradoura, o que, aliás, também não se encontrava nos centros urbanos.

É este quadro de pouca evolução do trabalhador nacional e de esgotamento da então caríssima força de trabalho escrava, em contraste com o processo de revolução tecnológica que se iniciava nos países europeus desde o século XIX, que

(144) *Ibidem*, p. 34.

(145) Em São Paulo, o número de imigrantes sofre um acréscimo espetacular. Os dados estatísticos revelam que entre 1881 e 1884 a população imigrante era de 1.959 pessoas, alcançando 108.736 pessoas em 1891. Cf. SCHWARCZ, Lilia Moritz. *Retrato em branco e negro:* jornais, escravos e cidadãos em São Paulo no final do século XIX. São Paulo: Companhia das Letras, 2001. p. 51.

fomenta a ideia da importação de mão de obra estrangeira em detrimento do desenvolvimento de políticas internas que beneficiassem a mão de obra existente e mal situada no Brasil.

Com a deficiência da mão de obra nacional instalada e estagnada ao progresso, além do fim do tráfico negreiro a partir de 1850 e suas consequências acima descritas, as maiores economias privadas que se encontravam em expansão, formadas principalmente por cafeicultores, decidem-se por contratar trabalhadores europeus. Segundo Celso Furtado, o cafeicultor Nicolau Pereira de Campos Vergueiro, o Senador Vergueiro, conseguiu do governo, em 1852, um financiamento para o transporte de famílias europeias, inaugurando a chegada de alemães e suíços para o trabalho nas lavouras paulistas.(146) Até o ano de 1857 mais de duas mil pessoas daqueles países vieram para o Brasil com as passagens pagas pelo governo brasileiro. E isto era apenas o começo, eis que até a década de 1870 os escravos eram ainda a principal mão de obra da lavoura brasileira e todos os 643 municípios do Império ainda mantinham escravos.(147) "É de 1886 em diante que a imigração intensificar-se-á ainda mais, sendo que, a partir da segunda metade do século XIX, e principalmente nas novas regiões cafeeiras, imigrantes e escravos passam a viver lado a lado".(148)(149)

Porém, a união de interesses do governo com o de senhores de terra não se dirigiram a circunstância outra senão à perpetuação do escravismo, desta vez com características mais modernas e disfarçadas, que criaram um sistema que pode ser considerado a evolução de um regime que já havia passado por várias fases de aperfeiçoamento, desde que iniciada a escravização indígena. Com efeito, financiada a princípio pelo Estado, quem verdadeiramente pagava o custo da imigração era o trabalhador imigrante que se vinculava ao fazendeiro pela obrigação de trabalhar até que a dívida estivesse totalmente paga. Conforme Celso Furtado: "É fácil perceber até onde poderiam chegar os abusos de um sistema desse tipo nas condições de isolamento em que viviam os colonos, sendo o fazendeiro praticamente a única fonte do poder político".(150)

A partir de 1860 a lavoura de café se expande como nunca antes, resultado direto da melhora do preço do café, o que exigiu um aumento da mão de obra, especialmente naquelas regiões em que mais se cultivou o café, mas que até então possuía um número menor de escravos negros do que os existentes no Norte e no Nordeste do país. Ademais, o momento era de proibição do tráfico negreiro, dado que limitava a aquisição de braços escravos ao tráfico interno e intensificava a carência de trabalhadores. A saída para o apresto daquela necessidade, com nítida

---

(146) *Op. cit.*, p. 126.

(147) *Op. cit.*, p. 127.

(148) FURTADO, Celso. *Formação econômica do Brasil*. São Paulo: Nacional, 1977. p. 134.

(149) *Op. cit.*, p. 138.

(150) FREYRE, Gilberto. *Casa-grande & senzala*. Rio de Janeiro: Record, 2002. p. 62, prefácio à 1ª edição.

evolução do sistema de servidão, deu-se por intermédio de imigrantes, nos moldes descritos por Celso Furtado: "A evolução se inicia pelo sistema de pagamento ao colono. O regime inicialmente adotado era o de parceria, dentro do qual a renda do colono era sempre incerta, cabendo-lhe a metade do risco que corria o grande senhor de terras. A perda de uma colheita podia acarretar a miséria para o colono, dada sua precária situação financeira".(151)

Mais dramática ainda era a situação dos trabalhadores nacionais que laboravam na região da Amazônia, onde o sistema também exigia o reembolso das despesas de transporte e moradia: "começava sempre a trabalhar endividado, pois via de regra obrigavam-no a reembolsar os gastos com a totalidade ou parte da viagem, com os instrumentos de trabalho e outras despesas de instalação. Para alimentar-se dependia do suprimento que, em regime de estrito monopólio, realizava o mesmo empresário com o qual estava endividado e que lhe comprava o produto. As grandes distâncias e a precariedade de sua situação financeira reduziam-no a um regime de servidão".(152)

Em verdade, seja por meio da imigração europeia preponderante nas regiões sul e sudeste, seja por todo o País por meio dos trabalhadores nacionais que se formavam a partir do fim do tráfico de africanos, a tradição de mais de trezentos anos de escravidão como base da mão de obra se impunha disfarçadamente ante a sedimentada ideia escravocrata e manipuladora de que ao abolir-se a escravidão, abolir-se-ia também a capacidade de gerar riquezas, o que empobreceria até as populações livres e prósperas.

Apesar de editada a Lei (Áurea), de n. 3.353, em 13 de maio de 1888, que extinguiu formalmente a escravidão, não se pode dizer que a situação dos trabalhadores que se encontravam no país, imigrantes ou não, melhorou. Sem um planejamento político que viabilizasse a integração da grande massa de ex-escravos necessitados de trabalho remunerado e permanecendo as melhores áreas de terra cultiváveis no domínio dos senhores de engenho, a vida do novo trabalhador era livre e remunerada, porém submetida às condições de trabalho e remuneração encontráveis. Neste sentido, esclarece Celso Furtado: "Não foi difícil, em tais condições, atrair e fixar uma parte substancial da antiga força de trabalho escravo, mediante um salário relativamente baixo. (...) seria difícil admitir que as condições materiais de vida dos antigos escravos se hajam modificado sensivelmente, após a abolição (...)".(153)

---

(151) Cf. ABREU, Lília Leonor; ZIMMERMANN, Deyse Jacqueline. Trabalho escravo contemporâneo paticado no meio rural brasileiro: abordagem sociojurídica. *Revista do Tribunal Regional do Trabalho da 12ª Região,* Florianópolis, n. 17, p. 105, 1º semestre de 2003. LOBATO, Elvira. Lavoura arcaica. *Folha de S. Paulo,* São Paulo, p. A6, 18 de julho de 2004.

(152) LOBATO, Elvira. Lavoura arcaica. *Folha de S. Paulo*. São Paulo, p. A4, 18 de julho de 2004.

(153) TRINDADE, Priscila. *O Estado de S. Paulo,* 15 de setembro de 2010. Disponível em: <http://www.estadao.com.br/noticias/geral,bolivianos-sao-liberados-de-confeccao-em-sao-paulo,610427,0.htm> Acesso em: 23.1.2011.

Tanto mais é certo que a vinculação de negros e mestiços livres aos engenhos e fazendas, formada segundo condições exigidas exclusivamente pelos últimos e tão somente aceitas pelos primeiros, derivava do total desamparo social, das doenças e da privação alimentar que assolaram essa parcela da população após a abolição.

Esse painel, decerto, era menos dramático nas regiões que prosperaram por meio do café, onde se pagavam salários mais elevados dos que passaram a ser pagos no Norte e Nordeste do país. Mas ainda assim não se pode falar, nem aproximadamente, em concretização de alguma distribuição verdadeira de renda e sequer de uma representativa participação social no desenvolvimento econômico do país.

Conforme ensina Gilberto Freyre, a formal abolição da escravatura não aboliu da vida social, conjuntamente, a monocultura e sequer a escravidão, que permaneceram influenciando o comportamento, os ideais, a postura e até a moral sexual dos brasileiros: "Aliás a monocultura latifundiária, mesmo depois de abolida a escravidão, achou jeito de subsistir em alguns pontos do país, ainda mais absorvente e esterilizante do que no antigo regime; e ainda mais feudal nos abusos. Criando um proletariado de condições menos favoráveis de vida do que a massa escrava".(154)

A mencionada evolução do sistema escravocrata, que parte da fase às escâncaras para atingir a fase dissimulada, não se restringiu ao final do século XIX e sequer ao século XX. Condições de trabalho semelhantes às já retratadas, ao mencionarmos o período imediatamente após a abolição, são vivenciadas ainda atualmente sem que o perfil escravista tenha sofrido grande alteração. Os colaboradores do sistema são claramente identificados: a má distribuição da renda, a educação precária (quando existente) oferecida às classes impossibilitadas de usufruir da rede privada de ensino e a concentração agrária em parcela ínfima da população.

A tríade acima apontada possibilita arriscar, sem grande dificuldade de êxito na solução do triste enigma, quais as regiões mais afetadas pela perpetuação do escravismo. Contudo, ao lado de grandes focos de trabalho escravo existentes no Pará, Maranhão, Mato Grosso e Bahia, vários casos têm sido registrados também em São Paulo (inclusive em cidades metropolitanas), Rio de Janeiro e Minas Gerais.(155)

Outro dado não menos surpreendente é que o trabalho escravo não está restrito a propriedades pequenas, isoladas e que, portanto, poderiam arguir em seu favor a ignorância, apesar de injustificável. Grandes e modernas fazendas, muitas delas verdadeiros impérios voltados ao mercado de exportação, têm sido constantemente descobertas como as maiores e mais desumanas exploradoras do trabalho servil. Conforme reportagem de Elvira Lobato para a *Folha de S. Paulo*: "Há casos de resgate em fazendas com pistas de pouso para aviões de médio porte

---

(154) LOBATO, Elvira. Lavoura arcaica. *Folha de S. Paulo*. São Paulo, p. A5, 18 de julho de 2004.

(155) ABREU, Lília Leonor; ZIMMERMANN, Deyse Jacqueline. Trabalho escravo contemporâneo paticado no meio rural brasileiro: abordagem sociojurídica. *Revista do Tribunal Regional do Trabalho da 12ª Região*, Florianópolis, n. 17/2003, p. 107-108, 1º semestre de 2003.

e sedes suntuosas, mas que alojavam os trabalhadores temporários nos currais ou em barracas de plástico, sem paredes, escondidas na mata".[156]

A abolição da escravatura atingiu a propriedade da vida humana, retirando-a das mãos de terceiros. Entretanto, esta figura se apresenta quase que reduzida à extinção de um aspecto meramente oficial que acompanhava o trabalho escravo até então, visto que não há mais a propriedade a unir senhores e escravos, mas estes continuam ligados mediante artifícios vários, tais como dívidas, ameaças e violência e estas circunstâncias, igualmente, cerceiam a liberdade individual.

Os elementos desta antiga e desproporcional relação permanecem quase intactos através dos tempos, ainda que suas formas sejam cada vez mais dissimuladas. A proibição de largar definitivamente o trabalho no momento desejado, a exploração aviltante da força de trabalho humana, a submissão aos maus-tratos e à absoluta falta de higiene, o constrangimento físico ou moral e a sujeição a condições indignas, estão todas ainda bem presentes. Recentíssima notícia em *O Estado de S. Paulo* atesta: "Seis bolivianos foram libertados hoje de uma oficina de costura onde eram mantidos em regime de trabalho escravo, no Bom Retiro, no centro de São Paulo. Um boliviano, de 34 anos, acusado de submeter os compatriotas ao trabalho ilegal, foi preso. A Secretaria de Segurança Pública do Estado informou que os bolivianos trabalhavam das 7 horas às 10 horas, e viviam em condições precárias de higiene e saúde. Eles recebiam até R$ 1,50 por peça confeccionada, sendo ainda descontadas despesas com alimentação, moradia e transporte".[157]

A violência também vibra intensamente. Atualmente, ainda são executados castigos, agressões e até homicídios, tudo com a finalidade de disciplinar o escravo rebelde e também os demais em uma verdadeira ameaça indireta.

Até mesmo o tráfico de trabalhadores não desapareceu. A maior parte dos submetidos a trabalho escravo são recrutados em regiões muito pobres para trabalhar em local bem distante da contratação por intermédio de profissionais, conhecidos por "gatos", que "vendem" as suas aquisições aos futuros exploradores desta força de trabalho. Só no pequeno município de Redenção, sul do Pará, que conta com não mais de 70 mil habitantes, a reportagem elaborada pela *Folha de S. Paulo*, em 18 de julho de 2004, constatou que havia entre 60 e 70 aliciadores daquela espécie de mão de obra.[158]

Neste panorama, a desumana exploração tem campo fértil. O medo e a precariedade de recursos impelem o trabalhador a permanecer sob o jugo do trabalho servil. Não há como voltar à terra natal, mormente porque o trabalhador,

---

(156) Portal Brasil. Disponível em: <http://www.brasil.gov.br/noticias/arquivos/2011/01/04/trinta-e-oito-mil-trabalhadores-escravos-foram-resgatados-desde-1995-no-brasil> Acesso em: 23.1.2011.

(157) TRINDADE, Priscila. *O Estado de S. Paulo,* 15 de setembro de 2010. Disponível em: <http://www.estadao.com.br/noticias/geral,bolivianos-sao-liberados-de-confeccao-em-sao-paulo,610427,0.htm> Acesso em: 23.1.2011.

(158) LOBATO, Elvira. Lavoura arcaica. *Folha de S. Paulo,* p. A5, 18 de julho de 2004.

ao ser recrutado, sob a promessa de excelentes vantagens, aceita endividar-se com o transporte, a alimentação, roupas, remédios e utensílios de trabalho. As despesas com o transporte inauguram a escravidão por dívida, visto que os locais de trabalho são de difícil acesso, o transporte existente é irregular e inseguro e deste modo, a liberdade de locomoção é constrangida. Em certos casos, antes mesmo do transporte a dívida se perfaz, eis que muitos homens em busca de trabalho migram de suas terras natais sem qualquer dinheiro para as regiões em que os aliciamentos são feitos e lá se hospedam nos "hotéis peoneiros", onde a hospedagem é previamente paga pelos "gatos".

Os demais produtos também são ofertados pelo próprio empregador de modo que este jamais deva qualquer salário aos empregados, que passam a trabalhar tão somente para compensar as dívidas. Como os produtos são adquiridos no estabelecimento empregador, este também lhes aplica o preço que bem entender. Além disso, inúmeros empregados permanecem em situação de extrema extenuação. São acometidos de doenças, sendo as mais comuns a malária, a dengue e as sequelas de acidentes. Doenças, em sua quase totalidade, decorrentes das próprias condições do trabalho, realizado em total descumprimento das normas de segurança e saúde e em ambiente desprovido da mínima higiene, onde não há local apropriado para o repouso e, em grande parte das vezes, sequer conta com instalações sanitárias ou água potável.

Como é visto, a fórmula empregada para a imposição da escravidão é a mesma denunciada há cerca de 150 anos pelos primeiros imigrantes que no Brasil desembarcaram. A perpetuação do escravismo por meio de características dissimuladas e em sinal de real evolução do sistema servil persiste, ainda que inúmeras instituições, bem como o Direito interno e o internacional, se mobilizem contra esta prática. Conforme informam Lília Abreu e Deyse Zimmermann, em artigo publicado em 2003: "A Comissão Pastoral da Terra, árdua combatente do trabalho escravo, calcula que existem no Brasil 25 mil pessoas submetidas a essa condição".[(159)] Não obstante, de 1995 a julho de 2004, 11.969 trabalhadores rurais submetidos ao regime escravista foram resgatados, sendo 5.224 no Pará, 2.435 no Mato Grosso e 1.139 na Bahia. E dados recentes do Portal governamental Brasil afirmam que o número de trabalhadores resgatados entre 2003 e 2010 atingiu quase 33.000 indivíduos.[(160)]

Neste momento, já é tempo de compreender a importância de conhecermos com acuidade como a escravidão foi se descortinando na história do Brasil. Já temos os elementos para identificar seus móveis e para perceber que os moldes atuais são os mesmos praticados há pelo menos 150 anos, salvo pequenas mudanças destinadas à sua dissimulação e, é claro, a alteração dos atores sociais. Conhecer o todo

(159) ABREU, Lília Leonor; ZIMMERMANN, Deyse Jacqueline. Trabalho escravo contemporâneo paticado no meio rural brasileiro: abordagem sociojurídica. *Revista do Tribunal Regional do Trabalho da 12ª Região*, Florianópolis, n. 17/2003, p. 107-108, 1º semestre de 2003.

(160) *Portal Brasil*. Disponível em: <http://www.brasil.gov.br/noticias/arquivos/2011/01/04/trinta-e-oito-mil-trabalhadores-escravos-foram-resgatados-desde-1995-no-brasil> Acesso em: 23.1.2011.

e a sua evolução nos serve para chegarmos de novo ao ponto de partida, e não, como é evidente, para desejarmos o sistema em quaisquer das formas já utilizadas, porquanto não há quem não reconheça a sua nefasteza, mas porque é preciso lançar um olhar e tudo ver, e ver o todo, como se fosse a primeira vez, e ao nos indignarmos, fazê-lo com a tranquilidade do conhecimento do que já fez parte da história do País. Não pode mais haver olhar para um cotidiano renitente formado por mais de 500 anos de funesto aperfeiçoamento.

Bibliografia

ABREU, Lília Leonor; ZIMMERMANN, Deyse Jacqueline. Trabalho escravo contemporâneo praticado no meio rural brasileiro: abordagem sociojurídica. *Revista do Tribunal Regional do Trabalho da 12ª Região*, Florianópolis, n. 17/2003, p. 105-120, 1º semestre de 2003.

ALENCASTRO, Luiz Felipe de. *O trato dos viventes:* formação do Brasil no Atlântico Sul. São Paulo: Companhia das Letras, 2000.

ARRUDA, Kátia Magalhães. Trabalho análogo à condição de escravo: um ultraje à Constituição. *Revista Gênesis*, Curitiba, n. 36, v. 6, p. 683-689, dez. 1995.

BENEDICT, Ruth. *Padrões de cultura*. Trad. Alberto Candeias. Lisboa: Livros do Brasil.

BOSI, Alfredo. *História concisa da literatura brasileira*. São Paulo: Cultrix, 1981.

COUTINHO, Afrânio (direção); COUTINHO, Eduardo de Faria (codireção). *A literatura no Brasil*. São Paulo: Global, 1999.

CUNHA, Manuela Carneiro da (org.). *História dos índios no Brasil*. São Paulo: Companhia das Letras, 2002.

D'ABBEVILLE, Claude. *História da missão dos padres capuchinhos na ilha do Maranhão e terras circunvizinhas.* Trad. Sérgio Milliet. Belo Horizonte: Itatiaia; São Paulo: Universidade de São Paulo, 1975.

EVANS-PRITCHARD, E. E. *Os* nuer. Trad. Ana M. Goldberger Coelho. São Paulo: Perspectiva, 2002.

FAORO, Raymundo. *Os donos do poder:* formação do patronato político brasileiro. Porto Alegre: Globo, 1976.

FAVA, Marcos Neves. Combate ao trabalho escravo: "lista suja" de empregadores e atuação da Justiça do Trabalho. *Revista LTr*, São Paulo, n. 11/2005, p. 1326, nov. 2005.

FREYRE, Gilberto. *Casa-grande & senzala*. Rio de Janeiro: Record, 2002.

FURTADO, Celso. *Formação econômica do Brasil*. São Paulo: Nacional, 1977.

HOLANDA, Sérgio Buarque de. *Raízes do Brasil*. São Paulo: Companhia das Letras, 2002.

MARASCHIN, Cláudio. O trabalho escravo no Brasil contemporâneo (uma análise jurídico-social). *Síntese Trabalhista*. Porto Alegre, n. 94, v. 8, p. 19-24, abr. 1997.

MONTEIRO, John Manuel. *Negros da terra:* índios e bandeirantes nas origens de São Paulo. São Paulo: Companhia das Letras, 2000.

OLIVEIRA, Clenir Bellezi de. *Arte literária:* Portugal/Brasil. São Paulo: Moderna, 1999.

POUTIGNAT, Philippe; STREIFF-FENART, Jocelyne. *Teorias da etnicidade:* seguido de grupos étnicos e suas fronteiras de Fredrik Barth. Trad. Elcio Fernandes. São Paulo: Unesp, 1998.

PRADO JÚNIOR, Caio. *Formação do Brasil contemporâneo*. São Paulo: Brasiliense, 2001.

RIBEIRO, Darcy. *O povo brasileiro:* a formação e o sentido do Brasil. São Paulo: Companhia das Letras, 1995.

______. *Os brasileiros:* 1. teoria do Brasil. Rio de Janeiro: Vozes, 1978.

RISÉRIO, Antonio. Escravos de escravos. *Nossa História*, São Paulo, n. 4, fev. 2004.

RONCARI, Luiz. Literatura Brasileira: *Dos primeiros cronistas aos últimos românticos*. São Paulo: Universidade de São Paulo, Fundação para o Desenvolvimento da Educação, 1995.

SCHWARCZ, Lilia Moritz. *A longa viagem da biblioteca dos reis*: do terremoto de Lisboa à independência do Brasil. São Paulo: Companhia das Letras, 2002.

______. *O espetáculo das raças:* cientistas, instituições e questão racial no Brasil — 1870-1930. São Paulo: Companhia das Letras, 2001.

______. *Retrato em branco e negro:* jornais, escravos e cidadãos em São Paulo no final do século XIX. São Paulo: Companhia das Letras, 2001.

SILVA, Francisco de Assis; BASTOS, Pedro Ivo de Assis. *História do Brasil*. São Paulo: Moderna, 1984.

SIQUEIRA, Marli Aparecida da Silva. Trabalho escravo e trabalho forçado. *Jornal Trabalhista Consulex*, Brasília, n. 845, v. 18, p. 8-9, jan. 2001.

STADEN, Hans. *Duas viagens ao Brasil*. Trad. Guiomar de Carvalho Franco. Belo Horizonte/ São Paulo: Itatiaia. Universidade de São Paulo, 1988.

O Combate ao Trabalho Forçado: Um desafio global

Laís Abramo(*)
Luiz Machado(**)

Introdução

O trabalho forçado é a antítese do trabalho decente. Constitui uma grave violação dos direitos humanos e dos direitos fundamentais no trabalho. É um fenômeno generalizado no mundo atual, e tem crescido no contexto de um processo de globalização inequitativo e marcado pela desregulamentação dos mercados de trabalho e pelo debilitamento de suas instituições. Está presente não apenas em empresas e setores informais dos países em desenvolvimento, mas também em grandes e modernas empresas, nacionais e multinacionais e suas cadeias produtivas.

Não obstante, o trabalho forçado moderno pode ser erradicado, desde que haja um compromisso sustentado da comunidade internacional, trabalhando em conjunto com governos, organizações de empregadores e de trabalhadores e desde que sejam enfrentadas tanto as suas manifestações mais evidentes quanto as suas causas sistêmicas. Enfrentar suas práticas modernas e contemporâneas exige empenho, determinação e estratégias diversificadas e integradas. Resgatar e reabilitar as vítimas, romper o ciclo da exploração laboral, avançar decididamente nos objetivos de erradicação da pobreza e de promoção de oportunidades de trabalho decente para mulheres e homens, como formas de prevenir a sua ocorrência, são elementos fundamentais para a erradicação deste grave crime.

(*) Diretora do Escritório da OIT no Brasil. Socióloga, Mestre e Doutora em Sociologia pela Faculdade de Filosofia, Letras e Ciências Humanas da Universidade de São Paulo.

(**) Coordenador do Projeto da OIT de Combate ao Trabalho Escravo no Brasil. Bacharel em Administração de Empresas pela Macquarie University de Sidney, Austrália. Bacharel em Direito pelo Centro Universitário do Distrito Federal.

A erradicação do trabalho escravo é, ao lado da erradicação do trabalho infantil, em especial nas suas piores formas[1], uma das três prioridades da Agenda Nacional do Trabalho Decente, lançada pelo governo federal brasileiro em 2006 e do Plano Nacional de Emprego e Trabalho Decente (2009). Da mesma forma, é um dos eixos prioritários da Agenda e do Programa de Trabalho Decente do Estado da Bahia e da Agenda pelo Trabalho Decente do Estado de Mato Grosso.

1. O trabalho forçado na normativa internacional: as convenções da OIT

A OIT (Organização Internacional do Trabalho) adotou, ao longo da sua história, duas convenções internacionais relativas ao trabalho forçado. A primeira delas é a Convenção sobre o Trabalho Forçado ou Obrigatório, 1930 (n. 29), ratificada pelo Brasil em 1957. A segunda é a Convenção sobre a Abolição do Trabalho Forçado, 1957 (n. 105), ratificada pelo Brasil em 1965.[2]

A Convenção n. 29 define o trabalho forçado como "todo trabalho ou serviço exigido de uma pessoa sob a ameaça de uma pena qualquer e para o qual não se tenha oferecido voluntariamente (art. 2º)".[3]

Segundo essa definição, trabalho forçado não pode ser equiparado apenas a baixos salários ou a condições precárias de trabalho. Tampouco cobre as situações premidas pela necessidade econômica, quando um trabalhador ou trabalhadora não tem condições de deixar um trabalho em razão da falta de alternativas de emprego. De acordo com a definição da Convenção n. 29 da OIT e de outros instrumentos internacionais correlatos sobre escravidão, práticas análogas à escravidão, servidão por dívidas ou condição servil, trabalho forçado representa grave violação de direitos e restrição da liberdade humana.

Essa definição de trabalho forçado compõe-se de dois elementos principais: ser executado involuntariamente (ou com ausência de consentimento) e sob ameaça de uma pena (ou punição).

Nos quase 80 anos transcorridos desde a adoção da Convenção n. 29, os órgãos de controle e supervisão da OIT têm ajudado a esclarecer o significado

---

(1) É importante notar que o trabalho forçado de crianças e adolescentes é considerado uma das piores formas de trabalho infantil, de acordo com a Convenção sobre a Proibição das Piores Formas de Trabalho Infantil e Ação Imediata para a sua Eliminação, 1999 (n. 182) da OIT, ratificada pelo Brasil no ano 2000.

(2) Os textos completos das Convenções ns. 29 e 105 podem ser encontrados, respectivamente. Disponível em: <http://www.oit.org.br/info/download/conv_29.pdf> e <http://www.oit.org.br/info/download/conv_105.pdf>.

(3) A Convenção prevê algumas exceções, particularmente referidas ao serviço militar ou a trabalhos de natureza puramente militar, obrigações cívicas normais, trabalho de presos condenados judicialmente, desde que trabalhem sob a supervisão da autoridade pública, trabalho em casos de emergência, como guerra e calamidades, e pequenos serviços comunitários (art. 2º). A análise que se segue está baseada fundamentalmente em OIT, 2005.

dessa definição.[4] O elemento de punição que caracteriza o trabalho forçado pode variar desde as formas mais extremas, como violência (inclusive sexual), prisão ou confinamento, ameaças de morte à vítima e/ou seus familiares e confisco de documentos, passando por punições financeiras, como o não pagamento do salário ou perdas do salário vinculada a ameaças de demissão. Pode também manifestar-se mediante a perda de direitos e privilégios e ameaças mais sutis, de natureza psicológica.[5]

A natureza involuntária do trabalho (ou a ausência de consentimento) também pode se revestir de distintas formas: escravidão por nascimento ou por descendência, servidão por dívidas, rapto ou sequestro, venda de uma pessoa a outra, confinamento no local de trabalho (prisão ou cárcere privado), coação psicológica (ordem para trabalhar apoiada em ameaça de punição por desobediência), engano ou falsas promessas sobre tipos e condições de trabalho, retenção ou não pagamento de salário, retenção de documentos de identidade ou de pertences pessoais de valor (OIT, 2005).

No Brasil, por exemplo, o consentimento é característica especialmente constitutiva de muitas formas de trabalho forçado: na forma típica de submissão dos trabalhadores rurais a condições análogas à escravidão (segundo a definição do Código Penal Brasileiro), estes seguem voluntariamente para o trabalho, iludidos por falsas promessas. Nesse caso, claramente, o consentimento inicial do trabalhador não elimina o caráter forçado dessas situações de trabalho. Para que as leis internacionais contemplem essa especificidade, órgãos supervisores da OIT têm abordado aspectos ligados à liberdade de escolha, segundo os quais "o consentimento inicial pode ser considerado irrelevante quando obtido por engano ou fraude, ou quando envolve crianças" (OIT, 2005).

Ao reunir esses dois elementos (ameaça de punição e ausência de consentimento), a Convenção n. 29 pretendeu abranger todas as formas possíveis de trabalho forçado. Sejam aquelas impostas por agentes estatais ou por agentes privados, sejam elas antigas, como a escravidão colonial ou contemporânea, como a servidão por dívidas, o tráfico de seres humanos e o trabalho forçado nas prisões. Diante dessa amplitude do conceito, cabe a cada país que enfrenta situações específicas de trabalho forçado adotar uma legislação particular que tipifique detalhadamente essa prática, a fim de que ela possa ser penalmente sancionada.

A ratificação da Convenção n. 29 deveria impulsionar os Estados-membros a reconhecer as situações de trabalho forçado existentes nos seus territórios, um problema muitas vezes oculto, na medida em que são raros os dados estatísticos oficiais

(4) Ver, por exemplo, o estudo elaborado em 2007 pela Comissão de Peritos em Aplicação de Convênios e Recomendações intitulado "Estudio general relativo al Convenio sobre el trabajo forzoso, 1930 (n. 29) y al Convenio sobre la abolición del trabajo forzoso, 1957 (n. 105)", (OIT, 2007).

(5) Para mais detalhes e informações, ver OIT, 2005.

sobre o problema e a sociedade apresenta um baixo grau de conscientização sobre o tema.

A Convenção estabelece ainda que o trabalho forçado deve ser punido como um crime, e que cada Estado que a ratificar tem a obrigação de assegurar que as sanções impostas pela lei sejam adequadas e rigorosamente aplicadas. A partir da ratificação da Convenção, os Estados-membros da OIT comprometem-se a "abolir a utilização do trabalho forçado ou obrigatório, em todas as suas formas, no mais breve espaço de tempo possível" (art. 1º).

Aos diferentes países cabe adequar a legislação nacional às circunstâncias da prática de trabalho forçado presentes no seu território. As legislações nacionais devem tipificar a prática levando em conta as particularidades econômicas, sociais e culturais do contexto em que ela se insere, tornando-a passível de sanções penais, correspondendo ao que é estabelecido no art. 25 da Convenção n. 29.(6)

Os governos são responsáveis pela estrutura jurídica e política contra o trabalho forçado, a aplicação de leis e a elaboração de mecanismos de coordenação das ações de combate. Não obstante, o trabalho de outros atores e instituições do Estado ou da sociedade, com diferentes mandatos, constitui uma parte importante da resposta repressiva e preventiva, seja para processar os criminosos, seja para proteger as vítimas atuais ou potenciais.

A Convenção sobre a Abolição do Trabalho Forçado 1957 (n. 105) complementa a Convenção n. 29. Enquanto a primeira, como vimos, estabelece a proibição geral de incorrer no trabalho forçado em todas as suas formas, a segunda prevê a proibição do trabalho forçado em cinco casos específicos, ligados a situações econômicas e políticas vigentes no período em que ela foi adotada, ou seja, o contexto pós Segunda Guerra Mundial.

Essa Convenção estabelece que o trabalho forçado ou obrigatório deve ser abolido especialmente nas seguintes circunstâncias: a) como forma de coerção ou educação política, castigo por expressar determinadas opiniões políticas ou por manifestar oposição ideológica à ordem social, política ou econômica vigente; b) para fins de desenvolvimento econômico; c) como meio de disciplina no trabalho; d) como castigo por haver participado em greve e; e) como forma de discriminação racial, social, nacional ou religiosa (OIT, 2010).

2. Trabalho Forçado Contemporâneo: Alguns Dados e Tendências Mundiais

Em 2005, o Diretor Geral da OIT lançou o seu segundo Relatório Global sobre o trabalho forçado (OIT, 2005), que evidenciou que esse é um problema contem-

(6) "A imposição legal de trabalho forçado ou obrigatório será passível de sanções penais e todo País-membro que ratificar esta convenção terá a obrigação de assegurar que as sanções impostas por lei sejam realmente adequadas e rigorosamente cumpridas" (art. 25 da Convenção n. 29).

porâneo de dimensões mundiais, que afeta quase todos os países e todos os tipos de economias.[7] Ao apresentar esse relatório, a OIT lançou um desafio à comunidade internacional: a construção de uma parceria consolidada e abrangente a fim de erradicar o trabalho forçado o mais rapidamente possível (uma *aliança global contra o trabalho forçado*).

O relatório de 2005 faz um balanço dos avanços realizados desde o lançamento, em 2001, do primeiro relatório global sobre o tema (*Não ao trabalho forçado*, OIT, 2001). Discute o conceito de trabalho forçado na legislação internacional, propondo parâmetros para identificar na prática situações reais de ocorrência do fenômeno, e, além disso, apresenta a primeira estimativa global do número de pessoas submetidas a essa condição, distribuídas por região, sexo e tipo de atividade econômica.

Os resultados dessa estimativa indicaram a existência de, pelo menos, 12,3 milhões de vítimas. Dessas, 9,8 milhões eram exploradas por agentes privados e se dividiam entre 1,4 milhões vítimas de exploração sexual e 7,8 milhões vítimas de exploração econômica não sexual. Os 2,5 milhões restantes eram pessoas forçadas a trabalhar para o Estado ou grupos militares rebeldes. O Relatório chama a atenção também para o fato de que, entre as vítimas, se encontravam consideráveis contingentes de trabalhadores e trabalhadoras migrantes, assim como para as novas formas e dimensões do tráfico de seres humanos, associadas aos avanços da tecnologia, dos meios de transporte e do crime organizado.

Ainda segundo o Relatório, a magnitude e as características do fenômeno variam por região: a maior incidência está na Ásia, que respondia por 9.490.000 vítimas, das quais dois terços eram exploradas economicamente por agentes privados por meio de servidão por dívida (na agricultura e em outras atividades econômicas). Aproximadamente um quinto do total dos afetados era vítima do trabalho forçado imposto pelo Estado, como é o caso de Myanmar. O trabalho forçado para exploração sexual comercial representava menos de um décimo do total (OIT, 2005).

---

(7) Os Relatórios Globais da OIT são parte do mecanismo de monitoramento da Declaração dos Direitos e Princípios Fundamentais no Trabalho, adotada pela Conferência Internacional do Trabalho, na sua 87ª Sessão, em junho de 1988. A Declaração estabelece que todos os Estados-membros da OIT, pelo simples fato de sê-lo e haver aderido à sua Constituição, são obrigados a respeitar esses direitos e princípios (liberdade sindical e de associação, direito de negociação coletiva, eliminação de todas as formas de trabalho forçado ou obrigatório, abolição do trabalho infantil e eliminação da discriminação em matéria de emprego e ocupação), havendo ou não ratificado as convenções a eles correspondentes. A Conferência define também a ratificação universal dessas convenções como um objetivo, senta as bases para um amplo programa de cooperação técnica da OIT com os seus Estados-membros com o objetivo de contribuir à sua efetiva aplicação e define um mecanismo de monitoramento dos avanços realizados. A elaboração de relatórios globais em um ciclo de 4 anos é parte desse mecanismo de monitoramento, com o objetivo de analisar o estado de cumprimento das convenções associadas a cada um desses direitos e princípios e definir as prioridades da cooperação técnica para o período seguinte. Os relatórios globais produzidos anualmente a partir do ano 2000 compõem um acervo muito importante de informações e análises sobre esses temas no âmbito mundial.

O número de pessoas em situação de trabalho forçado na América Latina e Caribe foi estimado em 1.320.000. Destas, 75% seriam vítimas da exploração econômica de agentes privados, 16% de trabalho forçado imposto pelo Estado e 9% de exploração sexual comercial. Dos 660 mil trabalhadores e trabalhadoras nessas condições, existentes na África Subsahariana, 80% seriam sujeitos à exploração econômica, 11% ao trabalho forçado imposto pelo Estado e 8% à exploração sexual comercial. A estimativa feita para o Oriente Médio e o Norte da África era de 260 mil trabalhadores e trabalhadoras nessas condições, dos quais 88% eram objeto de exploração econômica privada e 10% de exploração sexual comercial.

Por sua vez, o número de vítimas nos países industrializados e nos países em transição seria, respectivamente, de 360 mil e 210 mil. Em ambas as regiões predominava o trabalho forçado para a exploração sexual comercial, ainda que nos países industrializados 25% das vítimas estivessem sujeitas à exploração econômica não sexual.

Aproximadamente um quinto (2,45 milhões) de todas as pessoas identificadas em situações de trabalho forçado eram vítimas também do tráfico de pessoas, embora esse fenômeno apresentasse grande variação regional: na Ásia, América Latina e África Subsahariana, a proporção de vítimas é inferior a 20% do total, enquanto nos países industrializados e de transição e no Oriente Médio e Norte da África é de mais de 75%.

Mulheres e meninas representam quase a totalidade (98%) dos submetidos à exploração sexual comercial e a maioria (56%) dos submetidos à exploração econômica não sexual. Apesar de não ter sido possível desagregar com precisão os dados por idade, já que raramente as fontes utilizadas nos cálculos da OIT registram a idade exata das vítimas, estimou-se que as crianças representavam entre 40 e 50% do total.[(8)]

O Relatório Global de 2005 também estimou que os lucros obtidos pela prática do trabalho forçado chegam a US$ 32 bilhões por ano, metade dos quais (15,5 bilhões de dólares) é gerada em países industrializados e quase um terço (9,7 bilhões) na Ásia. Isso representa globalmente uma média aproximada de 13 mil dólares anuais (ou mil dólares mensais) de lucro gerado pela exploração de cada trabalhador ou trabalhadora submetido a essa condição (OIT, 2005: 61).

O 3º Relatório Global da OIT sobre o tema, intitulado *O Custo da Coerção*, lançado em 2009, trouxe novas informações, análises e propostas de ação. Apresentou uma nova estimativa global, dessa vez sobre *o custo da coerção* do trabalho forçado, *para os trabalhadores e trabalhadoras submetidos a essa condição*. Ou seja, aquilo que as vítimas deixam de receber, em termos econômicos, ou, em muitos casos, têm que pagar para os agenciadores dessas situações de trabalho e

(8) OIT, 2005: 16. Para mais detalhes sobre as cifras e a metodologia empregada para fazer essa estimativa, ver OIT, 2005. p. 11-16.

que se expressam de distintas formas: salários inexistentes ou muito abaixo da média do mercado, cobranças ou deduções abusivas de itens como alojamento, alimentação, ferramentas de trabalho, horas extras excessivas não pagas e custos associados ao processo de contratação.[9] Esse custo foi calculado em US$ 21 bilhões anuais no mundo e US$ 3,6 bilhões na América Latina (OIT, 2009).

O Relatório busca também dar conta dos avanços ocorridos em cada uma das regiões do mundo, nos quatro anos anteriores à sua publicação. Constata um aumento da preocupação e da atenção sobre o tema, ainda que diferenciado. Em relação à África, destaca a existência de novas leis antitráfico de pessoas em um número selecionado de países. Na Ásia, assinala a persistência da servidão por dívida e de graves situações de trabalho forçado imposto pelo Estado, bem como a reforma legislativa e nas políticas relativas ao emergente setor privado na China. Destaca que, na América Latina, a forma predominante de trabalho forçado é a servidão por dívida dentre ou através das fronteiras nacionais, mas que tem havido um importante aumento da conscientização em relação ao tema, destacando os casos do Brasil (métodos inovadores de pesquisa, monitoramento e fiscalização e envolvimento criativo do setor privado e empregadores) e Peru (mecanismos de coordenação de políticas e envolvimento da fiscalização do trabalho). Também chama a atenção para os riscos de trabalho forçado no trabalho doméstico, agricultura e outros setores nos Estados Unidos e no Canadá e para o trabalho forçado associado ao tráfico de pessoas como resultado de processos migratórios irregulares na Europa. Finalmente, observa o aumento constante de relatos sobre tráfico de pessoas e trabalho forçado no Oriente Médio, assim como a adoção de novas leis contra o tráfico de pessoas e a instituição de mecanismos interministeriais em diversos países, enfatizando a necessidade da adoção de salvaguardas adequadas para os trabalhadores migrantes (OIT, 2009).

O Relatório aprofunda a discussão sobre as relações entre o trabalho forçado, as migrações e o tráfico de seres humanos, chamando a atenção para o fato de que este envolve, cada vez mais, mulheres e jovens para o serviço doméstico e outras atividades, assim como para a relação entre esses temas e os problemas e irregularidades existentes em muitos países relativos aos sistemas de recrutamento e intermediação da mão de obra.[10] A debilidade dos sistemas públicos de emprego e a ausência ou insuficiência de regulação das agências privadas de emprego abre espaço, em muitos casos, para a cobrança de honorários excessivos para serviços

---

(9) Isso ocorre em especial no caso das vítimas do tráfico de pessoas, e se expressa em honorários pagos aos agentes que as recrutam/aliciam, altos custos de viagens e transporte e outras despesas indevidamente imputadas (OIT, 2009).

(10) Tais deficiências são, em parte, resultantes de brechas nas legislações em vigor, que não conseguem articular as respectivas responsabilidades dos recrutadores intermediários e empregadores finais para que sejam oferecidas garantias contra práticas abusivas, incluindo o trabalho forçado. Há também muitos casos onde a regulamentação detalhada sobre a cobrança de taxas simplesmente não é respeitada. Em casos mais graves de abuso, pode ser necessário aplicar a lei penal e a imposição de sanções severas (OIT, 2009).

de contratação e colocação e para a ação dos intermediários ilegais (agenciadores e "gatos", como são conhecidos no Brasil).

As vítimas, muitas vezes, são enganadas sobre as condições reais de trabalho e privadas de sua liberdade. Nos casos de migração internacional pode haver conluio entre intermediários nos países de origem e empregadores nos países de destino. Este fenômeno é amplamente percebido como uma forma moderna de escravidão. Além do respeito às principais disposições das convenções da OIT sobre o funcionamento de agências privadas de emprego e proteção dos trabalhadores migrantes(11), o Relatório recomenda geração de consensos e diretrizes mais claras, por meio do diálogo social entre governos, empregadores e trabalhadores, sobre questões consideradas práticas aceitáveis no ambiente de trabalho (OIT, 2009).

Outro tema abordado no Relatório é o papel da inspeção do trabalho, ao lado de outros órgãos de fiscalização e aplicação da legislação trabalhista e penal, no combate ao trabalho forçado.

A maior parte do trabalho forçado ocorre na economia informal, onde são grandes as dificuldades de aplicação da legislação trabalhista. Os serviços de inspeção do trabalho podem usar uma variedade de métodos que não estão disponíveis a outros servidores responsáveis pela aplicação da lei. Podem investigar denúncias sem revelar a fonte, adentrar o ambiente de trabalho a qualquer momento e sem aviso prévio, e atuar como "alerta precoce" de possíveis abusos, assim como valer-se de instrumentos flexíveis antes de iniciar a ação administrativa e judicial, por meio de emissão de alertas ou encerramento da produção (OIT, 2009).

No que tange ao julgamento dos crimes de trabalho forçado, a situação varia entre os distintos países. Em alguns casos, a Justiça do Trabalho é parte integrante do Direito Penal e em outros está separada. Portanto, a aplicação do Direito do Trabalho tanto pode complementar a aplicação da lei penal, ou servir como um canal alternativo para buscar a justiça, principalmente em relação à compensação financeira dos trabalhadores sujeitos a trabalho forçado.

O Relatório destaca a experiência do Grupo Especial de Fiscalização Móvel do Brasil como uma referência mundial do potencial de contribuição da inspeção do trabalho na luta contra o trabalho forçado.(12)

As organizações de empregadores e trabalhadores são, do ponto de vista da OIT, atores fundamentais no esforço de erradicação do trabalho forçado no mundo. Nesse sentido, o Relatório de 2009 aponta o aumento do engajamento das organizações mundiais em relação ao tema, tanto no caso dos empregadores, por

---

(11) Convenção Relativa aos Trabalhadores Migrantes (revista), 1949 (n. 97) e Convenção sobre as Imigrações Efetuadas em Condições Abusivas e Sobre a Promoção da Igualdade de Oportunidades e de Tratamento dos Trabalhadores Migrantes, 1975 (n. 143).

(12) Sobre a experiência brasileira nessa área ver também OIT, 2010a e OIT, 2010b.

intermédio da Organização Internacional de Empregadores (OIE), quanto no dos trabalhadores, por meio da Confederação Sindical Internacional (CSI).

O risco do trabalho forçado tende a ser maior nos setores, regiões e processos produtivos com menos representação sindical. Por isso, é muito importante fortalecer a organização sindical nos setores de maior risco (migrantes, trabalhadores domésticos e do setor informal, agricultura, construção civil e têxtil, entre outros), assim como fortalecer negociação coletiva e a ação sindical ao longo das cadeias produtivas e fomentar a cooperação entre sindicatos intra e entre países e regiões.

O Relatório propõe um Plano de Ação Global, com as seguintes prioridades. Em primeiro lugar, melhorar a base de conhecimentos sobre o trabalho forçado e suas causas, o que inclui: necessidade de contar com estatísticas nacionais e confiáveis; melhor compreensão dos sistemas e mecanismos de contratação e das cadeias de subcontratação; pesquisas sobre os trabalhadores e trabalhadoras mais vulneráveis (trabalhadores domésticos, migrantes, marinheiros/as e pescadores/as, entre outros); documentação de boas práticas e avaliação das políticas implementadas.

Em segundo lugar, intensificar campanhas de conscientização. Em terceiro lugar, melhorar a aplicação das leis e as respostas da Justiça do Trabalho, o que inclui: sensibilização de auditores fiscais, juízes, promotores, advogados, e demais operadores do Direito; troca de experiências e análise da jurisprudência sobre o tema.

Em quarto lugar, reforçar o envolvimento de organizações de trabalhadores e empregadores. Em quinto, fortalecer as medidas de prevenção e reinserção. Em sexto, intensificar a cooperação entre países de origem e destino para a proteção de trabalhadores e trabalhadoras migrantes em risco de trabalho forçado.

3. A experiência brasileira no combate ao trabalho escravo

No Brasil, o termo mais utilizado para se referir às práticas coercitivas de recrutamento e emprego é "trabalho escravo". Essa categoria não é resultado apenas de uma discussão baseada em parâmetros históricos, filosóficos e jurídicos, mas derivou de motivações sociais e políticas que emergiram a partir de pressões de grupos de defesa dos direitos humanos, como a Comissão Pastoral da Terra, e de sindicatos, como a Confederação Nacional dos Trabalhadores Rurais (CONTAG) (OIT, 2010a).[(13)]

---

(13) O "trabalho em condições análogas à escravidão" é tipificado como crime pelo Código Penal Brasileiro no seu art. 149. Além do elemento de cerceamento da liberdade presente nas Convenções ns. 29 e 105 da OIT sobre o trabalho forçado, o Código Penal Brasileiro inclui também a "jornada exaustiva" e "as condições degradantes de trabalho" como elementos que tipificam o crime.

A escravidão contemporânea brasileira afeta principalmente o trabalhador no meio rural, em diferentes atividades ligadas à pecuária, às lavouras de algodão, milho, soja, arroz, feijão, café, à extração do látex (matéria-prima da borracha) e de madeira, à criação de porcos e à produção de carvão.(14)

As primeiras denúncias de escravidão rural contemporânea no Brasil foram feitas em 1971 por dom Pedro Casaldáliga, bispo católico e grande defensor dos direitos humanos na Amazônia. Sete anos depois, a Comissão Pastoral da Terra (CPT) denunciou a incidência desse crime em fazendas ligadas a multinacionais no sul do Estado do Pará. O depoimento dos peões que conseguiam fugir a pé dessas propriedades deu visibilidade internacional ao problema. Desde 1985 denúncias de trabalhadores em situações análogas à escravidão passaram a ser encaminhadas à OIT.

Em setembro de 1989, José Pereira Ferreira, com 17 anos, e um companheiro de trabalho, apelidado de "Paraná", tentaram escapar de pistoleiros que impediam a saída de trabalhadores rurais da fazenda Espírito Santo, cidade de Sapucaia, sul do Pará, Brasil. Na fazenda, eles e outros 60 trabalhadores haviam sido forçados a trabalhar sem remuneração e em condições desumanas e ilegais. Após a fuga, foram emboscados por funcionários da propriedade que, com tiros de fuzil, mataram "Paraná" e acertaram a mão e o rosto de José Pereira. Caído de bruços e fingindo-se de morto, ele e o corpo do companheiro foram enrolados em uma lona, jogados atrás de uma caminhonete e abandonados na rodovia PA-150, a vinte quilômetros da cena do crime. Na fazenda mais próxima, José Pereira pediu ajuda e foi encaminhado a um hospital.

Na capital do Estado, durante o tratamento das lesões permanentes que havia sofrido no olho e na mão, José Pereira resolveu denunciar à Polícia Federal as condições de trabalho na fazenda Espírito Santo, pois muitos companheiros haviam lá permanecido. Ao voltar à fazenda, José Pereira encontrou os 60 trabalhadores, que foram resgatados pela Polícia Federal, recebendo dinheiro para voltar para casa. Os pistoleiros haviam fugido.

Por se tratar de um caso exemplar de omissão do Estado Brasileiro em cumprir com suas obrigações de proteção dos direitos humanos, de proteção judicial e de segurança no trabalho, a Comissão Pastoral da Terra (CPT), bem como as organizações não governamentais *Center for Justice and International Law* (CEJIL — Centro pela Justiça e o Direito Internacional) e *Human Rights Watch* apresentaram uma denúncia à Comissão Interamericana de Direitos Humanos (CIDH) da Organização dos Estados Americanos (OEA) em 22.2.1994 (OIT, 2010a).

Em 1995 o governo brasileiro reconheceu oficialmente a existência, em seu território, dessa grave violação dos direitos humanos e dos direitos fundamentais

---

(14) Relatórios dos Grupos Especiais Móveis de Fiscalização da Secretaria de Inspeção do Trabalho (SIT/MTE).

do trabalho. Esse foi um passo fundamental para o início da constituição de mecanismos institucionais, políticas e programas que começassem a enfrentar efetivamente a questão.[15]

Em 27 de junho daquele ano foi instituído o Grupo Especial de Fiscalização Móvel (GEFM) no âmbito do Ministério do Trabalho e Emprego e o Grupo Executivo de Repressão ao Trabalho Forçado (GERTRAF)[16], substituído posteriormente, em 2003, pela Comissão Nacional para a Erradicação do Trabalho Escravo (CONATRAE). Desde o início da atuação dos Grupos Móveis de Fiscalização do Ministério do Trabalho até os dias atuais, mais de 39 mil[17] trabalhadores foram libertados de situações análogas à escravidão.

Desde então, a experiência brasileira de combate ao trabalho escravo tem se fortalecido e consolidado, passando a ser uma referência internacional, tal como reconhecido nos dois últimos relatórios globais da OIT sobre o trabalho forçado já analisados neste artigo (OIT, 2005 e OIT, 2009). A importância e singularidade da experiência brasileira se assenta em vários elementos, entre os quais talvez o mais importante seja a capacidade de articulação e ação conjunta de diversas instituições e esferas do governo e, mais amplamente do Poder Público, organizações de empregadores e de trabalhadores e da sociedade civil em geral. Muitas das medidas tomadas são criativas e únicas, mostrando a necessidade de dar passos ousados para lidar com esse grave crime, que pode ser difícil de identificar e ainda mais difícil de punir em áreas tão remotas.

Atualmente, a articulação desses diferentes atores sociais está objetivada nos Planos Nacionais para a Erradicação do Trabalho Escravo e na Comissão Nacional para a Erradicação do Trabalho Escravo (CONATRAE). O 1º Plano Nacional, lançado em março de 2003, reúne as aspirações das diferentes instituições que atuam no combate ao problema. Essas aspirações foram traduzidas em 76 metas de curto, médio e longo prazo que nortearam as ações executadas pelo Governo Brasileiro e pelas entidades da sociedade civil entre 2003 e 2007 (OIT, 2010a).

Por sua vez, em 1º de agosto de 2003, o Presidente da República criou a Comissão Nacional para a Erradicação do Trabalho Escravo (CONATRAE), órgão colegiado com a função primordial de monitorar a execução do Plano Nacional. Coordenada pela Secretaria de Direitos Humanos da Presidência da República, a CONATRAE é integrada por diversos ministérios, representantes de organizações de empregadores, de trabalhadores e de entidades não governamentais que possuem atividades relevantes relacionadas ao tema.

---

(15) É importante assinalar que, até hoje, não são muitos os países do mundo que reconhecem oficialmente a existência do trabalho forçado em seus territórios.

(16) Decreto n. 1.538, de 27 de junho de 1995.

(17) Relatórios dos Grupos Especiais Móveis de Fiscalização da Secretaria de Inspeção do Trabalho (SIT/MTE).

Outros dois instrumentos fundamentais na luta contra o trabalho escravo são o Grupo Especial de Fiscalização Móvel (GEFM) e o Cadastro de Empregadores Flagrados Explorando Trabalhadores na Condição Análoga à de Escravos (conhecido como a "lista suja do trabalho escravo"), criada em 5 de dezembro de 2004, por meio da Portaria n. 540 do Ministério do Trabalho e Emprego. Este cadastro é atualizado a cada seis meses e tem servido de base para a adoção de importantes medidas de punição econômica aos perpetradores do crime, sendo a principal delas a não concessão de créditos por parte das instituições públicas de financiamento.

Há, no entanto, que se ressaltar a diferença existente no Brasil entre a Justiça Penal e a Justiça do Trabalho no que tange à punição dos que praticam o trabalho escravo. Com relação à Justiça Penal, poucas condenações a fazendeiros têm sido realizadas baseadas no art. 149 do Código Penal. Um dos fatores que explica a impunidade que ainda prevalece no âmbito penal é o conflito entre as diferentes jurisdições que devem julgar o crime de trabalho escravo: a jurisdição federal e a trabalhista.

A Justiça do Trabalho, por sua vez, graças às ações do Grupo Especial de Fisca-lização Móvel e do Ministério Público do Trabalho, tem pronunciado condenações importantes contra os autores do trabalho escravo. Houve um aumento crescente no montante de indenizações por danos morais coletivos pagas aos trabalhadores resgatados.

Além disso, o Brasil desenvolveu a campanha de mídia mais efetiva do mundo, amplamente apoiada por contribuições do setor privado, com o objetivo de conscientizar a sociedade sobre o tema. Como resultado, a opinião pública foi mobilizada e cobra permanentemente ações de enfrentamento ao problema (OIT, 2010).

Outro importante fator de sucesso da experiência brasileira tem sido a capacidade de dar continuidade e buscar o constante aperfeiçoamento dos instrumentos e da institucionalidade progressivamente criada na última década e meia. O aumento dos trabalhadores resgatados das situações de trabalho escravo, por exemplo, reflete as melhorias na atuação do Grupo Especial Móvel de Fiscalização. Com efeito, enquanto entre 1995 e 2002 foram libertadas 5.893 pessoas, esse número aumentou a 32.986 entre 2003 e 2010.[18]

Além disso, segundo a avaliação da OIT, 68,4% das metas estipuladas no 1º Plano Nacional para a Erradicação do Trabalho Escravo foram alcançadas total ou parcialmente. Os avanços ocorreram, sobretudo, na sensibilização e capacitação dos atores sociais envolvidos no combate ao trabalho escravo e na conscientização dos trabalhadores sobre os seus direitos. A mesma análise aponta que os menores avanços envolveram as medidas voltadas à diminuição da impunidade dos empregadores condenados pela prática de trabalho escravo e à garantia de emprego

---

(18) Conforme os Relatórios dos Grupos Especiais Móveis de Fiscalização da Secretaria de Inspeção do Trabalho (SIT/MTE).

e reforma agrária nas regiões fornecedoras de mão de obra escrava (2º Plano, 2008) (OIT, 2007).

O 2º Plano Nacional para a Erradicação do Trabalho Escravo, elaborado pela CONATRAE e lançado em 10 de setembro de 2008, transforma em novas proposições a experiência acumulada entre 2003 e 2007. O 2º Plano Nacional representa uma ampla atualização do primeiro documento, concentrando esforços nas áreas onde os avanços foram mais modestos.

Fruto de um acompanhamento sistemático realizado pela CONATRAE do cumprimento das metas do 1º Plano, o novo documento apresenta metas mais realistas e, desse modo, com maiores chances de execução. Enquanto o 1º Plano enfatizava as articulações institucionais indispensáveis à realização das ações de combate ao trabalho escravo em curso até 2008, o 2º Plano Nacional enfatiza ações relacionadas à repressão efetiva dessa prática. A punição econômica dos empregadores que utilizam mão de obra escrava é um dos pontos fortes do documento. É ressaltada a necessidade de restrição de acesso ao crédito aos empregadores incluídos na "lista suja", o que deve envolver não só instituições financeiras públicas, como vem ocorrendo, mas também as privadas. Ainda sobre a repressão econômica, o 2º Plano propõe que esses empregadores sejam proibidos de participar em licitações públicas (OIT, 2010).

Com o objetivo de preencher as lacunas deixadas pelo 1º Plano, as 66 ações estabelecidas pelo novo documento reforçam o tema da prevenção e reinserção dos trabalhadores, enfatizando questões ligadas à reforma agrária, à articulação de ações governamentais no combate ao trabalho escravo por meio da extensão de políticas sociais, como, por exemplo, os programas de transferência de renda aos trabalhadores resgatados, bem como ressaltam a necessidade de envolvimento do setor empresarial para o enfrentamento do problema.

Uma importante inovação do 2º Plano é o foco nos trabalhadores estrangeiros submetidos a condições análogas à escravidão ou a condições degradantes de trabalho. Para atender a essa demanda, o documento enfatiza a necessidade de criar estruturas de atendimento jurídico e social a esses trabalhadores, incluindo a emissão dos documentos necessários à legalização da sua situação, bem como a alteração do Estatuto do Estrangeiro com o objetivo de regularizar a condição de trabalhadores e trabalhadoras encontrados/as em condições inadequadas de trabalho. Outra novidade refere-se à ênfase nos povos e comunidades tradicionais como parte da população afetada pelo trabalho escravo contemporâneo, o que resulta em ações ligadas, por exemplo, à extensão das estratégias de prevenção, atualmente voltadas para a população rural, para essa outra parcela da população.

A contínua necessidade da articulação empresarial em torno do Pacto Nacional para Erradicação do Trabalho Escravo é igualmente ressaltada, com o objetivo de fortalecer as ações que visam comprometer os signatários a não adquirir produtos cuja produção incorpore o trabalho escravo em sua cadeia produtiva.

O Pacto Nacional contra o Trabalho Escravo foi lançado em maio de 2005.[19] O acordo reúne empresas brasileiras e multinacionais que assumiram o compromisso de manter suas cadeias produtivas livres de quem utiliza mão de obra escrava.

Além de restringir economicamente os empregadores que incorrem nessa prática, o Pacto prevê a promoção do trabalho decente, a integração social dos trabalhadores e o combate ao aliciamento. Também estabelece que as empresas signatárias monitorem a implementação de ações e tornem públicos os resultados dos esforços para erradicar a escravidão contemporânea.

Desde o lançamento do Pacto, cerca de 140 empresas têm cumprido os compromissos assumidos, cortando suas relações comerciais com as empresas flagradas utilizando trabalho escravo, adotando cláusulas contratuais relacionadas ao tema, implantando medidas de rastreamento de produtos e capacitando seus funcionários e parceiros comerciais para o enfrentamento do problema. Boa parte dessas empresas tem um relevante peso econômico. O faturamento bruto desse conjunto de empresas chega a um valor superior a 20% do Produto Interno Bruto (PIB) brasileiro.

A articulação do Pacto teve sua origem em uma pesquisa realizada pela ONG Repórter Brasil, em parceria com a Organização Internacional do Trabalho (OIT), respondendo a uma solicitação feita pela Secretaria de Direitos Humanos (SDH) com o objetivo de identificar as cadeias produtivas em que estariam inseridas as propriedades onde foram flagrados trabalhadores em condições análogas à escravidão que constam da "lista suja". O objetivo desse estudo foi, por um lado, informar e alertar a sociedade brasileira, a indústria e os mercados consumidor, varejista, atacadista e exportador sobre a existência de mão de obra escrava na origem da cadeia de produção de muitas mercadorias que hoje são comercializadas no País. Por outro, ajudar o setor privado brasileiro a reconhecer, dentre empresas que competem em um mesmo setor econômico, aquelas que, ao utilizarem mão de obra escrava sem o pagamento das devidas contribuições, impostos e até salários, prejudicam consideravelmente a imagem da economia e dos produtos brasileiros e praticam, com isso, de maneira criminosa e desleal, a pior das concorrências de mercado.

Outro elemento importante do 2º Plano é a ênfase dada à necessidade de monitoramento do cumprimento das suas metas, assim como daquelas dos Planos Estaduais (Bahia, Mato Grosso, Maranhão, Pará, Piauí, e Tocantins) de Erradicação do Trabalho Escravo, por meio da construção de indicadores e do aprofundamento dos diagnósticos da situação de trabalho escravo, com a participação da sociedade civil e de institutos de pesquisa. A erradicação do trabalho escravo é definida, ainda, como uma prioridade, tanto na Agenda Nacional de Trabalho Decente, quanto nas

---

(19) Para mais informações sobre o Pacto Nacional pela Erradicação do Trabalho Escravo no Brasil. Disponível em: <www.pactonacional.com.br>.

Agendas Estaduais de Trabalho Decente dos Estados da Bahia e Mato Grosso. Estas agendas preveem a articulação de instituições, órgãos municipais e estaduais na prevenção e repressão ao trabalho escravo, a promoção da cooperação entre os Estados fronteiriços e o fortalecimento dos agentes de fiscalização e controle dos órgãos e instituições envolvidas com o tema.

Considerações finais

Apesar da riqueza e do vigor da experiência brasileira de combate ao trabalho escravo, ainda persistem dificuldades e obstáculos significativos para a erradicação do problema.

Os principais desafios nesse sentido estão enunciados no 2º Plano Nacional para a Erradicação do Trabalho Escravo. Dentre as ações nele previstas ressalta-se a importância do estabelecimento de estratégias de atuação operacional integrada e a implementação de uma política de reinserção social de forma a assegurar que os trabalhadores libertados não voltem a ser escravizados, com ações específicas voltadas à geração de emprego e renda, reforma agrária, educação formal e profissionalizante, e reintegração do trabalhador.

Sem dúvida, a continuidade e o aprofundamento da participação de setores organizados da sociedade, assim como do compromisso do Estado com a contínua promoção dos Direitos Humanos e dos Direitos Fundamentais no Trabalho são aspectos fundamentais para a superação desse problema.

A OIT espera poder continuar cooperando com o Brasil no fortalecimento de ações contra essa grave violação à dignidade da pessoa humana, bem como conta com a experiência brasileira para reforçar seu esforço global nesse sentido. Uma das formas de continuar avançando é compartilhar a experiência brasileira com outros países em desenvolvimento no marco da Cooperação Sul Sul.(20) Com efeito, no âmbito da parceria que começou a ser estabelecida entre o Brasil e a OIT em 2007 para desenvolver a cooperação sul sul em temas relacionados à Agenda do Trabalho Decente, foi assinado, em junho de 2010, durante a 99a Reunião da Conferência Internacional do Trabalho realizada em Genebra, um Programa de Cooperação Sul Sul para a prevenção e erradicação do trabalho forçado e promoção dos empregos verdes, que tem como base a reconhecida experiência brasileira nessa área.(21)

Bibliografia

ORGANIZAÇÃO INTERNACIONAL DO TRABALHO. Conferência Internacional do Trabalho. 89ª Reunião. *Não ao trabalho forçado*: relatório global do seguimento da declaração da

---

(20) Para saber mais sobre Cooperação Sul Sul. Disponível em: <http://www.abc.gov.br/projetos/cooperacaoPrestada.asp>.

(21) Sobre o Programa de Parceria entre o Brasil e a OIT, ver OIT 2010c.

OIT relativa a princípios e direitos fundamentais no trabalho: relatório do Diretor-Geral relatório I (B). Genebra: OIT, 2001.

______. Conferência Internacional do Trabalho. 93ª Reunião. *Uma aliança global contra o trabalho forçado:* relatório global de seguimento da Declaracão sobre Princípios e Direitos Fundamentais no Trabalho 2005: Relatório do Diretor-Geral relatório I(B). Genebra: OIT, 2005a.

______. Conferência Internacional do Trabalho. 98ª Sessão. *O custo da coerção:* Relatório Global de seguimento da Declaração da OIT sobre os Direitos e Princípios Fundamentais do Trabalho: Relatório I(B). Lisboa: OIT: Autoridade para as Condições do Trabalho, 2009a.

______. Conferencia Internacional del Trabajo. 87ª Sessão. *Trabajo decente*. Ginebra: OIT, 1999. Memoria del Director General.

______. *Trabalho escravo no Brasil do século XXI.* Brasília: OIT, 2007.

______. *Combatendo o trabalho escravo contemporâneo:* o exemplo do Brasil. Brasília: OIT, 2010a.

______. *As boas práticas da inspeção do trabalho no Brasil:* a erradicação do trabalho análogo ao de escravo. Brasília: OIT, 2010b.

______. Cooperación Sur Sur. *Intercambio solidário entre países en desarrollo como instrumento de promoción del trabajo decente*. Lima: OIT 2010c. Disponível em: <http://www.oit.org.pe/americas2010/DESCARGAS/DIALOGOS/Dialogo_4_Sur-Sur_LA_ESPANOL.pdf>.

PACTO NACIONAL PELA ERRADICAÇÃO DO TRABALHO ESCRAVO. Disponível em: <http://www.pactonacional.com.br> Acesso em: 22.12.2010.

REPÓRTER BRASIL. Disponível em: <http://www.reporterbrasi.org.br> Acesso em: 22.10.2010.

SECRETARIA DE INSPEÇÃO DO TRABALHO. *Quadro das operações de fiscalização móvel.* Brasília, 2010. Disponível em: <http://www.mte.gov.br/fisca_trab/resultados_op_fiscalizacao.asp> Acesso em: 22.12.2010.

Trabalho Escravo Contemporâneo: o *Sweating System* no Contexto Brasileiro como Expressão do Trabalho Forçado Urbano

Renato Bignani(*)

"Man eating man, eaten by man, in every variety of degree and method!"
Cheap clothes and nasty. Charles Kingsley. Londres, 1848, p. Lxviii-lxix.

E così il lavoro quando serve solo a galleggiare, a sopravvivere,
solo a se stessi, allora è la peggiore delle solitudini"
*Gomorra. Viaggio nell'impero economico e nel
sogno di dominio della camorra.
Roberto Saviano, Nápoles, 2006, p. 44.*

Introdução

Costuma acontecer com frequência. Quando menos se espera, a situação se repete. Ou talvez nunca tenha desaparecido de vez.

A precariedade no ambiente de trabalho é, talvez, a pior inimiga do progresso humano e da utopia que move o Direito do Trabalho: a noção de que a regulação trabalhista existe para sempre melhorar e proteger a força de trabalho do homem[(1)]. A utopia se faz mais evidente quando recordamos que o Direito do Trabalho existe

(*) Auditor fiscal do trabalho. Mestre em Direito do Trabalho pela Universidade de São Paulo. Doutorando em Direito do Trabalho pela Universidade Complutense de Madrid.

(1) CUEVA, Mario de La. *El nuevo derecho mexicano del trabajo*. 4. ed. México: Porrúa, 1977. p. 194-195.

há cerca de dois séculos[2] e ainda se encontram rincões de reserva nos quais as leis trabalhistas não se aplicam, ou estão travestidas por uma regulação de natureza civil que nunca deixou de coexistir e de ser aplicada ao lado da trabalhista, muitas vezes de forma fraudulenta.

O setor têxtil, de vestuário e calçados, que atende nos estudos da OIT pela sigla TVC[3], é um desses rincões que ano após ano se reinventam para continuar mantendo situações primitivas de exploração. O resultado dessa grave violação aos direitos humanos é o retorno de diversos males à nossa sociedade, como a diminuição da expectativa de vida dos trabalhadores, a volta da tuberculose aos ambientes de trabalho, a servidão por dívida, o tráfico de pessoas, a remercantilização do trabalho e outras situações derivadas desse modo de produção tão típico e velho conhecido da economia ocidental. Falamos, particularmente, do *sweating system*, sistema no qual os locais de trabalho confundem-se com as residências, nos quais os obreiros trabalham sob condições extremas de opressão, por salários miseráveis, jornadas demasiadamente extensas e exaustivas, e precárias ou inexistentes condições de segurança e saúde[4].

Desde a Revolução Industrial, que modificou substancialmente os métodos de produção, introduzindo a economia de escala e produzindo modificações importantes no estudo da política, da economia e do direito, até os dias atuais, o homem se viu no centro de um ciclone de mudanças que se traduzem em um desafio diário: a superação de si mesmo como objeto e sujeito da sociedade de consumo. Diversos motivos causaram o surgimento de novos métodos e processos de trabalho inicialmente na Inglaterra, ainda no curso do século XVIII. Esses métodos e processos

(2) Se considerarmos o *Moral and Health Act* de 1802, na Inglaterra, que reduziu a jornada de trabalho dos menores para 12 horas, como a primeira experiência em regulação de natureza laboral e industrial a limitar o *laissez-faire*. Na realidade, antes mesmo destas experiências reguladoras estatais, o exercício da autonomia coletiva como fonte de direitos já se havia estabelecido, mesmo sem o reconhecimento do Estado, já que a atividade sindical começou durante os primeiros anos da Revolução Industrial, no final do século XVIII, e foi combatida pela Doutrina da Conspiração, sobretudo nos países anglo-saxões.

(3) ORGANIZACIÓN INTERNACIONAL DEL TRABAJO. Programa de actividades sectoriales. *Las prácticas laborales de las industrias del calzado, el cuero, los textiles y el vestido*. Ginebra: Oficina Internacional del Trabajo, 2000. p. 3.

(4) Utilizaremos com frequência para o presente artigo o termo em inglês *sweatshop* já que não existe, na língua portuguesa, nenhuma palavra tão emblemática e forte quanto essa para a mesma situação de precariedade no ambiente de trabalho. Na realidade, mesmo em inglês o termo *sweatshop* pode ter significados distintos, mas todos indicativos da mesma situação de precariedade e violência. Não obstante, o idioma de Shakespeare possui uma elasticidade, uma força e uma praticidade que permitem a criação e a transformação de palavras antigas em atuais, reduzindo a neologismos situações novas e forjando termos distintos que resumem e qualificam totalmente determinada relação e praticamente a conceituam por si mesmos. Por essa razão utilizaremos a palavra *sweatshop* indistintamente no nosso artigo, como símbolo e *nomen iuris* de uma situação específica de precariedade no ambiente de trabalho frequentemente relacionada com as pseudo-oficinas de costura inseridas dentro da cadeia produtiva têxtil, e o termo *sweating system* para designar o sistema de trabalho e produção relacionado com essa precariedade, que mais adiante teremos a oportunidade de melhor desenvolver e conceituar.

foram, ao longo dos séculos seguintes, espalhando-se para países como França, Alemanha, Estados Unidos e outras nações centrais. Com a passagem do modo artesanal de produção têxtil para o industrial, dois tipos de sistemas se formaram no ambiente de trabalho: o *factory system* e o *sweating system*.

Naturalmente, portanto, a literatura inglesa é a mais abundante a respeito tanto do sistema industrial que surgia, quanto do *sweating system*, advindo da subcontratação que persistia e se aperfeiçoava. Mesmo nos dias atuais, o Direito nacional carece de estudos específicos a respeito do *sweating system*, razão pela qual se optou por priorizar a literatura em língua inglesa, tanto britânica quanto norte-americana.

A Administração Pública do Trabalho tem um importante papel a desempenhar: organizar os agentes sociais e impulsionar um processo de busca pela melhoria nos ambientes de trabalho. A Inspeção do Trabalho, pelo seu caráter preventivo e sua vocação realística, de contato permanente com a realidade do ambiente de trabalho, lado a lado com o obreiro e o empresário, tem o privilégio de poder estar ao centro das soluções que a sociedade possa aportar. Como em um ciclo virtuoso, assim como as situações de precariedade se repetem, a Inspeção do Trabalho volta-se para seu papel germinal: a proteção do homem moderno dos males da própria modernidade.

O FACTORY SYSTEM

A Revolução Industrial trouxe novos métodos e máquinas de trabalho, possibilitando a divisão do trabalho e, consequentemente, a produção, em um único local, pondo fim ao sistema artesanal de produção e início ao *factory system*. O novo sistema mudou completamente a relação entre empregadores e empregados e garantiu a produção de tecidos e roupas a um valor muito menor e em quantidades imensamente superiores ao *domestic system*. Uma vastidão de trabalhadores rurais deixou a vida no campo e rumou em direção às novas cidades industriais, proporcionando uma grande oferta de mão de obra e equiparando o trabalho do homem a uma mercadoria pertencente aos valores fixos representados pelos bens de produção[5].

O *factory system,* estabelecido a partir da Revolução Industrial britânica, proporcionou, além dos ganhos de produtividade e da aceleração no ritmo geral da sociedade da época, transformações no âmbito da empresa, notadamente nas relações entre aquele que aportava o capital e os detentores da força de trabalho que iriam produzir os bens objetos da indústria manufatureira. Como vimos, as indústrias têxtil e do vestuário foram as primeiras de uma série a implementar os novos métodos e a criar uma nova divisão de trabalho baseada na racionalidade da produção. Com as mudanças tecnológicas introduzidas, verificou-se a passagem

(5) LINCOLN, Jonathan Thayer. *The factory*. Boston & New York: Houghton Mifflin, 1912. p. 58-59.

rápida e firme do modelo artesanal e doméstico de produção, baseado no talento individual e na elaboração singular do produto, para o modelo industrial, de atividade coletiva e produção em massa. Dessa forma, podemos conceituar o *factory system* como o sistema de trabalho industrial organizado em um "estabelecimento onde diversos trabalhadores são reunidos coletivamente com o propósito de obter maiores e mais econômicas conveniências advindas de seu trabalho com relação ao que conseguiriam obter individualmente nas suas próprias casas"[(6)].

As vantagens do sistema industrial sobre o artesanal foram inúmeras, em uma sociedade cuja classe média crescia a passos galopantes, retroalimentando-se: quanto maior a classe média, maior a classe operária e vice-versa, gerando um aumento crescente por bens de consumo[(7)]. Com o tempo, o *factory system* foi

---

(6) "A Factory, properly speaking, is an establishment where several workmen are collected together for the purpose of obtaining greater and cheaper conveniences for labour than they could procure individually at their homes". Tradução livre do autor. V. nesse sentido: TAYLOR, William Cooke. *Factories and the factory system:* from parliamentary documents and personal examination. London: Jeremiah How, 1844. p. 1.

(7) Sob o ponto de vista econômico, em comparação com o sistema artesanal de produção (*domestic system*), o sistema industrial (*factory system*) facilitou a estandardização da produção e do produto final:

Produção artesanal:

Estratégia:

Atender às necessidades individuais do consumidor com produtos diferenciados.

Características:

Uso de materiais e insumos não padronizados (*inputs*);

Utilização de processos não padronizados (ferramentas de trabalho, procedimentos etc.);

Produto final não padronizado (*outputs*);

Pequena divisão e especialização do trabalho e dos equipamentos;

Baixo nível de automação;

Elevada habilidade e conhecimento do trabalhador;

Baixo grau de controle gerencial;

Pequena ou nenhuma economia de escala;

Alguma economia de escopo.

Compensação:

Flexibilidade do produto/processo x Eficiência do processo

Produção industrial:

Estratégia:

Aumentar a produtividade do capital e do trabalho a fim de reduzir os custos unitários.

Características:

Padronização dos insumos;

Padronização das ferramentas e processos;

Padronização do produto final;

Processos gerenciais de produção integrados;

Divisão e especialização do trabalho e dos equipamentos;

Mecanização e/ou automação;

Dependência reduzida da habilidade e dos conhecimentos do trabalhador;

Alto grau de controle gerencial;

Alto nível de economia de escala;

Alto nível de economia de escopo.

dominando a produção dos bens de consumo, inicialmente, dos itens de vestuário e, posteriormente, de todo e qualquer produto consumível[8], substituindo o sistema doméstico de produção. Assim, na formação do sistema industrial, é essencial o rompimento com os métodos feudais de produção, notadamente com todas as formas de servidão e de trabalho forçado. Esse rompimento ocorreu gradativamente, à custa de muita pressão coletiva e dos meios ideologicamente identificados com a Questão Social.

O estabelecimento do *factory system*, entretanto, não garantiu por si só a melhoria das condições de vida e de trabalho. São inúmeros os relatos de jornadas de trabalho extensivas e extenuantes, de abusos contra crianças, adolescentes e mulheres[9], de salários aviltantes e péssimas condições de segurança e saúde no ambiente de trabalho[10]. Os novos métodos e máquinas introduzidos acabaram estabelecendo novos padrões produtivos que, por sua vez, ocasionaram a ocorrência de doenças profissionais nunca antes surgidas ou o incremento de outras já existentes[11]. A repetição de movimentos e posturas, a monotonia da planta industrial e a frustração psicossocial e ideológica do operário no sistema fordista/taylorista, tão bem retratados no filme *Tempos Modernos*, de Charles Chaplin, dão uma noção dos dilemas da vida pós *factory system*.

A pressão coletivista, representada pelos primeiros sindicatos bem como pelos movimentos políticos humanitários simbolizados nos socialistas cristãos, foi responsável pela chamada do Estado para intervir na autonomia da vontade, supostamente exercida livremente entre patrões e empregados da indústria que recém surgia. A intervenção no *laissez-faire* ocorreu de forma gradual e paulatina. A regulação existente e aplicada, baseada na *common law*, não era suficiente para oferecer respostas satisfatórias à nova ordem estabelecida e às pressões exercidas pelos novos grupos que se formavam. Surgiu, dessa maneira e nesse contexto, uma nova regulação para fazer frente aos desafios específicos que o *factory system* trazia consigo[12]. A principal consequência do novo Direito que surgia foi balizar a

---

Compensação:
Eficiência do processo x Flexibilidade do produto/processo. V., nesse sentido: CUSUMANO, Michael A. Shifting economies: craft production to the flexible factory. *Working Paper # 2012*. Alfred P. Sloan School of Management. Cambridge: Massachusetts Institute of Technology, 1988. p. 11.

(8) LEE, Richard H. L. *The methods and principles of industrial production*. London: Thomas Nelson and Sons, 1927. p. 62-75.

(9) GASKELL, P. *The manufacturing population of England, its moral, social, and physical conditions, and the changes which have arisen from steam machinery; with an examination of enfant labour*. London: Baldwin and Cradock, Paternoster-Row, 1833. p. 173-212.

(10) ANONYMOUS. Observations on the factory system. *Charles Fox,* London, 67, Paternoster-Row, p. 3-31, 1844.

(11) CHENERY, William L. *Industry and human welfare*. New York: The Macmillan, 1922. p. 134-144.

(12) Considerada a primeira intervenção legislativa em matéria trabalhista no *laissez-faire* dominante à época, o *Health and Morals of Apprentices Act*, de 1802, conhecida como Lei de *Peel* ao adotar o

autonomia da vontade, limitando-a no âmbito não residencial da pessoa — local de trabalho representado pela fábrica, dentro de um contexto produtivo industrial.

Assim, a partir do primeiro *Factory Act*, de 1802, diversas leis foram sendo editadas e aprimoradas, no sentido de aumentar a intervenção e proteger a força de trabalho empregada na cadeia produtiva industrial. A Lei de Peel, de 1802, limitava a jornada de trabalho das crianças aprendizes, que não recebiam para trabalhar, pois estariam aprendendo os ofícios industriais, a 12 horas diárias e era aplicável somente a moinhos e tecelagens que empregassem mais de 20 trabalhadores e mais de 3 aprendizes. Posteriormente, o *Factory Act* de 1833, também conhecido como Lei do Lord Althorp, aumentou o escopo da intervenção, proibiu o trabalho aos menores de 9 anos, diminuiu a jornada de trabalho das crianças e adolescentes entre 11 e 13 anos para 9 horas diárias e criou a Inspeção do Trabalho(13) com poderes para entrar em qualquer fábrica ou tecelagem, a qualquer hora do dia ou da noite, a qualquer época, e proceder a entrevistas e investigações correspondentes às condições de trabalho bem como a garantir a plena aplicação da legislação em vigor. Em 1844, o *Factory Act* foi emendado, a fim de reduzir a jornada de trabalho das mulheres para 12 horas diárias e das crianças entre 8 e 13 anos para 6 horas diárias. Em 1847, o *Factory Act* foi reformado, para reduzir a jornada de trabalho de mulheres e menores de 18 anos para 10 horas diárias. Em 1867, o *Factory Act* teve seu âmbito de atuação ampliado para todas as demais indústrias manufatureiras, além da têxtil. No mesmo ano, foi editado o *Workshop Regulation Act*, que buscava estender a proteção do *Factory Act* para todo e qualquer local de trabalho, ainda que não fosse uma indústria, na acepção estrita da palavra. A legislação de proteção ao trabalho foi surgindo assim, pouco a pouco, aprofundando conceitos e renovando o Direito(14). Ao final do século XIX, um novo ramo jurídico se estabelecia, com a finalidade precípua de garantir a proteção de populações mais vulneráveis e o avanço sustentável das liberdades reconhecidas cem anos antes. O avanço legislativo não ocorreu livre de críticas e ataques violentos contra a intervenção surgida no *laissez-faire* dominante(15).

O surgimento do Direito do Trabalho está, portanto, diretamente relacionado com a limitação ao *laissez-faire* industrial, representado pelas relações de trabalho

---

nome de seu principal patrono, Sir Robert Peel, membro do parlamento britânico e um dos primeiros industriais têxteis da Inglaterra, limitava o trabalho das crianças e adolescentes nas tecelagens a 12 horas diárias e criava um sistema facultativo de inspeção. V. nesse sentido: TAPPING, Thomas. *The factory acts, comprising the statutes with their respective schedules; also notes and a full reference to cases; together with a copious index*. London: Shaw and Sons, Fetter Lane, 1856. p. 1-8.

(13) Quatro inspetores de fábrica foram indicados pelo Rei da Inglaterra, William IV, para garantir a aplicação da nova lei de fábricas.

(14) NOTTCUT, George Jarvis. *The factory and workshop acts, comprising all the laws in force for the regulation of labour in factories and workshops.* With introduction, explanatory notes, notes of the decided cases, etc. London: Stevens & Sons, 1874. p. 1-267.

(15) CRABTREE, Geoffrey. *Factory commission:* the legality of its appointment questioned, and the illegality of its proceedings proved. Addressed to lord Althorpe. London: L. B. Seeley and Sons, 1833. p. 3-20.

advindas do estabelecimento do *factory system*. Relaciona-se, inclusive, com as proteções à dignidade do trabalho, à proteção da prestação de serviços assalariado e ao fim de toda forma de servidão e trabalho forçado que ainda vigoravam na época germinal do Direito protetor.

Sweating system

Historicamente, os *sweatshops* se desenvolveram no âmbito residencial dos trabalhadores(16). Para a dogmática jurídica clássica, tomaram a forma de um contrato de natureza civil, de prestação de serviços, em oposição ao de natureza trabalhista(17), apesar de suas nítidas características obreiras. A Revolução Industrial foi a precursora do aparecimento desta figura mesclada pela servidão medieval, pelos métodos revolucionários de trabalho implementados a partir do século XVIII e pelo exercício da autonomia privada da vontade, em sua vertente mais liberal e prejudicial à pessoa do trabalhador.

O termo *sweating system*, em inglês, encontra-se frequentemente em oposição ao *factory system*(18). Os termos estão relacionados com o estudo estruturado das relações industriais. No primeiro sistema, a produção está toda fracionada em uma cadeia de pequenas e microempresas que concorrem entre si mesmas, derrubando o valor do trabalho no chão e ocasionando as péssimas condições de trabalho. Cada célula de produção é responsável pela manufatura de uma parte da peça. A subcontratação advinda dessa relação é estabelecida em virtude do menor preço e a contratação se faz na base da peça produzida e por prazo de entrega. Essa lógica vai descendo nas camadas sociais, segundo o nível de terceirização, até chegar ao obreiro, que também absorve, completamente, o sistema de produção, trabalhando

(16) O termo *sweatshop*, em inglês, correspondente ao local onde se desenvolve o *sweating system*, quer dizer algo entre o âmbito residencial e a oficina de trabalho do obreiro, ou, melhor dito, a oficina de trabalho como extensão do estabelecimento fabril, sem as condições de controle e proteção da planta industrial, posto ser uma extensão da própria residência do trabalhador. A promiscuidade entre o local de trabalho e a residência, albergando diversas famílias e/ou pessoas ao mesmo tempo de forma aglomerada, as longas jornadas extenuantes, além do pagamento por peça a valores irrisórios, e aviltantes ou inexistentes condições de higiene e segurança no trabalho são, de fato, as principais características dos *sweatshops*. Por esses motivos, tornam-se verdadeiros rincões de reserva dos direitos fundamentais da pessoa do trabalhador já que nestes locais de trabalho o dono da planta e chefe da casa é o senhor da vida e da morte de seus obreiros. Ao mesmo tempo "pai" e patrão.

(17) *Sweating system*, é, além disso, o termo conhecido desde o começo do século XIX para esse tipo de situação de opressão no ambiente de trabalho promovida pela subcontratação de serviços. Originalmente o termo se referia ao tipo de produção têxtil de indumentária militar que logo se estendeu a toda a indústria têxtil, sobretudo a partir de 1830, na Inglaterra e logo aos demais países. V. nesse sentido, *The Encyclopaedia Britannica*. A dictionary of arts, science, literature and general information. Eleventh Edition. Volume XXVI. Submarine mines to Tom-Tom. New York: Cambridge University, 1911. p. 187-188.

(18) COMMONS, John R. The sweating system in the clothing trade. In: COMMONS, John R. (edit.). Selections and documents in economics. *Trade unionism and labor problems*. Boston: Ginn, 1905. p. 316.

e ganhando por peça e competindo com seus pares por mais trabalho e, consequentemente, mais dinheiro. No segundo sistema, os empregados são contratados diretamente pela empresa manufatureira e cumprem o contrato de trabalho com regulação trabalhista no sistema de pagamento por horas trabalhadas e limitação da jornada de trabalho. A produção, neste caso, está toda concentrada em uma célula de trabalho e a residência do obreiro é separada da planta.

Na verdade, é importante ressaltar que a intensa mecanização do setor têxtil, a partir do invento da primeira máquina de tecer, em 1764[(19)], descortinou um novo mundo para as relações de trabalho. O setor têxtil foi o primeiro grande beneficiado diretamente pelos novos inventos e ganhos de produtividade alcançados durante o período da Revolução Industrial. Principalmente, a partir da invenção da máquina de fiar hidráulica, do tear mecânico[(20)] e, finalmente, da máquina de costura[(21)], terminava um período de intensidade tecnológica que seguramente transformou por completo e para sempre as relações de produção e de poder dentro e fora da empresa. As mudanças alcançaram o próprio conceito do trabalho, como fator central para a existência humana, além de proporcionar toda uma revolução em matéria social e política, com reflexos diretos para a ciência do Direito, a partir da metade do século XIX. Muito do desenho industrial, da moda, do *fashion design*, do *marketing*, da sociedade de consumo, é baseado nas grandes mudanças tecnológicas experimentadas pelo setor têxtil desde essa época.

A evolução do produto artesanal, elaborado inteiramente por meio do *domestic system*, para o *prêt-à-porter*[(22)], indicou os motivos determinantes para o surgimento

---

(19) Atribui-se ao invento de James Hargreaves, máquina de fiar hidráulica, também conhecida como "Spinning Jenny", criada entre 1764 e 1767, na Inglaterra, um papel fundamental dentro das invenções que revolucionaram e incrementaram a produtividade têxtil no século XVIII. Antes disso, outras invenções foram, pouco a pouco, mudando o modo de produção artesanal para industrial, com as repercussões já conhecidas para a classe operária e para o Direito do Trabalho. V., nesse sentido, BAINES Jun. Esq., Edward. *History of cotton manufacture in Great Britain:* with a notice of its early history in the east, and in all the quarters of the globe; a description of the great mechanical inventions which have caused its unexampled extension in Britain; and a view of the present state of the manufacture, and the conditions of the classes engaged in its several departments. London: H. Fisher, R. Fisher, and P. Jackson, 1835. p. 147-196.

(20) O tear mecânico foi inventado por Edmund Cartwright, no ano de 1785, também na Inglaterra. V. nesse sentido, MARSDEN, Richard. *Cotton spinning: its development, principles and practice*. With an appendix on steam engines and boilers. London: George Bell and Sons, 1909. p. 10.

(21) A máquina de costura teve muitas tentativas de fabricação, a partir de sua primeira concepção, em 1790, por parte do inglês Thomas Saint. Durante o século XIX, outros inventores foram, pouco a pouco, aperfeiçoando esse invento até que, por todos e com maior êxito comercial, o norte-americano Isaac Merritt Singer finalizou, em 1851, um modelo inteiramente adaptado para utilização domiciliar, que se tornou sinônimo de máquina de costura. V. nesse sentido, LEWTON, Frederic L. *The servant in the house: a brief story of the sewing machine.* From the Smithsonian report for 1929. p. 559-583. (with 8 plates). Publication 3056. Washington: Smithsonian, 1930. p. 570-573.

(22) O termo em língua francesa teria surgido, pela primeira vez, em 1948, ao ser utilizado pelo empresário francês Jean-Claude Weill como oposição a *confection*, e por livre tradução do inglês *ready-to-wear*, criado ainda durante o século XIX, nos Estados Unidos, a partir da estandardização da produção do vestuário militar e civil em meados daquele século. V. nesse sentido: GREEN, Nancy L. *Ready-to-wear and ready-to-work.* A century of industry and immigrants in Paris and New York. Durham & London: Duke, 1997. p. 101-102.

e a consolidação desse sistema de precariedade laboral na cadeia produtiva têxtil. A produção do vestuário comum anterior à Revolução Industrial era toda feita no âmbito doméstico pelos e para os pobres. Os alfaiates e costureiras de nível costuravam para os ricos[23] nas oficinas de costura artesanais.

A Revolução Industrial, ao introduzir novos métodos e inventos, criou possibilidades de estandardização do produto final e possibilitou a democratização da demanda e da oferta[24]. A partir desse ponto, a roupa antes feita apenas para algumas pessoas transformou-se em um produto feito para qualquer pessoa e, posteriormente, para todas as pessoas[25]. A reversão da lógica contratual, sob o ponto de vista da compra e venda do produto final — algum item de vestuário — ocorreu com a introdução do *factory system*: antes da mecanização, primeiro contratava-se a produção do produto, para que ele fosse confeccionado e, posteriormente, vendido — modelo artesanal de produção; com a introdução e difusão dos novos métodos e inventos, passou-se, primeiramente, a confeccionar-se o produto para que fosse, em seguida, vendido inteiramente pronto e acabado — modelo industrial traduzido no surgimento do *prêt-à-porter* — pronto para usar. Essa reversão da lógica contratual criou a necessidade de uma superflexibilização da mão de obra, praticada pela indústria do vestuário, em um primeiro momento, e por grandes redes varejistas têxteis posteriormente. De um lado existe a efemeridade da moda, com todas as suas tendências, pressões sazonais e culturais, e, do outro lado, a necessidade do atendimento quase instantâneo e — frise-se — cada vez mais barato e ligeiro, da produção desses itens de vestuário[26].

As variantes posteriores do *prêt-à-porter*, como o recente *fast fashion* ou sua vertente italiana *pronto moda*, nada fizeram além de acelerar e baratear ainda mais os processos produtivos, aumentando as camadas de subcontratação, o fosso social entre elas e pressionando por mais flexibilidade no ambiente de trabalho. Ao lado desse processo de superflexibilização, está o aumento dos fluxos migratórios, experimentado desde o século XIX, fornecendo mão de obra vulnerável e abundante para essa crescente indústria. A estandardização da produção do vestuário é, assim, em parte, a grande responsável pelo surgimento do *sweating system*, que teve,

---

(23) *Ibidem,* p. 21.

(24) *Ibidem,* p. 23-29.

(25) *Ibidem,* p. 21.

(26) A flexibilidade, segundo o ponto de vista econômico e político, para o capitalista, pode ser resumida em três elementos básicos: evitar custos, regras e mão de obra fixas. Dessa maneira, parece natural a trajetória produtiva da indústria do vestuário, e, por analogia, das outras que se utilizam do *sweating system,* ao compreendermos a combinação entre a democratização do acesso às roupas prontas – advinda do *prêt-à-porter* –, a intensa sazonalidade e efemeridade do produto oferecido, o baixo custo dos investimentos iniciais de produção – máquina de costura e manutenção do *domestic system* – e a coexistência do contrato de prestação de serviços de natureza cível – *locacio operae* – com o contrato de trabalho, com todos os direitos outorgados pelas conquistas da classe operária. No entanto, apesar de parecer natural, o rumo tomado nunca foi moral e legalmente legítimo, já que levou milhões de trabalhadores à superexploração e a condições precárias ou até mesmo miseráveis de vida, em proveito de um setor da economia que vende o luxo e o glamour como estilos inalienáveis da humanidade. *Ibidem,* p. 138.

em sua formação, outros elementos igualmente facilitadores dessa forma precária, degradante e indigna de trabalho.

De se notar que a doutrina indica[(27)] que o termo *sweatshop* foi criado no final do século XIX, nos Estados Unidos, e derivou da expressão *sweating system*[(28)], que, por seu turno, é um neologismo britânico para o sistema baseado na figura intermediária do *sweater*. Essa figura intermediária, inserida no sistema produtivo do vestuário, teria aparecido pela primeira vez na literatura[(29)] no conhecido clássico da Questão Social inglesa *Cheap Clothes and Nasty*, de Charles Kingsley[(30)]. Nessa célebre obra, cujo título representa algo como o baixo valor do trabalho de costura relacionado com o preço da peça produzida[(31)], o autor utiliza o termo *sweater* para o intermediário[(32)] entre o capital e o trabalho, seguindo indicações dos próprios trabalhadores vítimas desse sistema produtivo. A palavra seria derivada do jargão *cockney*, no qual se dizia *show-shop* ou mesmo o similar *slop-shop* para esses locais de trabalho. Nessa obra se utiliza, também pela primeira vez, esse personagem que faz suar os trabalhadores e daí o *nomen iuris* para esse sistema de produção dos primórdios do trabalho assalariado. Esse é, portanto, o conceito mais aproximado e original na literatura, dentro do que se imaginava por esse sujeito que, frequentemente, é um ex-costureiro, ou uma figura mesclada de costureiro e empresário, que conhece o ofício e está a meio caminho entre o empregador e o empregado, entre o capital e o trabalho, entre explorar e ser explorado, como uma figura metamorfósica sartreana: metade vítima, metade cúmplice da Nova Questão Social[(33)].

---

(27) HAPKE, Laura. *Sweatshop: the history of an american idea*. New Brunswick: Rutgers, 2004. p. 10.

(28) COMMONS, John R. The sweating system. In: STEIN, Leon. *Out of the sweatshop:* the struggle for industrial democracy. New York: Quadrangle, 1977. p. 44-46.

(29) 29 A primeira vez que o folhetim "Cheap clothes and nasty" saiu publicado fui em 1848, no periódico "The Christian Socialist", de acordo com HUGHES, Thomas. Prefatory memoir. In: KINGSLEY, Charles. *Cheap clothes and nasty. Alton Locke, tailor and poet: an autobiography*. New Edition. New York: MacMillan, 1887. p. xxi.

(30) "Por todos e por ser o precursor dos demais, o clássico dos tempos da Questão Social, durante os anos do Cartismo, ah! Que paixão!". *Ibidem*, p. LXIII-LXXXVII.

(31) Não há tradução para a língua portuguesa dessa obra.

(32) KINGSLEY, Charles. *Op. cit.*, p. LXV.

(33) Nosso entendimento a respeito da expressão Nova Questão Social está mais de acordo com o sentido que a ela impõe Robert Castel, ao contrapor os "inúteis no mundo", essa horda de trabalhadores precários que remonta a uma vulnerabilidade em massa, ao capital globalizado. In: *Les métamorphoses de la question sociale. Une chronique du salariat.* Collection L'espace du politique. Paris: Fayard, 1995. p. 461-474. A expressão "nova questão social", paradoxalmente, não é nova. Em um artigo de 1948, do economista alemão Walter Eucken, ao qual se atribuiu um papel fundamental na fundação do movimento ordoliberal, a vertente alemã do neoliberalismo, publicou-se uma versão muito distinta da que exploramos agora. Para Eucken a "nova questão social" de então se relacionava com o excesso de intervenção estatal nas relações de trabalho, opondo o obreiro muito mais contra o Estado que aos capitalistas. Talvez sua visão estivesse bastante direcionada pela recém-saída da Alemanha de um sistema político nacional socialista, com intervenções demasiado intensas nas relações de trabalho, com severas implicações para a classe operária. In: *La cuestión social. Revista de economía política,* v. II, n. 3, p. 113-129, ago. 1950 (tradução do alemão para o espanhol, por José Vercara).

O *sweating system* inverte, portanto, a lógica da relação de trabalho bilateral sinalagmática, para outra, de relações triangulares, nas quais há mais de um patrão — o dono do *sweatshop* e o dono da confecção contratante — e até mesmo poligonais, introduzindo outras empresas do ramo de vestuário ou ainda grandes varejistas têxteis de *fast fashion*, que se utilizam do poder diretivo para determinar, em uma relação de subcontratação em rede, métodos e condições de trabalho, preços de peças, prazos de entrega e outros comandos de direção e disciplina, pressionando o valor do trabalho para baixo e subvertendo a premissa mais elementar da criação germinal do Direito do Trabalho: a proteção da força de trabalho do homem e sua dignidade.

Com a passagem do sistema artesanal para o industrial, aos maestros empobrecidos do *Westend* londrino não lhes restava outro destino que despedir a seus aprendizes por conta da enorme concorrência causada pelo surgimento dos *sweatshops*, notadamente no *Eastend* de Londres[(34)]. Curiosamente, um fenômeno parecido ocorreu no tráfego do modelo industrial para o pós-industrial no final do século XX. Uma vez mais o aumento da concorrência entre as empresas inspirou condutas corporativas deletérias para as relações de trabalho e possibilitou o ressurgimento dos *sweatshops*. Dessa maneira, observa-se a gênese desse modelo típico dos intensos processos de industrialização sofridos na Inglaterra a partir do início do século XIX, conforme já anteriormente demonstrado. No final do mesmo século, os Estados Unidos se encontravam em plena expansão econômica e absorção de mão de obra imigrante vinda de todas as partes do mundo. Nesse contexto, o *sweating system* não apenas se difundiu como adquiriu um formato mais avançado, com contornos mais definidos ensejando, inclusive, a criação do termo *sweatshop*, conhecido até os dias de hoje como sinônimo desse modelo de exploração da mão de obra. O trecho seguinte, retirado de uma edição do jornal *The New York Times* de 1899, ilustra o processo de precarização representado pela consolidação do *sweating system* que ocorria naquela época e a atenção gerada na mídia norte-americana, grande responsável pela difusão da terminologia utilizada até hoje e sua vinculação com a precariedade laboral extrema e relacionada com o trabalho escravo no imaginário da população anglófona.

Em 09 de março de 1899, o então Inspetor do Trabalho Chefe no Estado de Nova Iorque Daniel O'Leary, foi convidado para depor diante da Comissão de Trabalho a respeito dos *sweatshops* existentes no Estado de Nova Iorque. O Senhor O'Leary relatou que o sistema dos *sweatshops* estava estabelecido com maior amplitude na cidade de Nova Iorque e no Brooklin, onde os trabalhadores se sujeitavam a jornadas de trabalho exorbitantes nas suas próprias residências, em meio ambientes totalmente insalubres e perigosos por tão somente 39 *cents* por

(34) MAYHEW, Henry. Voices of the poor. In: HUMPHERYS, Anne (ed. and introd.). Cass library of victorian times 10. Selections from the Morning Chronicle "Labour and the Poor" 1849-1. Oxon: Frank 971. p. 147.

peça[35]. Relatou a existência de poloneses, judeus e italianos trabalhando sob tais condições e aponta a tão somente 8% dos operários como sendo norte-americanos. Aparte dos subjetivismos contrastados com tamanho rebaixamento do valor trabalho[36], o informe do Senhor O'Leary refletiu o olhar estatal, portanto oficial, da Administração Pública do Trabalho para esse tipo de ambiente, responsabilizando os trabalhadores pelas condições de insalubridade e periculosidade e culpando a imigração pelas más condições de trabalho. Incrivelmente, pouco mais de cem anos depois alguns setores da sociedade continuam apresentando os mesmos argumentos e ideias pré-concebidas do Senhor O'Leary. A teoria do ato inseguro do trabalhador, para justificar condições insalubres e perigosas no ambiente de trabalho, e a xenofobia, continuam sendo o mote para que boa parte da sociedade, e, inclusive, das administrações públicas continue ignorando as oficinas de costura como células de produção e, portanto, locais de trabalho iguais a quaisquer outros, sujeitos ao controle e à regulação sob umas pautas mínimas de responsabilidade do empregador. Muito mais simplesmente, o Inspetor Chefe do Estado de Nova Iorque preferiu terminar a sua análise concluindo que a imigração deveria se restringir àqueles que pudessem se autossustentar, e que tivessem a capacidade de demonstrá-lo em seus próprios países de origem, como se imigração por motivos econômicos não existisse.

Não seria a primeira vez que a imprensa denunciaria más condições de trabalho. Antes disso[37], os jornalistas já denunciaram as péssimas condições de trabalho da indústria nova-iorquina, sobretudo para as crianças e mulheres, os mais afetados pela precariedade trabalhista. De se recordar que o trabalho infantil foi o principal *leitmotif* inspirador da intervenção do Estado no *laissez-faire* encerrado na autonomia da vontade liberal.

Na mesma Nova Iorque, em 25 de março de 1911, o conhecido caso da fábrica *Triangle Shirtwaist* foi um divisor de águas naquele "Eldorado". Nesse caso também, milhares de imigrantes de todas as partes aportavam na Grande Maçã em busca da proclamada liberdade. O entorno político indicava um crescente empoderamento dos sindicatos. Na fábrica *Triangle Shirtwaist*, trabalhavam diversos imigrantes judeus, russos e italianos, em sua maioria, e a maior parte das vítimas eram mulheres ou meninas, com contratos precários[38], compreendidos os trabalhos temporários não

---

(35) The sweatshop system. Mr. O'Leary, state factory inspector, tells of the conditions in New York tenements. *The New York Times*, New York, de 9 de marzo de 1899.

(36) Na matéria o Inspetor Chefe afirmou que a precária situação dos *sweatshops* se devia inteiramente por questões culturais dos imigrantes, seus hábitos e seu caráter. Afirmou também, depois de visitar alguns *sweatshops*, que os imigrantes eram uma gente suja, desonesta e que não tinham ambição em mudar a sua própria situação. As mulheres seriam ainda mais sujas que os homens e a sujidade reinava não só dentro das oficinas, como se estendia pelas ruas. O relato mencionou também contaminação por difteria, sarampo e diversas pragas.

(37) BRACE, C. L. *The little labourers of New York city*. Harper's new monthly magazine. N. CCLXXIX, August, New York, v. XLVII. Harper and Brothers, p. 321-332, 1873.

(38) No incêndio, morreram 146 trabalhadores, dos quais apenas 17 eram homens. V., nesse sentido: CROSS, Red. *Emergency relief after the Washington Place fire*. New York, march 25, 1911. Report of the

declarados. Diversas reformas legislativas foram implementadas após o grande incêndio de Nova Iorque. A participação de grupos ativistas de apoio aos familiares dos trabalhadores vitimados foi intensa[39] e após as conclusões da Comissão de Investigação de Fábrica, instituída entre 1911 e 1913 pelo governo do Estado de Nova Iorque para perquirir sobre as causas do grave incêndio, diversas medidas foram adotadas, no sentido de aumentar a intervenção do Estado nos ambientes de trabalho, indicando o rumo da democracia industrial e do Estado do Bem-Estar Social que se avizinhava[40] com as reformas dos anos 1930.

Assim, nos Estados Unidos, a partir do começo do século XX, os *sweatshops* começaram a ser marginalizados, os trabalhadores conseguiram se organizar coletivamente, as greves ressurgiram, e o *factory system* passou a dominar a produção do vestuário nos principais polos produtores da época[41]. O *National Labor Relations Act*, de 1935, conhecido como *Wagner Act*, e o *Fair Labor Relations Act*, de 1938, foram instrumentos normativos fundamentais para a construção de relações de trabalho mais justas e sustentáveis dentro do sistema norte-americano. O primeiro por estabelecer critérios e garantias para que o trabalhador exercesse o direito fundamental à sindicalização, o segundo por criar patamares mínimos com relação à jornada de trabalho, trabalho infantil e ao salário. A partir da edição dessas duas normas e do incremento que a sindicalização e a intervenção do Estado sofreram nos anos decorrentes, o *sweating system* acabou por, praticamente, desaparecer do sistema de relações de trabalho norte-americano.

O retorno do *sweating system* ao cenário internacional das relações de trabalho pareceu estar relacionado, uma vez mais, com o incremento comercial proporcionado pelos processos relacionados com a globalização, que implicou o aumento da concorrência entre as empresas, a abertura dos mercados, a imigração irregular e a pressão por um capitalismo global flexível[42]. Os antecedentes históricos desse processo já se encontram largamente estudados e simbolizados no marco político da onda neoliberal representada pela ascensão de Margareth Thatcher e Ronald Reagan ao poder, a partir da década dos 1980[43]. Com o desmantelamento do Estado Social e dos diversos mecanismos de intervenção nas relações de trabalho, ressurgiram diversos locais de trabalho precários, degradantes e absolutamente

---

Red Cross Emergency Relief Committee of the Charity Organization Society of the City of New York, 1912. p. 7.

(39) DREHLE, David Von. *Triangle: the fire that changed America*. Waterville: Thorndike, 2003. p. 389-435.

(40) GREENWALD, Richard A. *The triangle fire, the protocols of peace, and industrial democracy in progressive era New York*. Philadelphia: Temple University, 2005. p. 189-213.

(41) ESBENSHADE, Jill. *Monitoring sweatshops:* workers, consumers, and the global apparel industry. Philadelphia: Temple University, 2004. p. 16-21.

(42) BONACICH, Edna; APPELBAUM, Richard P. *Behind the label:* inequality in the Los Angeles apparel industry. Berkeley and Los Angeles: University of California, 2000. p. 1-25.

(43) ROSEN, Ellen Israel. *Making sweatshops:* the globalization of the U.S. apparel industry. Berkeley and Los Angeles: University of California, 2002. p. 119-128.

escravizantes, por desrespeitarem os direitos fundamentais da pessoa do trabalhador. A partir desse desmonte da estrutura de proteção criada, principalmente, a partir da Segunda Grande Guerra, observou-se o retorno crescente do *sweating system*, não apenas relacionado com a indústria do vestuário[(44)], implicando o redimensionamento do Poder Diretivo.

A tendência à precarização contida no *sweating system* é representada por diversos signos, como a generalização do pagamento por peça, relacionando diretamente a produtividade do trabalhador com a contraprestação salarial e indicando uma diluição do risco do negócio entre patrão e empregado. Outra característica é o aumento do trabalho em domicílio, dificultando enormemente a intervenção do Estado e o controle da jornada de trabalho. Essas peculiaridades reunidas no contexto do *sweating system* constituem um aumento descomunal nas horas de trabalho e a redução dos salários como consequência do rebaixamento do valor trabalho advindo das três condições anteriores. Por fim, constata-se uma ausência significativa das condições de segurança e saúde[(45)], aumentando o risco do desenvolvimento de diversas patologias e reduzindo a vida do trabalhador a uma degradação sem limites. Esse cenário passou a se difundir por todas as partes, concentrando-se nos países em desenvolvimento, paraísos exportadores de mão de obra barata para a produção da manufatura global, mas também voltou a ser encontrado nos países desenvolvidos, como fruto direto das migrações irregulares e da criação do mercado de trabalho *outsider* para suprir as necessidades perversas da manufatura globalizada. Diversos casos vêm à tona, chamando a atenção para a gravidade da nova situação estabelecida.

Nos Estados Unidos, o conhecido e estudado caso de escravidão contemporânea ocorrido em uma fábrica de roupas da cidade de El Monte, na Califórnia, comprovou definitivamente o retorno do *sweating system* ao sistema produtivo daquele país[(46)]. Setenta e dois trabalhadores tailandeses haviam sido vítimas de tráfico de pessoas e foram escravizados diariamente até serem resgatados pela polícia local. Uma estimativa do Departamento de Trabalho norte-americano de 1989 indicava haver cerca de 4.500 *sweatshops*, somente em Nova Iorque[(47)].

Em Buenos Aires, em 2006, uma oficina de costura irregular incendiou-se, levando ao óbito seis integrantes da mesma família de costureiros bolivianos. Na capital portenha, estima-se que vivam cerca de um milhão de cidadãos bolivianos e paraguaios irregulares, a grande maioria trabalhando em oficinas de costura não

---

(44) BISHTON, Derek. *The sweatshop report*. Birmingham: AFFOR, 1984. p. 23-29.

(45) INTERNATIONAL LABOUR ORGANIZATION. *Globalization of the footwear, textiles and clothing industries*. Geneva: International Labour Office, 1996. p. 78-102.

(46) LOUIE, Miriam Ching Yoon. *Sweatshop warriors*. Immigrant women workers take on the global factory. Cambridge: South, 2001. p. 235-242.

(47) United States General Accounting Office. *"Sweatshops" in New York City. A local example of a nationwide problem*. Washington: United States General Accounting, 1989. p. 2.

registradas por meio do *sweating system*(48). Após a trágica ocorrência de 2006, que remete aos fatos de 1911 em Nova Iorque, o Estado passou a intervir de maneira mais enérgica e, nas semanas seguintes ao incêndio, centenas de oficinas de costura irregulares foram interditadas. Em Bangladesh, em fevereiro de 2010, uma fábrica com precárias condições de segurança e saúde subcontratada de uma grande varejista multinacional sueca incendiou-se, matando 176 trabalhadores. Na Itália, a substituição crescente da mão de obra qualificada e quase artesanal de costureiros por mão de obra de origem chinesa na região da Toscana, berço do *pronto moda,* proporcionada pelo *contratto di appalto*, é responsável pelos casos de trabalho forçado que se multiplicaram na última década(49). Em Nápoles, a precarização da indústria do vestuário chegou ao ponto de, além de proporcionar a substituição da mão de obra regular nacional pela estrangeira irregular e, em boa parte, vítima de tráfico de pessoas e trabalho forçado, integrar os esquemas de lavagem de dinheiro das organizações mafiosas camorristas. Os detalhes dessa operação foram muito bem retratados no livro *Gomorra*, de Roberto Saviano. A vulnerabilidade do imigrante irregular chinês e a demanda por trabalho depreciado acabaram por gerar um quadro generalizado de trabalho forçado e tráfico de pessoas(50). A comunidade chinesa na Europa sofre maus-tratos não apenas na indústria do vestuário, mas também nos restaurantes, na colheita de frutas e no processamento de comida pronta(51).

Dessa forma, conforme assinalado anteriormente, não é apenas no setor do vestuário que observamos o retorno do *sweating system* e o trabalho análogo ao de escravo, relacionados ao fracionamento das unidades produtivas e à subcontratação em cadeia de serviços, com a consequente redução da planta industrial. No setor das novas tecnologias e informação a prática da subcontratação já se disseminou de tal forma que o mundo virtual, praticamente, colocou um fim na planta industrial. O teletrabalho, aliado à crise dos "ponto com", a partir do começo do século XXI, ocasionou uma fuga dos serviços para países com mão de obra mais barata(52). Nesses *sweatshops* digitais, que trabalham 24 horas para um mundo globalizado que não pára, não há espaço para o respeito aos mínimos direitos fundamentais da pessoa do trabalhador.

---

(48) BENENCIA, Roberto. *El infierno del trabajo esclavo:* la contracara de las 'exitosas' economías étnicas. Avá (Posadas), Posadas, n. 15, dic. 2009. Disponível em: <http://www.scielo.org.ar/scielo.php?script=sci_arttext&pid=S1851-16942009000200002&lng=es&nrm=iso> Acesso em: 23.5.2011. p. 1-28.

(49) CECCAGNO, Antonella; RASTRELLI, Renzo; SALVATI, Alessandra. Exploitation of chinese immigrants in Italy. In: YUN, Gao (ed.). *Concealed chains*: labour exploitation and chinese migrants in Europe. Geneva: International Labour Office, 2010. p. 89-138.

(50) YUN, Gao. Introduction. In: YUN, Gao (ed.). *Concealed chains:* labour exploitation and chinese migrants in Europe. Geneva: International Labour Office, 2010. p. 6-18.

(51) PIEKE, Frank N. Migration journeys and working conditions of Chinese irregular migrants in the United Kingdom. In: YUN, Gao (ed.). *Concealed chains:* labour exploitation and chinese migrants in Europe. Geneva: International Labour Office, 2010. p. 152-163.

(52) ROSS, Andrew. *Low pay, high profile: the global push for fair labor*. New York: The New Press, 2004. p. 157-174.

Da mesma maneira, claro está que o *sweating system* não é o único sistema de redução de trabalhador à condição análoga à de escravidão no meio urbano. Os contratos de empreitada, principalmente, quando executados sem os cuidados devidos de monitoramento e supervisão, podem envolver aliciamento e dívidas descontadas do salário, ambos relacionados a sistemas ilegítimos de subcontratação no setor da construção civil. Também no trabalho em restaurantes, lanchonetes, em lavanderias, em atividades exercidas por ambulantes na rua, como limpadores de vidro, flanelinhas, vendedores e diversas outras categorias de trabalhadores precários, sem mencionar a prostituição, na qual em grande parte das vezes ocorre trabalho prestado sob condições extremas, violentas e indignas. Seria leviano e superficial pretender esgotar as atividades urbanas que são vulneráveis para o trabalho análogo ao de escravo.

Importante ressaltar que o *sweating system* é diferente do trabalho em domicílio tradicional. Apesar de possuir características comuns, pois aquele também é desenvolvido no âmbito residencial do trabalhador, o chamado *home work* é exercido geralmente em células unifamiliares, quando não, de modo solitário. Esse é um sistema muito parecido com o *domestic system* dos primórdios da produção têxtil. Já o *sweating system* está completamente inserido em uma cadeia produtiva maior que se utiliza desse sistema de subcontratação, principalmente, para fugir de responsabilidades fiscais e trabalhistas, indicando fraude ao contrato de trabalho. O *sweating system* é realizado em uma célula produtiva que se assemelha a uma residência e o trabalho em domicílio é realizado em uma residência que se assemelha a uma célula produtiva.

Da mesma forma, o *sweating system* é diferente de uma facção ou oficina de costura. Essa última figura, bastante comum na indústria do vestuário e moveleira, é parte do fracionamento produtivo empresarial e legítima manifestação do exercício da livre iniciativa. Na verdadeira facção, não ocorre servidão por dívida, trabalho forçado, jornada exaustiva e condições degradantes de trabalho. Ainda que ocorram algumas irregularidades trabalhistas, indesejáveis atrasos salariais, trabalhadores não registrados e infrações similares, não há, na legítima oficina de costura, o tratamento indigno reservado ao trabalhador típico do *sweating system*. *Sweatshop* é uma extensão irregular da planta industrial, invadindo o espaço privado do domicílio[(53)]. O *sweatshop* moderno, como no passado, consolida-se como local de trabalho e metáfora de uma situação determinada, que geralmente envolve trabalhadores imigrantes[(54)]. Assim, como uma parábola idílica do fracionamento produtivo praticado largamente nas últimas décadas e que praticamente levou o *factory system* ao fim, os modernos *sweatshops* se disfarçam de fábricas domésticas[(55)] para

(53) HAPKE, Laura. *Sweatshop:* the history of an American idea. New Brunswick: Rutgers University, 2004. p. 17-39.

(54) GREEN, Nancy L. *Op. cit.*, p. 138-187.

(55) WOOG, Adam. *A sweatshop during the industrial revolution*. Farmington Hill: Thomson Gale, 2003. p. 31-32.

funcionarem como uma reserva sem o alcance do Direito do Trabalho. No âmbito residencial, o controle estatal se torna ainda mais escasso, remontando o ambiente de trabalho a uma condição com diversos resquícios do feudalismo e no qual os direitos fundamentais simplesmente não existem.

Como ponto comum em todas as situações em que o *sweating system* está se propagando, encontra-se a degradação do valor trabalho. A pressão pela superflexibilidade da mão de obra, que deve trabalhar em qualquer horário — ou melhor, em todos — em qualquer local, e não apenas na fábrica, e por qualquer valor, pois do contrário haverá alguém disposto a rebaixar ainda mais seu nível de necessidades básicas para algo próximo do primitivo, é a responsável pelo ressurgimento desse sistema e do desenvolvimento das formas contemporâneas de trabalho escravo.

Abaixo enumeramos algumas das características do *sweating system* tradicional, surgido no século XIX, e do atual, ressurgido a partir do final do século XX.

SWEATING SYSTEM *ORIGINÁRIO*

Sweating system originário:	*Sweating system* contemporâneo:
1. Fenômeno típico do setor do vestuário/confecção; 2. O local de trabalho se confundia com a residência, onde moravam numerosas famílias; 3. Todas as pessoas trabalhavam juntas -- jornadas de trabalho extensas e extenuantes; 4. Fenômeno geralmente estava relacionado à imigração, ainda que regular; 5. O pagamento era feito por peça ou por produção a valores irrisórios, acarretando a busca por mais e mais horas de trabalho e incentivando a concorrência entre os trabalhadores, que dividiam os riscos da atividade econômica com os patrões; 6. Descontos de comida de baixa qualidade, de moradia ruim, de exorbitantes quesitos e utensílios pessoais; 7. Eventual servidão por dívida; 8. Eventual trabalho forçado *stricto sensu*; 9. Eventual *truck system*; 10. Relação contratual de natureza trabalhista, mascarada de cível;	1. Sistema ainda bastante típico do setor do vestuário, mas não mais exclusivo dele, ocorrendo em diversos outros setores, como no da tecnologia de informática, na fabricação de itens eletrônicos, nas lavanderias, nas manufaturas ditas artesanais, mas que se inserem em cadeias produtivas industriais, indicando um recrudescimento do *sweating system*, além de um retorno ainda mais potente e criativo dele; 2. Inclusão das grandes redes varejistas têxteis/empresas relacionadas ao *fast fashion* na cadeia de exploração; 3. Fenômeno geralmente relacionado à imigração irregular; 4. Servidão por dívida e trabalho forçado ocorrem frequentemente; 5. Ocorrem descontos de dívidas de viagem, relativas à imigração irregular, e pagamentos diversos de propinas a coiotes nas fronteiras, como fruto direto da globalização dos mercados e incremento das migrações irregulares; 6. Fuga da extensa regulação trabalhista e de proteção já existente e consolidada;

11. Subcontratação em cadeia de terceirização de serviços ligados à atividade-fim da empresa contratante; 12. Inidoneidade econômica, trabalhista e financeira do *sweatshop*; 13. Relação triangular; 14. Fuga da responsabilidade social e trabalhista incipiente; 15. Assédio moral e sexual no local de trabalho; 16. Coerção para trabalhar; 17. Relações baseadas no medo e respeito ao *sweater*, senhor da vida e da morte dos costureiros; 18. Atendimento a necessidades de superflexibilidade na prestação de serviços; 19. Inexistentes condições de segurança e saúde do trabalhador, gambiarras elétricas, risco grave e iminente de incêndios e óbitos no ambiente de trabalho, instalações sanitárias inexistentes, acúmulo de sujidade e de doenças com diversos riscos patológicos acumulados; 20. Trabalhador tratado como *res*, e não com dignidade; 21. Fenômeno adstrito aos países centrais da Revolução Industrial; 22. Questão étnica subjacente; 23. Inexistência ou insuficiência de regulação trabalhista de proteção e fuga dos direitos advindos do exercício da autonomia coletiva, ofensas ao direito de sindicalização.	7. Fenômeno disseminado por todo o mundo, concentrado nos países em vias de desenvolvimento, mas com considerável quantidade nos países desenvolvidos novamente; 8. Restantes condições mantendo os padrões clássicos anteriormente encontrados nas origens do *sweating system*, tanto na Inglaterra quanto nos Estados Unidos, berços do *sweating system*, mas não exclusivos detentores desse sistema de trabalho.

Os estudos e apontamentos elaborados pelos inspetores de fábrica, os primeiros agentes públicos a testemunharem as mudanças advindas dos sistemas industriais de produção, buscaram indicar soluções para pôr fim ao *sweating system*. O aumento das inspeções nos *sweatshops*, a fim de garantir a aplicação da legislação que limitava a jornada de trabalho a oito horas diárias, foi a solução encontrada por Florence Kelley, inspetora de fábricas e locais de trabalho do Estado de Illinois, EUA. Com a legislação satisfatoriamente aplicada, dizia a autora, os *sweaters* tenderiam a contratar mais trabalhadores e o local de trabalho estaria apto para a sindicalização e consequente autoproteção dos trabalhadores em um nível coletivo[56]. Alguns autores vislumbraram a limitação dos benefícios da regulação aplicável ao *factory system* nos *sweatshops*, por não conseguirem ver resultados concretos e práticos na observância das normas a serem aplicadas no âmbito doméstico reservado ao *sweating system*[57]. Outros autores, paradoxalmente, pleitearam a ampliação do âmbito de atuação da normativa aplicável ao *factory system*, após digressão por outras possibilidades de fortalecimento dos trabalhadores vítimas do *sweating system*, como a associação em cooperativas, a sindicalização e até mesmo a busca pela responsabilização do proprietário do imóvel pela instalação da unidade fabril em imóvel residencial[58]. Mais recentemente, advogou-se pela intervenção da Organização Mundial do Comércio, como instância operativa da imposição de sanções por descumprimento de patamares trabalhistas mínimos internacionais[59]. E ainda existem autores que preferem investir na aplicação do princípio da transparência e boa-fé empresarial, a fim de ver a cadeia produtiva inteiramente descoberta e sujeita ao monitoramento do mercado consumidor[60].

Com uma abordagem mais holística, a Organização Internacional do Trabalho propõe medidas complexas e de difícil aplicação, apesar de bastante pertinentes. Assim, com a finalidade de promover o trabalho decente, a participação dos governos deveria considerar medidas de suporte econômico-financeiro para promover a melhoria da sustentabilidade da indústria têxtil; de garantia do entorno empresarial para que as empresas possam competir sob justas condições; de garantia do papel do entorno regulatório na implementação de boas práticas empresariais de governança; de promoção de um entorno apropriado para a construção do diálogo social; de promoção de políticas públicas para a reestruturação socialmente responsável e o redesenho do emprego; de promoção das redes sociais de segurança efetivas e não discriminatórias; de assistência para promover oportunidades adequadas de treinamento e formação na indústria têxtil; de garantia de cooperação entre as diversas agências intergovernamentais; e de impulso a políticas que valorizem boas práticas em matéria de Responsabilidade Social Corporativa, incluindo incentivos para a implementação dos padrões internacionais de trabalho[61].

---

(56) KELLEY, Florence. The sweating-system. In: *Residents of Hull-House. Hull-house maps and papers*: a presentation of nationalities and wages in a congested district of Chicago, together with comments and essays on problems growing out of the social conditions. New York: Thomas Y. Crowell, 1895. p. 27-45.

(57) JEANS, Victorine. *Factory act legislation.* Its industrial and commercial effects, actual and prospective. London: T. Fisher Unwin, 1892. p. 18-19.

(58) WEBB, Sidney; WEBB, Beatrice. *Problems of modern industry*. New Edition. New York: Longmans, 1920. p. 139-155.

(59) MORAN, Theodore H. *Beyond sweatshops:* foreign direct investment and globalization in developing countries. Washington: The Brookings Institution, 2002. p. 66-84.

(60) FUNG, Archon; O'ROURKE, Dara; SABEL, Charles. *Can we put an end to sweatshops?* Boston: Beacon, 2001. p. 3-40.

(61) INTERNATIONAL LABOUR ORGANIZATION. *Promoting fair globalization in textiles and clothing in a post-MFA environment.* Geneva: International Labour Office, 2005. p. 63.

Além do papel que deveria ser desempenhado pelos governos, a própria OIT se propõe a ajudar trabalhadores e empregadores a encarar os novos desafios na indústria global têxtil e do vestuário, ajudando a melhorar as habilidades de ambos. Busca-se, assim, estabelecer um novo serviço global de análise e informação, oferecer assistência para garantir a obediência às leis de proteção, bem como para remediar os casos em que não esteja sendo cumprida, e estabelecer um fórum global sobre responsabilidade social[(62)].

As experiências e soluções para pôr fim ao *sweating system* nas relações de trabalho passam necessariamente pela responsabilização solidária em cadeia, por meio da oportuna revisão das premissas de fundação do Direito do Trabalho e da absorção do conceito da nova empresa que surgiu com a economia global: a empresa-rede. Como uma das primeiras consequências dos câmbios dessas premissas, observa-se o retorno do fracionamento do modelo produtivo em numerosos fragmentos de plantas de trabalho conectados entre si em uma eterna e interminável cadeia de contratos de natureza civil. A descentralização produtiva é a "parteira" que ajudou a dar vida a esse novo paradigma de empresa denominado empresa-rede[(63)]. Esse fracionamento do contrato de trabalho vem possibilitando toda uma reformulação da tipologia contratual tradicional e é, em grande parte, a principal responsável pelas mudanças nas premissas de fundação do Direito do Trabalho[(64)]. A externalização produtiva é a principal característica da modernidade. As consequências para o Direito do Trabalho são inquietantes. A empresa-rede apareceu para mudar a vida da classe trabalhadora, causando uma ruptura do estatuto unitário do trabalho por conta alheia e subordinado[(65)].

A destipificação do contrato de trabalho, descomposto em muitos contratos de natureza civil, altera os inderrogáveis e uniformes valores normativos de tutela da ordem trabalhista[(66)], rompe com os princípios básicos de fundação do Direito do Trabalho e confere desafios enormes aos juristas que buscam montar o quebra-cabeça das relações de trabalho atuais. No entanto, a condição de empresário é indivisível[(67)] e alguma regulação no âmbito nacional e também da Organização

---

(62) *Ibidem*. *Note on the proceedings:* tripartite meeting on promoting fair globalization in textiles and clothing in a post- MFA environment. Geneva, 24-26 october 2005. Geneva: International Labour Office, 2006. p. 36-37.

(63) DAL-RÉ, Fernando Valdés. La descentralización productiva y la formación de un nuevo paradigma de empresa. In: *Relaciones laborales. Revista crítica de teoría y práctica,* Las Rozas: La Ley-Actualidad, n. 18, p. 6, sep. 2001.

(64) *Idem*. Descentralización productiva y desorganización del derecho del trabajo. In: *Relaciones laborales. Revista crítica de teoría y práctica,* Las Rozas: La Ley-Actualidad, n. 20, p. 2, oct. 2001.

(65) DAL-RÉ, Fernando Valdés; BAAMONDE, Mª Emilia Casas. Diversidad y precariedad de la contratación laboral en España. In: *Relaciones laborales. Revista crítica de teoría y práctica,* Las Rozas: La Ley-Actualidad, n. I, p. 240, 1989.

(66) *Ibidem,* p. 241.

(67) DAL-RÉ, Fernando Valdés. Descentralización productiva y desorganización del derecho del trabajo. In: *Relaciones laborales. Revista crítica de teoría y práctica,* Las Rozas: La Ley-Actualidad, n. 20, p. 3, oct. 2001.

Internacional do Trabalho já se sente como uma reação ao *laissez-faire* contratual que voltou a se estabelecer. Por fim, importante lembrar que a unidade básica da organização econômica é, nos dizeres de Castells, pela primeira vez na história, a rede, composta por diversos sujeitos e organizações direta ou indiretamente ligadas entre si, que se modifica constantemente para se adaptar ao seu entorno ou às necessidades do mercado, e não um sujeito, quer seja individual, como o empresário, ou coletivo, como a empresa(68).

Assim, no atual estágio de valorização do trabalho do homem, paradoxalmente, observa-se que, ao passo em que boa parte da produção normativa perpassa pela centralidade do valor trabalho, os avanços conquistados parecem uma vez mais serem colocados em questão. A globalização dos mercados indica um aumento da competitividade entre as empresas, pressionando a produção por mais flexibilidade e pela redução dos custos. Dessa maneira, formas modernas de trabalho escravo surgem enquanto que antigas reaparecem(69). Entretanto, a sustentação do mercado e a divinização da empresa não podem representar a corrosão dos direitos fundamentais arduamente conquistados no decorrer dos últimos milênios.

---

(68) CASTELLS, Manuel. La empresa red: cultura, instituciones y organizaciones de la economía informacional. In: CASTELLS, Manuel. *La era de la información. Economía, sociedad y cultura.* 6. ed. en español. México: Siglo XXI, 2005. p. 226. v. I: La sociedad red.

(69) Existem diversos estudos e indicativos tanto no âmbito nacional quanto no internacional a respeito do reaparecimento de formas antigas de redução da pessoa humana ao trabalho escravo. A par desse anacronismo, surgem novas formas de escravização do trabalhador. Kevin Bales, Presidente da ONG norte-americana *Free the Slaves*, propõe o seguinte quadro comparativo entre as formas antigas e modernas de escravidão:

Escravidão antiga	**Escravidão moderna**
Direitos de propriedade previstos e garantidos em lei	Direitos de propriedade evitados pelo ordenamento jurídico
Elevado valor de compra/venda	Valor de compra/venda extremamente baixo
Baixos lucros	Lucros extremamente elevados
Carência de escravos no mercado	Excesso de potenciais escravos
Relações de longo prazo	Relações de curto prazo
Escravos são mantidos permanentemente	Escravos são descartáveis
Diferenças étnicas são importantes	Diferenças étnicas não são tão importantes

Além do quadro comparativo, o autor sugere três categorias nas quais a tipologia do trabalho escravo contemporâneo estaria contemplada:

Trabalho escravo tradicional: forma mais aproximada do trabalho escravo praticado na Antiguidade; o escravo é capturado, nascido ou vendido a fim de trabalhar sob o regime de servidão permanente.

Servidão por dívida: forma mais comum de escravidão no mundo atual; uma pessoa é empenhada a trabalhar para outra em virtude de empréstimo contraído.

Escravidão contratual: forma pela qual as modernas relações de trabalho são utilizadas para esconder relações de escravidão; por meio da oferta de contratos de trabalho que garantam emprego em fazendas, fábricas e *sweatshops* os trabalhadores são aliciados e acabam sendo escravizados; o contrato de trabalho serve para ludibriar o trabalhador e levá-lo a erro, colocando-o em condição análoga à de escravidão, sob uma aparente legalidade contratual.

In: *Disposable people: new slavery in the global economy*. Revised edition with a new preface. Berkeley and Los Angeles: University of California, 2004. p. 12-22.

O SWEATING SYSTEM *NO BRASIL*

Pode-se argumentar, e com certa razão, que nos dias atuais já dispomos da Declaração Universal dos Direitos Humanos, da Organização das Nações Unidas, da Declaração dos Direitos Fundamentais no Trabalho e Seu Seguimento, da Organização das Nações Unidas, e tantos outros documentos representativos do Sistema Universal dos Direitos Humanos. Nos tempos de Kingsley, a classe operária protestava pelo direito ao voto e de ser votado, por uma maior democracia entre as classes e pelo direito fundamental de associação. Hoje os tempos são outros! Antes fosse dessa maneira. A imigração irregular está evidenciando uma Nova Questão Social: os excluídos da globalização. A grande diferença nos tempos está na aparente apatia que permeia a classe operária contemporânea. Os trabalhadores do século XIX protestavam por direitos trabalhistas e para poderem se associar. O solitário operário submisso de agora está feliz por poder enviar US$ 100,00 a cada trimestre para os seus, em alguma aldeia indígena do altiplano andino.

Por trás da sólida produção têxtil paulista encontra-se, muitas vezes, o trabalho precário de um trabalhador imigrante irregular. Os números exatos são desconhecidos, já que se trata de trabalho informal, essa parte desumana da economia subterrânea e não declarada. De todo modo, estima-se que dezenas de milhares de trabalhadores sul-americanos, indocumentados ou não, participam dessa cadeia produtiva e contribuem diariamente para que a moda produzida em São Paulo esteja correta e adequadamente costurada e acabada.

O trabalho prestado em boa parte das células de costura de São Paulo está inserido em um contexto de reorganização produtiva, no qual as confecções subcontratam parte de sua produção a diversos outros núcleos produtivos em uma cadeia de subcontratação de prestação de serviços. As empresas, com o objetivo de reduzir custos, acabam por transferir parte de sua produção para outras pequenas empresas encarregadas apenas de costurar peças já cortadas e conhecidas, genericamente, como oficinas de costura. Por outro lado, o Brasil, por apresentar um desempenho positivo de sua economia ao longo dos últimos anos, serviu como polo de atração a milhares de trabalhadores sul-americanos que chegam à capital paulista buscando melhores condições de vida e de trabalho.

O cenário é extremamente precário. Nas chamadas oficinas de costura, encontram-se diversos trabalhadores imigrantes, na sua maior parte vindos de países como Bolívia, Paraguai e Peru, que trabalham por cerca de catorze horas para receber valores próximos ao salário mínimo e sem as mais básicas condições de segurança e saúde. Muitas vezes, para chegar a São Paulo, esses trabalhadores acabam contraindo dívidas que são descontadas dos salários já baixos, ocasionando situações de servidão por dívida e de restrição da liberdade de locomoção. Essa situação é agravada em virtude do desconhecimento das leis nacionais e da falta dos documentos brasileiros, uma vez que a maior parte dessa migração ocorre informalmente, sem o controle das autoridades de fronteira.

A extrema pulverização da produção têxtil aumenta, incrivelmente, a concorrência entre as oficinas de costura e rebaixa os preços a um nível insuportável para a maior parte deles. Nesse caso, o aumento da concorrência não traz uma melhoria do produto, e, sim, mais precarização e menos mercado consumidor. A confusão entre as atividades fim e meio, noção jurídica introduzida no Direito brasileiro por meio do Enunciado n. 331, do Tribunal Superior do Trabalho, torna-se ainda mais evidente na atividade de costura(70). Segundo a tese de boa parte da indústria da moda, sua atividade finalística, hoje em dia, é o *design*, o estilo, e não a manufatura e o comércio do produto em si mesmo. A aparência é o que importa e o estilo de vida, o que vende. Essa é a modernidade *fashion*: a gestão da marca e da imagem.

Outro grande problema que as autoridades enfrentam é o pacto de silêncio que existe dentro das comunidades no melhor estilo da *omertà* siciliana. O empregado tem medo de falar, de denunciar o tráfico ao qual foi submetido e as péssimas condições de trabalho e de vida, ou, ainda pior, não tem nem consciência da dimensão da precariedade na qual se encontra imiscuído. Na primeira hipótese, o operário está tão vulnerável, trabalhando pela comida diária ou para pagar as dívidas da viagem, dos documentos, da corrupção que o *sweater* submete-se a pagar, que tem medo de ser deportado e não conseguir mais trabalho, que raramente consegue denunciar e sair do círculo vicioso no qual se encontra. Na segunda hipótese o operário, que se encontra sob um processo histórico e crônico de opressão e empobrecimento, acredita que sua condição é muito melhor do que a que se encontrava antes de imigrar.

Diversos são os *clusters* de precarização, situados tanto em bairros de São Paulo, quanto em cidades do interior do Estado. Nesses locais, diversos *sweatshops* se organizam, provocando a atrofia de equipamentos públicos, do comércio e dos serviços(71). Dessa forma, conceitos como privacidade e intimidade são relativizados, por estarem inteiramente amalgamados com os territórios de controle e convivência

---

(70) A jurisprudência tem frequentemente indicado que não cabe a inteligência do Enunciado n. 331 nos casos de fracionamento produtivo do setor têxtil: "Na medida em que se colocam presentes a ausência de exclusividade na prestação de serviços das empresas que empregam os reclamantes a uma única outra (que redundaria em ilícita terceirização de atividade-fim) e a inexistência de efetivo controle, por parte das empresas contratantes, sobre as atividades das contratadas e, em especial, sobre as atividades dos trabalhadores que estas admitem, não há espaço para a incidência da compreensão da Súmula n. 331, IV, do TST". Tribunal Superior do Trabalho — TST — Proc: RR n. 381/2008-046-12-00. Da mesma forma, ao conceituarem o contrato de facção industrial, os Tribunais do Trabalho acabam, de certa forma, por legitimar esse fracionamento produtivo e afastar a responsabilidade do beneficiário final, ampliando a margem de flexibilidade existente nesse tipo de relação contratual: CONTRATO DE FACÇÃO INDUSTRIAL. CONFIGURAÇÃO. No regime de facção industrial uma empresa outorga a outra o poder de fazer o objeto do ajuste, mediante a terceirização de uma parcela de sua atividade-fim. ACÓRDÃO n. 20020193208. TRT 2ª Região.

(71) CYMBALISTA, Renato; XAVIER, Iara Rolnik. A comunidade boliviana em São Paulo: definindo padrões de territorialidade. In: *Cadernos Metrópole. Migração na metrópole*, São Paulo: Pontifícia Universidade Católica, n. 17, p. 127-128, 1º semestre de 2007.

representados pelos locais de trabalho[72]. No Cone Sul, as etapas do tráfico de pessoas ocorrem a partir do altiplano andino/Chaco/Amazônia para os *clusters* de precarização do trabalho no Estado de São Paulo e também na região metropolitana de Buenos Aires.

O Ministério do Trabalho em São Paulo vem recebendo denúncias de trabalho realizado em condições de escravidão de cidadãos estrangeiros na indústria têxtil desde meados da década de 1990. Naquela época os procedimentos indicados diziam que tais trabalhadores deveriam ser encaminhados para a Polícia Federal, a fim de ser verificada a regularidade do estado migratório. Invariavelmente, tais cidadãos estavam em condição irregular, em nosso território, o que ensejava a emissão de notificação de multa e de saída do País em um prazo de oito dias, por parte da Polícia Federal, em virtude do estrito cumprimento do disposto na Lei n. 6.815/1980.

Com a ratificação do Protocolo Adicional à Convenção das Nações Unidas contra o Crime Organizado Transnacional Relativo à Prevenção, Repressão e Punição do Tráfico de Pessoas, em Especial Mulheres e Crianças — Protocolo de Palermo, por parte do Estado brasileiro[73], observou-se uma mudança na estratégia destinada tanto à proteção dos direitos desses trabalhadores quanto à repressão das condutas que perpetuam sua condição de escravidão: o resgate dessas pessoas da situação de violência; o pagamento das verbas rescisórias; a permanência dos mesmos em território nacional, a fim de colaborarem nas investigações, mediante a concessão de visto permanente, e a mobilização da rede de apoio para a proteção das vítimas e reintegração na sociedade.

O aliciamento pode ocorrer de maneiras diferentes, porém todas indicativas, ao menos, de contrabando de pessoas, quando não de nítidas situações de tráfico, com traços de logro, simulação, fraude e outros artifícios. O objetivo de movimentar mão de obra de um lugar para o outro no Cone Sul é obter lucro, conseguido em cima do engano do trabalhador e de sua utilização como mão de obra escrava em alguma parte do ciclo produtivo de grandes empresas. Como ponto diferencial desse processo está o "ser" estrangeiro e, consequentemente, mais vulnerável a todo tipo de sujeição, em troca de uma vida minimamente melhor em outra parte[74]. Dessa forma, poderíamos classificar três formas básicas ou clássicas de aliciamento, no país de origem (Bolívia, Paraguai e Peru, nesta ordem de quantidade de trabalhadores), envolvendo os próprios familiares, que podem ter interesse direto naquele que está trazendo, traficando-o e gentilmente escravizando-o, as agências de emprego e recrutamento, em diversas cidades bolivianas, que trabalham como agências de emprego de "fachada", mas que na realidade aliciam trabalhadores irregularmente para mandá-los para São Paulo e, talvez a mais comum de todas, os pró-

(72) *Ibidem*, p. 130.

(73) Decreto Presidencial n. 5.017, de 12 de março de 2004.

(74) SILVA, Sidney Antonio da. Bolivianos em São Paulo: entre o sonho e a realidade. In: *Revista Estudos Avançados*, São Paulo: Instituto de Estudos Avançados da Universidade de São Paulo, n. 57, p. 157-170, maio/ago. 2006.

prios oficinistas localizados no Estado de São Paulo que trazem diretamente mão de obra da Bolívia, Peru e Paraguai. Nesse caso, os oficinistas demonstram ter o conhecimento de uma rede de aliciamento e transporte de trabalhadores desses países para o Brasil.

O traslado envolve agências de turismo e transporte bolivianas e paraguaias que trazem pessoas e contrabando desses países para o Brasil. Há relatos de trabalhadores que fizeram a rota Santa Cruz-Assunção e daí para Pedro Juan Caballero, onde teriam esperado até 15 dias pela negociação de fronteira para liberação do grupo para a entrada no Brasil. Da mesma maneira, há relatos de trabalhadores pagando pelo "selo de fronteira", a fim de entrarem livremente. Ao chegarem a São Paulo, os trabalhadores são negociados em locais como a Praça Kantuta, no bairro do Pari, e Praça Princesa Isabel. Uma vez no Brasil, esses trabalhadores chegam com dívidas de até US$ 1.000,00, pelo valor que foi pago por seu transporte, mais o lucro da operação. Essa dívida será paga com trabalho escravo em oficinas de costura e, eventualmente, nunca purgada(75).

Os trabalhadores que exercem suas atividades no *sweating system* da indústria do vestuário de São Paulo encontram-se em uma situação duplamente vulnerável. Além de serem estrangeiros irregulares, possuem raízes indígenas, o que os torna vítimas fáceis da discriminação perpetrada pelo setor, por meio da fuga de responsabilidade proporcionada pelo sistema de subcontratação. Assim, partindo da definição de que "las discriminaciones son las desigualdades antijurídicas, puesto que consisten —por la violación del principio de igualdad— en el desigual tratamiento de las diferencias tuteladas y valorizadas por él"(76), observamos que um dos bens jurídicos que o Estado deve tutelar de maneira mais firme e eficaz é o princípio fundamental à igualdade de trato. Essa tutela deve garantir, no âmbito das relações de trabalho, que não haja discriminação de nenhum tipo entre o trabalho realizado da mesma maneira e em iguais condições, por trabalhadores diferentes na sua essência. Da mesma forma, é vetado a qualquer empresa ou ente promover e implementar ações que proporcionem situações de discriminação, ainda que indireta, sobre quaisquer grupos, notadamente aqueles mais vulneráveis(77).

Dessa maneira, observa-se, nitidamente, uma situação de desfavorecimento nas relações de trabalho, estabelecida em virtude da implantação do *sweating system* na indústria do vestuário de São Paulo, em razão de raça ou etnia, que é

---

(75) CÂMARA MUNICIPAL DE SÃO PAULO. Relatório final da Comissão Parlamentar de Inquérito para apurar a exploração de trabalho análogo ao de escravo. São Paulo, fev. 2006. p. 1-62.

(76) FERRAJOLI, Luigi. *Derechos y garantias.* La ley del más débil. 4. ed. Madrid: Trotta, 2004. p. 83.

(77) Segundo a Convenção n. 169 da OIT, ratificada pelo Brasil por meio do Decreto n. 5.051, de 19 de abril de 2004, são considerados indígenas: os povos em países independentes, considerados indígenas pelo fato de descenderem de populações que habitavam o país ou uma região geográfica pertencente ao país na época da conquista ou da colonização ou do estabelecimento das atuais fronteiras estatais e que, seja qual for sua situação jurídica, conservam todas as suas próprias instituições sociais, econômicas, culturais e políticas, ou parte delas.

amplamente combatida pela Lei n. 9.029/1995. Não por outro motivo, a OIT, em sua publicação sobre a eliminação da discriminação dos povos indígenas em matéria de emprego e ocupação[(78)], descreve habilmente as situações em que ocorre discriminação de povos indígenas, por causa de práticas empresariais.

As conclusões exaradas no relatório final da Relatora Especial da ONU para as formas contemporâneas de escravidão, Sra. Gulnara Shahinian, apontam para o mesmo entendimento de que os "bolivianos são um grupo comprovadamente muito mais fácil de explorar do que os brasileiros pobres"[(79)], por não serem sindicalizados, não terem acesso facilitado a informação e terem sido traficados para dentro do país, encontrando-se em situação migratória irregular.

Excelente fonte de estudos a respeito da escravidão contemporânea, os relatórios de inspeção elaborados pelos auditores-fiscais do trabalho costumam trazer grandes indicativos de como funciona a senzala moderna, assim como os primeiros relatórios de inspeção elaborados no decorrer do século XIX pelos inspetores de fábrica ingleses e norte-americanos. No meio urbano, a lógica da redução do trabalhador a condição análoga à de escravo possui semelhanças e diferenças com relação ao meio rural. Assim, se nas fronteiras agrícolas parece haver uma abolição mal acabada, nos guetos urbanos há um retorno a situações anteriormente solucionadas. Em comum, verificamos processos de fuga de responsabilização, por parte de grandes corporações, por meio de complexas soluções jurídicas. A maior parte delas passa pela desconstituição da relação bilateral de emprego para a incorporação de técnicas de administração de pessoal ditas modernas e a introdução de relações triangulares, nas quais o beneficiário final diminui, consideravelmente, seu quadro de pessoal — e, consequentemente, a sua responsabilidade — para destinar ao terceiro todo o ônus pela contratação e manutenção dessa relação de trabalho[(80)].

---

(78) Cuando los indígenas buscan empleo u ocupaciones en el mercado laboral nacional e internacional, a menudo se enfrentan a una serie de barreras y desventajas:

• **Muchos trabajadores indígenas no son capaces de competir en igualdad de condiciones**, ya que sus conocimientos y competencias profesionales no se valoran apropiadamente y tienen un acceso limitado a la educación formal y la formación profesional.

• **A menudo se introduce a los trabajadores indígenas en el mercado laboral en condiciones precarias negándoles sus derechos laborales fundamentales**.

• **Los trabajadores indígenas generalmente ganan menos y el salario que reciben em relación con los años de educación terminados es más bajo que el de sus compañeros no indígenas.** Esta diferencia se acentúa en niveles más altos de educación. Dessa maneira, los indígenas "se ven más afectados por la pobreza severa y son por lo tanto más susceptibles de convertirse en **víctimas** del trabajo infantil, el **trabajo forzoso, la trata y otras violaciones de los derechos humanos.** V. nesse sentido: ORGANIZACIÓN INTERNACIONAL DEL TRABAJO. Eliminación de la discriminación de los pueblos indígenas y tribales en materia de empleo y ocupación: guia para el Convenio n. 111 de la OIT. Ginebra: Oficina Internacional del Trabajo, 2007. p. 6-8.

(79) UNITED NATIONS ORGANIZATION. *Report of the Special Rapporteur on contemporary forms of slavery, including its causes and consequences, Gulnara Shahinian*. Addendum. Mission to Brazil. Geneve: Human Rights Council, 2010. p. 15.

(80) CACCIAMALI, Maria Cristina; AZEVEDO, Flavio Antonio Gomes de. Entre o tráfico humano e a opção da mobilidade social: a situação dos imigrantes bolivianos na cidade de São Paulo. In: *Revista do Ministério Público do Trabalho,* São Paulo: LTr, ano XVI, n. 31, p. 151-163, mar. 2006.

Nos casos mais agudos, há violência real, tentada ou consumada. Há relatos de trabalhadoras vítimas de assédio e violência sexual, no ambiente de trabalho, além de humilhações e vexações de todo tipo, sempre sob a ameaça de deportação e entrega para a Polícia Federal. Em outro caso analisado a partir dos relatórios de inspeção, a humildade da pessoa, mulher boliviana do Estado de Pando, foi em parte responsável pela submissão da trabalhadora. O patrão imediato, o oficinista, ameaçava a trabalhadora constantemente. A trabalhadora chegara grávida ao Brasil. Passou a gravidez totalmente trabalhando, na oficina de costura. Teve seu filho no local de trabalho e voltou a trabalhar três dias depois do parto. Em outro relato o trabalhador foi espancado por ter pedido seus salários atrasados ao patrão, oficinista brasileiro. Notícias de degradação do ambiente de trabalho e tratamento indigno são frequentes e, também, no Brasil, os riscos advindos da precaridade decorrente do *sweating system* causaram vítimas fatais. Em setembro de 2010, um incêndio, em uma oficina de costura irregular do bairro do Brás, na capital paulista, de uma família boliviana, ocasionou a morte de duas crianças que não conseguiram fugir, repetindo tragédias que ocorrem nessa indústria desde os primórdios da Revolução Industrial.

O papel da administração pública na aplicação do MANDAMUS LIBERTATIS *contido no acervo jurídico brasileiro*

Alguns autores veem a transição mal acabada do período colonial para o Brasil República como a grande responsável pelos casos atuais de trabalho análogo ao de escravo[(81)]. A prática escravagista, estabelecida não apenas nos rincões mais afastados da fronteira agrícola amazônica, mas também, e cada vez mais, no abastado meio rural meridional e nos centros urbanos nacionais, seria "a perpetuação do escravismo através de características dissimuladas e em sinal de real evolução do sistema servil"[(82)]. Assim, desde que o Brasil reconheceu oficialmente a ocorrência dessa prática desleal nas relações de trabalho, no começo dos anos 90, milhares de trabalhadores já foram libertados pelos grupos de fiscalização móveis do Ministério do Trabalho e Emprego[(83)].

Mas, se no começo tudo eram trevas, como direcionar alguma luz para o ambiente de trabalho, relativizando o direito à propriedade, modulando o direito à empresa e equilibrando as relações de trabalho? Como garantir os direitos

---

(81) PEDROSO, Eliane. Da negação ao reconhecimento da escravidão contemporânea. In: VELLOSO, Gabriel; FAVA, Marcos Neves (coord.). *Trabalho escravo contemporâneo:* o desafio de superar a negação. São Paulo: LTr, 2006. p. 17-73.

(82) *Ibidem,* p. 70.

(83) O Quadro Geral das Operações de Fiscalização para Erradicação do Trabalho Escravo — SIT/ SRTE — 1995 a 2010, indica o resgate de 39.169 trabalhadores, o pagamento de um total de R$ 62.232.402,28 em indenizações, 2.842 estabelecimentos inspecionados em 1.082 operações realizadas no decorrer de 15 anos da existência do Grupo Móvel de Fiscalização do Trabalho Escravo.

fundamentais de todos os cidadãos, dentro do Estado Social e Democrático de Direito? Como intervir de maneira correta, eficaz e legítima, promovendo boas condutas e afastando incorreções e desvios no mercado de trabalho que levam à escravização de coletivos de trabalhadores? Por fim, como superar a negação da existência do trabalho análogo ao de escravo existente em diversos estratos sociais brasileiros e no *sweating system*, em particular? Ou, em outras palavras, como o Direito Administrativo do Trabalho pode aportar respostas pertinentes, úteis e legítimas, dentro do ordenamento jurídico nacional, a essa questão crônica do nosso mercado de trabalho. Algumas medidas devem ser tomadas, dentro do rol de competências da Administração Pública do Trabalho para normatizar, no âmbito da Administração, acerca dos matizes que sofre o trabalho análogo ao de escravo no ordenamento jurídico brasileiro.

Primeiramente, é importante ressaltar que o maniqueísmo por meio do qual se tratam, hoje em dia, as questões relativas a toda sorte de precaridade, no ambiente de trabalho, não parece ser a melhor medida[84]. O ser ou não ser Shakespeareano, sem nenhuma nuance no tratamento da lei, não tem respondido satisfatoriamente ao desafio apresentado.

Por meio do exercício do poder de polícia, que visa cingir a livre atividade dos particulares, a fim de evitar uma consequência antissocial que dela poderia advir[85], a Inspeção do Trabalho procura exercer seu papel na Administração Pública do Trabalho como agente do desenvolvimento social nacional e lutar contra as formas de trabalho não declarado pela integração do trabalho informal[86]. Histo-ricamente, a criação da Inspeção do Trabalho ocorreu simultaneamente com a intervenção no *factory system,* cuja finalidade era balizar a autonomia da vontade e garantir direitos mínimos fundamentais aos trabalhadores. Essa missão inicial é retomada a partir dos desafios trazidos pela globalização e uma vez mais se busca, na atividade interventora do Estado, a limitação dos abusos cometidos em razão dos avanços do capitalismo atual.

A missão precípua da Inspeção do Trabalho é a prevenção[87]. Para tanto, busca meios novos e modernos para prevenir o conflito, o infortúnio e o caos social, advindos de relações de trabalho não reguladas e injustas. Por esse motivo, a necessidade premente da intervenção da Inspeção do Trabalho deve se dar prioritariamente no setor informal, tendo em vista as condições duríssimas de trabalho

(84) É ou não é trabalho escravo, tem sido uma indagação constante dirigida aos órgãos da Administração Pública do Trabalho.

(85) MELLO, Celso Antônio Bandeira de. *Curso de direito administrativo*. 22. ed. São Paulo: Malheiros, 2006. p. 799.

(86) LÉCUYER, Normand. *Les nouvelles administrations du travail:* des acteurs du développement. Genève: Organisation Internationale du Travail, 2000. p. 46-59.

(87) BENADON, Marc. Les relations du travail et l'emploi telles qu'elles sont reflétées dans les différents pays. In: *Nouvelles strategies de prevention pour l'inspection du travail*. Service de l'administration du travail. Document n. 56. Genève: Bureau International du Travail, 1998. p. 16-34.

que se encontram nesse setor da economia[88]. Os novos "velhos" desafios da sociedade pós-industrial demandam abordagens criativas e diferenciadas, por parte da Inspeção do Trabalho[89].

Nesse sentido, a Administração Pública do Trabalho tem buscado formas proativas de intervenção, com a finalidade máxima de garantir a proteção dos direitos fundamentais da pessoa do trabalhador. A primeira medida, desse amplo leque de mecanismos de intervenção estabelecidos para essa finalidade, foi a criação, em 1995, dos grupos móveis de fiscalização do trabalho escravo. Procurava-se, com o estabelecimento de um grupo diretamente subordinado à autoridade central, em Brasília, "centralizar o comando para diagnosticar e dimensionar o problema; garantir a padronização dos procedimentos e supervisão direta dos casos fiscalizados; assegurar o sigilo absoluto na apuração das denúncias; e deixar a fiscalização local livre de pressões e ameaças"[90].

O estabelecimento do procedimento padrão que inclui o resgate do trabalhador de sua situação vulnerável, a determinação administrativa de rescisão contratual por justa causa do empregado, o pagamento das verbas rescisórias, o retorno do resgatado para a sua origem, às custas do empregador, ou o alojamento protegido em abrigos do Estado, a liberação de três parcelas do seguro-desemprego e a derradeira requalificação profissional, é parte da obrigação do Estado em restabelecer a dignidade do trabalho e cumprir o mandado estabelecido na Constituição Federal, qualquer que seja sua nacionalidade, origem, raça, sexo, etnia, idade, a fim de evitar qualquer tipo de discriminação no acesso e proteção aos direitos fundamentais da pessoa do trabalhador.

O Cadastro de Empregadores que tenham mantido trabalhadores em condições análogas à de escravo, criado inicialmente pela Portaria n. 540, de 15 de outubro de 2004, do Ministério do Trabalho e Emprego, é um ato administrativo dos mais controversos e eficazes na recente história do combate ao trabalho escravo no Brasil. Conhecido no jargão corrente como "lista suja", tem sido mal compreendido por alguns operadores do Direito. Seu resultado, além de servir como instrumento de realização dos direitos fundamentais no trabalho, proporciona efetividade aos diversos instrumentos jurídicos internacionais contra o trabalho escravo, ratificados pelo Brasil. Possui como grandes fundamentos jurídicos de validade[91], a possibilidade

---

(88) BUREAU INTERNATIONAL DU TRAVAIL. *L'inspection du travail:* manuel d'éducation ouvrière. 2. ed. rev. Genève: Bureau International du Travail, 1999. p. 25-26.

(89) RICHTHOFEN, Wolfgang Von. Introduction. In: *Nouvelles strategies de prevention pour l'inspection du travail*. Service de l'administration du travail. Document n. 56. Genève: Bureau International du Travail, 1998. p. 1-13.

(90) VILELA, Ruth Beatriz Vasconcelos; CUNHA, Rachel Maria Andrade. A experiência do Grupo de Fiscalização Móvel no combate ao trabalho escravo. In: *Trabalho escravo contemporâneo*. (VV.AA.). Comissão Pastoral da Terra. São Paulo: Loyola, 1999. p. 36.

(91) FAVA, Marcos Neves. Combate ao trabalho escravo: "lista suja" de empregadores e atuação da Justiça do Trabalho. In: *Revista LTr: Legislação do Trabalho*, São Paulo: LTr, ano 69, n. 11, p. 1328-1329, 2005.

de dar concretude às Convenções ns. 29 e 105 da Organização Internacional do Trabalho[92], bem como de normatizar a atividade administrativa na realização dos direitos sociais contidos no ordenamento jurídico[93].

Ocorre que a Administração Pública, no seu objetivo de organizar a sociedade, precisa normatizar a própria conduta, com a finalidade maior de atender ao interesse público e garantir, em linha de máxima, a plena e irrestrita aplicação dos direitos fundamentais da pessoa do trabalhador[94] no ambiente de trabalho. Não seria nem razoável, nem moral a mesma Administração Pública que combate fervorosamente a prática de trabalho escravo, acabar por financiar empreendimentos que estejam contaminados por essa nefasta prática. Além desses argumentos, deve-se observar que o cadastro atende também ao princípio da publicidade, pois o tema da transparência da atuação da Administração Pública encontra-se associado à reivindicação geral de democracia administrativa e "a prevalência do "secreto" na atividade administrativa mostra-se contrária ao caráter democrático do Estado[95], de acordo com o que estabelece a Constituição Federal, em seu art. 5°, inciso XXXIII. Mais recentemente, o ato administrativo que criou o cadastro dos infratores do trabalho escravo foi republicado com nítidos contornos de direitos humanos. A Portaria Interministerial n. 2, de 12 de maio de 2011, elaborada entre o Ministério do Trabalho e Emprego e a Secretaria Especial de Direitos Humanos, consolida, dessa maneira, seu caráter de instrumento de realização dos direitos fundamentais da pessoa do trabalhador.

Algumas outras medidas ainda precisam ser implementadas. Naturalmente, caso a emenda constitucional da expropriação seja aprovada[96], diversas medidas de natureza administrativa deverão ser editadas, a fim de garantir a segurança e a certeza do ato que determinar a perda desse que é um dos mais básicos direitos. Também se poderia editar um decreto presidencial com a finalidade de explicitar o sentido do conteúdo da Convenção n. 29 da OIT, à semelhança da lista das piores formas de trabalho infantil, conhecida como lista TIP, incluindo o *sweating system* como forma de trabalho forçado a ser abolido de nosso sistema. Ainda dentro das competências estabelecidas pelo poder regulamentar da Administração Pública,

---

(92) Convencão n. 29 da OIT. Art. 1º 1. Todo País-membro da Organização Internacional do Trabalho que ratificar esta Convenção **compromete-se a abolir a utilização do trabalho forçado ou obrigatório, em todas as suas formas, no mais breve espaço de tempo possível.**

Convencão n. 105 da OIT. Art. 2º Todo País-membro da Organização Internacional do Trabalho que ratificar esta Convenção **compromete-se a adotar medidas para assegurar a imediata e completa abolição do trabalho forçado ou obrigatório**, conforme estabelecido no art. 1º desta Convenção.

(93) Conf. o disposto na Constituição Federal de 1988, art. 87, II, bem como na Consolidação das Leis do Trabalho, em seu art. 913.

(94) VIANA, Márcio Túlio. Trabalho escravo e "lista suja": um modo original de se remover uma mancha. In: *Revista do Tribunal Regional do Trabalho da 3ª Região*, Belo Horizonte: Justiça do Trabalho, v. 44, n. 74, p. 205-211, dez. 2006.

(95) MEDAUAR, Odete. *Direito administrativo moderno*. 13. ed. São Paulo: Revista dos Tribunais, 2009. p. 131.

(96) Falamos sobre a Proposta de Emenda Constitucional n. 438.

falta normatizar, administrativa e integralmente, o Protocolo de Palermo, que trata do enfrentamento ao crime transnacional de tráfico de pessoas, inclusive para o trabalho escravo realizado por estrangeiros. É necessário que se dê tratamento inequívoco ao *sweating system* como uma forma de violência contra os direitos humanos, para que todas as medidas de proteção contidas nesse instrumento de Direito Internacional sejam cumpridas.

Por fim, é sempre importante notar que a ação concertada e integradora do Estado deve significar ir além do Poder Regulamentar e do exercício do Poder de Polícia, para alcançar o Estado promocional. Incentivar a criação de ferramentas de monitoramento e controle das cadeias produtivas, facilitar a criação de mecanismos de solidariedade trabalhista entre as empresas e integrar os propósitos da sociedade fazem parte da obrigação maior dos Estados modernos e atuantes.

Conclusões

O termo inglês *sweating system* e seu substantivo *sweatshop* são expressões que não encontram paralelo ou tradução no idioma português, apesar de esse sistema produtivo se reproduzir de forma idêntica tanto aqui, quanto em outras paragens do mundo pós-industrial. Talvez, por terem sido criados e aperfeiçoados tanto na Inglaterra quanto nos Estados Unidos, seu sentido é único e representa o que de mais precário e violador de direitos fundamentais a industrialização pode produzir.

A essência da escravidão contemporânea não reside na propriedade legal sobre determinada pessoa e no negócio de compra e venda de trabalhadores, como no passado. O ponto fundamental da escravidão contemporânea é o controle sobre a pessoa do trabalhador por meio da violência física ou moral, e o uso dessa mesma pessoa para fazer dinheiro[(97)]. O *sweating system* é, nesse sentido, o mecanismo mais utilizado pela indústria do vestuário, e, de passo, por grandes empresas varejistas têxteis que têm na moda seu objeto maior de comercialização. É por meio desse perverso sistema de subcontratação de cadeias intermináveis de pseudoempresas, multiplicadoras de miséria e violência, em igual proporção que dissimuladoras de relações de trabalho, que a moda criada nas pranchetas dos estilistas ganha vida e concretude.

A literatura estrangeira está repleta de estudos em que estabelecem a relação entre a implementação do *sweating system* e o trabalho forçado de milhares de imigrantes no decorrer de dois séculos de consolidação da economia de consumo em escala de itens do vestuário. No entanto, tanto a indústria da moda quanto as grandes empresas, muitas vezes transnacionais, que a comercializam, buscam negar sua existência ou implementam complexos esquemas produtivos nos quais as

---

(97) BALES, Kevin. *Ending slavery:* how we free today's slaves. Berkeley and Los Angeles: University of Los Angeles, 2007. p. 10.

tradicionais relações bilaterais de trabalho, consolidadas no sistema industrial de produção, tornam-se obsoletos e custosos luxos da classe operária. A descentralização produtiva, conjugada com a desregulação do trabalho, termina por criar condições de submissão de trabalhadores à escravidão e contribui para um grande retrocesso dos direitos fundamentais da pessoa do trabalhador.

Os trabalhadores estrangeiros, tradicionalmente, foram o grupo mais vulnerável para a exploração por meio do *sweating system*. Se, inicialmente, eram vítimas fáceis de um fluxo migratório regular em um mercado de trabalho desregulado, agora continuam sendo presas, mas de fluxos migratórios irregulares para mercados informais não declarados. Fruto de uma globalização não acabada, na qual apenas os produtos possuem livre circulação, o modelo atual de sistema de relações do trabalho, baseado no Estado nacional, encontra signos de esgotamento, levando a uma modernidade excludente.

A Administração Pública do Trabalho desempenha um papel fundamental ao combater o trabalho realizado em condições análogas à de escravidão, libertando, inclusive moralmente, a pessoa do trabalhador, e promovendo condutas responsáveis, solidárias e positivas, em favor da dignificação do trabalho e do respeito aos direitos fundamentais, tanto de nacionais quanto de cidadãos estrangeiros. Dessa forma, poderemos alcançar o ponto de chegada do *fiat lux* pós-industrial, por meio do princípio básico de que nenhum cidadão deve ser tratado de maneira menos digna do que o outro, por nenhum motivo e, principalmente, por motivo de seu trabalho e origem.

Bibliografia

ANONYMOUS. *Observations on the factory system*. London: Charles Fox, 67, Paternoster-Row, 1844.

BAINES Jun. Esq., Edward. *History of cotton manufacture in great britain:* with a notice of its early history in the east, and in all the quarters of the globe; a description of the great mechanical inventions which have caused its unexampled extension in Britain; and a view of the present state of the manufacture, and the conditions of the classes engaged in its several departments. London: H. Fisher, R. Fisher, and P. Jackson, 1835.

BALES, Kevin. *Disposable people:* new slavery in the global economy. Revised edition with a new preface. Berkeley and Los Angeles: University of California, 2004.

_______. *Ending slavery:* how we free today's slaves. Berkeley and Los Angeles: University of Los Angeles, 2007.

BENADON, Marc. Les relations du travail et l'emploi telles qu'elles sont reflétées dans les différents pays. In: *Nouvelles strategies de prevention pour l'inspection du travail*. Service de l'administration du travail. Document n. 56. Genève: Bureau International du Travail, 1998.

BENENCIA, Roberto. El infierno del trabajo esclavo: la contracara de las "exitosas" economías étnicas. *Avá (Posadas)*, Posadas, n. 15, dic. 2009. Disponível em: <http://www.scielo.org.ar/scielo.php?script=sci_arttext&pid=S1851-16942009000200002&lng=es&nrm=iso> Acesso em: 23.5.2011

BISHTON, Derek. *The sweatshop report*. Birmingham: AFFOR, 1984.

BONACICH, Edna; APPELBAUM, Richard P. *Behind the label:* inequality in the Los Angeles apparel industry. Berkeley and Los Angeles: University of California, 2000.

BRACE, C. L. Harper's new monthly magazine. N. CCLXXIX, August, 1873, v. XLVII. *The little labourers of New York city*. Harper and Brothers: New York, 1873.

BUREAU INTERNATIONAL DU TRAVAIL. *L'inspection du travail:* manuel d'éducation ouvrière. 2. ed. revisé. Genève: Bureau International du Travail, 1999.

CACCIAMALI, Maria Cristina; AZEVEDO, Flavio Antonio Gomes de. Entre o tráfico humano e a opção da mobilidade social: a situação dos imigrantes bolivianos na cidade de São Paulo. In: *Revista do Ministério Público do Trabalho*, ano XVI, n. 31, São Paulo: LTr, mar. 2006.

CÂMARA MUNICIPAL DE SÃO PAULO. Relatório final da Comissão Parlamentar de Inquérito para apurar a exploração de trabalho análogo ao de escravo. São Paulo, fevereiro de 2006.

CASTEL, Robert. *Les métamorphoses de la question sociale*. Une chronique du salariat. Collection L'espace du politique. Paris: Fayard, 1995.

CASTELLS, Manuel. La empresa red: cultura, instituciones y organizaciones de la economía informacional. In: CASTELLS, Manuel. *La era de la información. Economía, sociedad y cultura.* 6. ed. en español. México: Siglo XXI, s.a. de c.v., 2005. v. I: La sociedad red.

CECCAGNO, Antonella; RASTRELLI, Renzo; SALVATI, Alessandra. Exploitation of chinese immigrants in Italy. In: YUN, Gao (ed.). *Concealed chains:* labour exploitation and chinese migrants in Europe. Geneva: International Labour Office, 2010.

CHENERY, William L. *Industry and human welfare*. New York: The Macmillan Company, 1922.

COMMONS, John R. The sweating system in the clothing trade. In: COMMONS, John R. (edit.). Selections and documents in economics. *Trade unionism and labor problems.* Boston: Ginn & Company, 1905.

______ . The sweating system. In: STEIN, Leon. *Out of the sweatshop: the struggle for industrial democracy*. New York: Quadrangle, 1977.

CRABTREE, Geoffrey. *Factory commission*: the legality of its appointment questioned, and the illegality of its proceedings proved. Addressed to Lord Althorpe. London: L. B. Seeley and Sons, 1833.

CROSS, Red. *Emergency relief after the Washington place fire, march 25, 1911*. New York: Report of the Red Cross Emergency Relief Committee of the Charity Organization Society of the City of New York. 1912.

CUEVA, Mario de La. *El nuevo derecho mexicano del trabajo*. 4. ed. México: Porrúa, 1977.

CUSUMANO, Michael A. Shifting economies: craft production to the flexible factory. *Working Paper # 2012*. Alfred P. Sloan School of Management. Cambridge: Massachusetts Institute of Technology, 1988.

CYMBALISTA, Renato; XAVIER, Iara Rolnik. A comunidade boliviana em São Paulo: definindo padrões de territorialidade. In: *Cadernos metrópole. Migração na metrópole*, n. 17, São Paulo: Pontifícia Universidade Católica, 1° semestre de 2007.

DAL-RÉ, Fernando Valdés. Descentralización productiva y desorganización del derecho del trabajo. In: *Relaciones laborales. Revista crítica de teoría y práctica*, n. 20, Las Rozas: La Ley-Actualidad, oct. 2001.

______. La descentralización productiva y la formación de un nuevo paradigma de empresa. In: *Relaciones laborales. Revista crítica de teoría y práctica*, n. 18, Las Rozas: La Ley-Actualidad, sep. 2001.

DAL-RÉ, Fernando Valdés; BAAMONDE, Mª Emilia Casas. Diversidad y precariedad de la contratación laboral en España. In: *Relaciones laborales. Revista crítica de teoría y práctica*, n. I, Las Rozas: La Ley-Actualidad, 1989.

DREHLE, David Von. *Triangle:* the fire that changed America. Waterville: Thorndike, 2003.

ESBENSHADE, Jill. *Monitoring sweatshops*: workers, consumers, and the global apparel industry. Philadelphia: Temple University, 2004.

EUCKEN, Walter (tradução do alemão para o espanhol, por José Vercara). La cuestión social. In: *Revista de economía política,* v. II, n. 4, ago. 1950.

FAVA, Marcos Neves. Combate ao trabalho escravo: "lista suja" de empregadores e atuação da Justiça do Trabalho. In: *Revista LTr.* Legislação do Trabalho, São Paulo: LTr, ano 69, n. 11, 2005.

FERRAJOLI, Luigi. *Derechos y garantias.* La ley del más débil. 4. ed. Madrid: Trotta, 2004.

FERREIRO, Jesús; BEA, Eva; GÓMEZ, Mª Carmen; INTXAUSTI, Mª Ángeles. Teoría insider-outsider y temporalidad en el mercado de trabajo español. In: *Revista del Ministerio de Trabajo y Asuntos Sociales*, Economía y Sociología, Madrid: Ministerio del Trabajo y Asuntos Sociales, n. 51, 2004.

FUNG, Archon; O'ROURKE, Dara; SABEL, Charles. *Can we put an end to sweatshops?* Boston: Beacon, 2001.

GASKELL, P. *The manufacturing population of England, its moral, social, and physical conditions, and the changes which have arisen from steam machinery; with an examination of enfant labour*. London: Baldwin and Cradock, Paternoster-Row, 1833.

GREEN, Nancy L. *Ready-to-wear and ready-to-work.* A century of industry and immigrants in Paris and New York. Durham & London: Duke University, 1997.

GREENWALD, Richard A. *The triangle fire, the protocols of peace, and industrial democracy in progressive era New York.* Philadelphia: Temple University, 2005.

HAPKE, Laura. *Sweatshop:* the history of an american idea. New Brunswick: Rutgers University, 2004.

INTERNATIONAL LABOUR ORGANIZATION. *Globalization of the footwear, textiles and clothing industries.* TMFTCI/1996. Geneva: International Labour Office, 1996.

______ . *Note on the proceedings:* tripartite meeting on promoting fair globalization in textiles and clothing in a post-MFA environment. Geneva, 24-26 october 2005. TMTC-PMFA/2005/8. Geneva: International Labour Office, 2006.

______ . Promoting fair globalization in textiles and clothing in a post-MFA environment. TMTC-PMFA/2005. Geneva: International Labour Office, 2005.

JEANS, Victorine. *Factory act legislation. Its industrial and commercial effects, actual and prospective*. London: T. Fisher Unwin, 1892.

KELLEY, Florence. The sweating-system. In: *Residents of Hull-House.* Hull-House maps and papers: a presentation of nationalities and wages in a congested district of Chicago, together with comments and essays on problems growing out of the social conditions. New York: Thomas Y. Crowell, 1895.

KINGSLEY, Charles. Cheap clothes and nasty. In: *Alton Locke, tailor and poet: an autobiography*. With a prefatory memoir by Thomas Hughes, Esq., Q. C., author of Tom Brown's schooldays and a portrait, engraved by C.H. Jeens. New edition. New York: MacMillan, 1887.

LÉCUYER, Normand. *Les nouvelles administrations du travail:* des acteurs du développement. Genève: Organisation Internationale du Travail, 2000.

LEE, Richard H. L. *The methods and principles of industrial production*. London: Thomas Nelson and Sons, 1927.

LEWTON, Frederic L. *The servant in the house:* a brief story of the sewing machine. From the Smithsonian report for 1929. p. 559-583. (with 8 plates). Publication 3056. Washington: Smithsonian Institute, 1930.

LINCOLN, Jonathan Thayer. *The factory*. Boston & New York: Houghton Mifflin, 1912.

LOUIE, Miriam Ching Yoon. *Sweatshop warriors.* Immigrant women workers take on the global factory. Cambridge: South End, 2001.

MARSDEN, Richard. *Cotton spinning: its development, principles and practice*. With an appendix on steam engines and boilers. London: George Bell and Sons, 1909.

MAYHEW, Henry. Voices of the poor. In: HUMPHERYS, Anne (ed. and introd.). *Cass library of victorian times 10.* Selections from the Morning Chronicle "Labour and the Poor" 1849-1. Oxon: Frank Cass, 1971.

MEDAUAR, Odete. *Direito administrativo moderno*. 13. ed. São Paulo: Revista dos Tribunais, 2009.

MELLO, Celso Antônio Bandeira de. *Curso de direito administrativo*. 22. ed. São Paulo: Malheiros, 2006.

MORAN, Theodore H. *Beyond sweatshops:* foreign direct investment and globalization in developing countries. Washington: The Brookings Institution, 2002.

NOTTCUT, George Jarvis. *The factory and workshop acts, comprising all the laws in force for the regulation of labour in factories and workshops.* With introduction, explanatory notes, notes of the decided cases, etc. London: Stevens & Sons, 1874.

ORGANIZACIÓN INTERNACIONAL DEL TRABAJO. *Eliminación de la discriminación de los pueblos indígenas y tribales en materia de empleo y ocupación:* guia para el Convenio n. 111, de la OIT. Ginebra: Oficina Internacional del Trabajo, 2007.

______. Programa de Actividades Sectoriales. *Las prácticas laborales de las industrias del calzado, el cuero, los textiles y el vestido*. Ginebra: Oficina Internacional del Trabajo, 2000.

PEDROSO, Eliane. Da negação ao reconhecimento da escravidão contemporânea. In: VELLOSO, Gabriel; FAVA, Marcos Neves (coord.). *Trabalho escravo contemporâneo*: o desafio de superar a negação. São Paulo: LTr, 2006.

PIEKE, Frank N. Migration journeys and working conditions of chinese irregular migrants in the united kingdom. In: YUN, Gao (ed.). *Concealed chains:* labour exploitation and chinese migrants in Europe. Geneva: International Labour Office, 2010.

RICHTHOFEN, Wolfgang Von. Introduction. In: *Nouvelles strategies de prevention pour l'inspection du travail.* Service de l'administration du travail. Document n. 56. Genève: Bureau International du Travail, 1998.

ROSEN, Ellen Israel. *Making sweatshops: the globalization of the US apparel industry.* Berkeley and Los Angeles: University of California, 2002.

ROSS, Andrew. *Low pay, high profile:* the global push for fair labor. New York: New Press, 2004.

SAVIANO, Roberto. *Gomorra:* viaggio nell'impero economico e nel sogno di dominio della camorra. Milano: Mondadori, 2006.

SILVA, Sidney Antonio da. Bolivianos em São Paulo: entre o sonho e a realidade. In: *Revista Estudos Avançados*, São Paulo: Instituto de Estudos Avançados da Universidade de São Paulo, n. 57, maio/ago. 2006.

TAPPING, Thomas. *The factory acts, comprising the statutes with their respective schedules; also notes and a full reference to cases; together with a copious index*. London: Shaw and Sons, Fetter Lane, 1856.

TAYLOR, William Cooke. *Factories and the factory system:* from parliamentary documents and personal examination. London: Jeremiah How, 1844.

THE ENCYCLOPAEDIA BRITANNICA. *A dictionary of arts, science, literature and general information.* 11. ed. Submarine mines to Tom-Tom. New York: Cambridge University, 1911. v. XXVI.

THE NEW YORK TIMES. The sweatshop system. Mr. O'Leary, state factory inspector, tells of the conditions in New York tenements. New York, edición del día 9 de marzo de 1899.

UNITED NATIONS ORGANIZATION. *Report of the special rapporteur on contemporary forms of slavery, including its causes and consequences, Gulnara Shahinian*. Addendum. Mission to Brazil. Geneve: Human Rights Council, 2010.

UNITED STATES GENERAL ACCOUNTING OFFICE. *"Sweatshops" in New York City. A local example of a nationwide problem.* Washington: United States General Accounting Office, 1989.

VIANA, Márcio Túlio. Trabalho escravo e "lista suja": um modo original de se remover uma mancha. In: *Revista do Tribunal Regional do Trabalho da 3ª Região*, Belo Horizonte: Justiça do Trabalho, v. 44, n. 74, dez. 2006.

VILELA, Ruth Beatriz Vasconcelos; CUNHA, Rachel Maria Andrade. A experiência do Grupo de Fiscalização Móvel no combate ao trabalho escravo. In: *Trabalho escravo contemporâneo.* (VV.AA.). Comissão Pastoral da Terra. São Paulo: Loyola, 1999.

WEBB, Sidney; WEBB, Beatrice. *Problems of modern industry*. New edition. New York: Longmans, 1920.

WOOG, Adam. *A sweatshop during the industrial revolution*. Farmington Hill: Thomson Gale, 2003.

YUN, Gao. Introduction. In: YUN, Gao (ed.). *Concealed chains*: labour exploitation and chinese immigrants in Europe. Geneva: International Labour Office, 2010.

A Utilização de Mão de Obra Escrava na Colonização e Ocupação da Amazônia. Os Reflexos da Ocupação das Distintas Regiões da Amazônia nas Relações de Trabalho que se Formaram nestas Localidades

Valena Jacob Chaves Mesquita(*)

A utilização da mão de obra escrava na Amazônia remonta da triste experiência dos seringueiros, nativos ou vindos do Nordeste aos milhares, atraídos pelas promessas e perspectivas de vida melhor, principalmente, na época áurea da borracha, no final do século XIX, quando a Amazônia exportava para o mundo o látex extraído de suas seringueiras, para alimentar as indústrias de pneus e similares. Os seringueiros existem na região desde dois séculos passados. Nessa época, quando grandes levas de homens adentravam na floresta, no verão, para extrair o látex da borracha, passavam longas horas de trabalho na selva e eram vítimas da malária e do endividamento permanente na cantina, onde adquiriam seus mantimentos. Esses elementos os deixavam em estado de sujeição perene. A prática do aviamento os submetia à condição análoga à de escravo.

Franco Filho conceitua o mecanismo do aviamento como uma relação trilateral: de um lado, o mercado regional vende bens ao aviador, que é o dono do barracão (aviamento fixo) ou do regatão (aviamento itinerante), que os avia ao pequeno produtor, o aviado, sem qualquer formalidade ou solenidade e, às vezes, no caso do barracão, adianta-lhe algum dinheiro. O pequeno produtor pagará as mercadorias

(*) Advogada. Doutoranda em Direitos Humanos e Inclusão Social pela Universidade Federal do Pará e Professora e Vice-Diretora da Faculdade de Direito da Universidade Federal do Pará.

e o eventual adiantamento ao fim da safra, com os produtos que colher. No entanto, na realidade a conta jamais é encerrada, transformando o pequeno produtor ou o trabalhador do interior da Amazônia em devedor eterno do comerciante, o que significa, então, uma espécie peculiar de trabalho forçado, na medida em que o aviado é obrigado a trabalhar para, produzindo, transferir a totalidade do obtido para seu credor. O aviador recebe os produtos colhidos e os repassa ao mercado regional.(1)

Hoje, a conotação para trabalho escravo é outra, mas o significado é o mesmo: a exploração pelo poder econômico do homem, oprimido pela falta de opções, de profissão, de expectativas e pela miséria. Na agricultura, essa prática continua presente tanto nas fazendas como nos canaviais, onde até crianças são superexploradas. Pedreiras e carvoarias têm um número muito grande de trabalhadores que não recebem salários e estão sempre devendo. Nas fazendas da Amazônia, essa prática tem suas peculiaridades. É a relação de trabalho que submete o trabalhador a trabalhos forçados; a jornadas exaustivas; a condições degradantes de trabalho, ou ainda a restrições de locomoção, em razão de dívida contraída com empregador ou preposto.(2)

Conforme a análise do professor José de Souza Martins, o trabalho análogo ao escravo, nos dias atuais, deve ser apreendido a partir da década de quarenta, com a expansão da fronteira agrícola, quando a Amazônia transformou-se num imenso cenário de ocupação territorial massiva, violenta e rápida.

Esse processo continuou, ainda que atenuado com a instauração do regime político civil e democrático em 1985.(3) Quando, no primeiro Governo de Getúlio Vargas, o Estado brasileiro oficializou a inicial política de ocupação da Amazônia, conhecida pelo *slogan* "Marcha para o Oeste". De acordo com a referida política, coube à Superintendência do Plano de Valorização da Amazônia (SPVEA) e a Fundação Brasil Central (FBC), a tarefa de organizar o processo de ocupação das regiões Amazônica e Centro-Oeste, respectivamente.

Até então, no Estado do Pará, a ocupação expressiva ocorria apenas na calha do rio Amazonas, distribuída em vários núcleos urbanos e em estabelecimentos agrícolas e extrativistas próximos ao referido Rio e afluentes, e é válido ressaltar que esta ocupação remonta ao século XVIII, quando vários destes núcleos foram fundados.

A implantação das políticas públicas na Amazônia, particularmente a partir dos governos militares "pós-64", iniciou-se com a transformação da SPVEA em

---

(1) FRANCO FILHO, Georgenor de Sousa. *Relações de trabalho na pan-Amazônia:* a circulação de trabalhadores. São Paulo: LTr, 1996. p. 208.

(2) Temos defendido que para a configuração do crime de redução à condição análoga à de escravo, basta a constatação, no caso concreto, de apenas uma das condutas típicas mencionadas.

(3) MARTINS, José de Souza. *Fronteira*: a degradação do outro nos confins do humano. São Paulo: Hucitec, 1997. p. 147 *et seq.*

Superintendência do Desenvolvimento da Amazônia (SUDAM), a qual efetivou uma nova lógica de valorização da região.

A estratégia de destaque para a geopolítica, adotada pelos governos militares foi de integração nacional, na qual o desenvolvimento da Amazônia era visto sob o ângulo de diversos objetivos, com a elaboração de muitos planos para a consecução dos mesmos. No que se refere à Amazônia Oriental, as justificativas partiam da concepção de que a região era vista como um "vazio demográfico", que deveria ser rapidamente ocupado. Além disso, referidas justificativas baseavam-se no princípio de que a solução para a área de tensão social do País estava no estímulo ao processo migratório para a Amazônia.

Após a definição da citada estratégia, a ação iniciou-se pela chamada "Operação Amazônia", consubstanciada na ideologia de "integrar para não entregar", referente aos monopólios nacionais e transnacionais. Nesse sentido, os governos militares "pós-64", deram todo apoio aos investimentos incentivados e voltados ao campo; neste processo, os grandes capitalistas nacionais ou internacionais foram transformados em grandes latifundiários, por meio dos programas de incentivos fiscais da SUDAM para o desenvolvimento de projetos agropecuários na Amazônia.

A Amazônia Legal como um todo, a partir da década de sessenta, passou a conhecer a expansão da atividade pecuária. A frente de expansão, que caracterizava a maior parte de seu território, composta basicamente de posseiros provenientes de Goiás e do Nordeste, ganhou a companhia de empresários do Centro-Sul e de grupos transnacionais. Esta ocupação representou uma expansão acelerada do capitalismo na região, baseada em investimentos vultosos para o estabelecimento de projetos agropecuários.[4] Assim, segundo Martins:

> Ao invés de se constituir numa abertura do território com base nos valores da democracia e da liberdade, a expansão da frente pioneira deu-se numa expansão apoiada num quadro fechado de ditadura militar, repressão e falta de liberdade política. Sobretudo num contexto de anticomunismo em que, justamente as classes trabalhadoras, na cidade e no campo, se tornavam suspeitas de subversão da ordem política sempre que reagiam às más condições de vida que o regime lhes impusera.[5]

A Amazônia foi contemplada com recursos de praticamente todos os programas governamentais. Por isso, constituiu-se em área preferencial da implantação de projetos de colonização do País. Calcula-se que mais de 90% dos projetos particulares de colonização, em nível nacional, foram implantados no Estado do Pará, nesse período. Seus compradores vinham principalmente do Centro-Sul do País, onde estavam em andamento as transformações nas relações de produção, que

---

(4) *Idem.*

(5) MARTINS, José de Souza. *Fronteira:* a degradação do outro nos confins do humano. São Paulo: Hucitec, 1997. p. 88.

geravam a necessidade histórica do novo processo migratório para os filhos de camponeses daquela região.

Entre 1970 e 1990, o processo de avanço das frentes de ocupação do espaço amazônico não ocorreu de forma regular. Na verdade, áreas prioritárias foram definidas segundo suas potencialidades e aptidões naturais para o aproveitamento econômico. Na Amazônia Oriental, a ocupação ocorreu basicamente no Sul e Sudeste do Pará e Norte de Mato Grosso, coincidindo com o chamado "arco do desmatamento" ou "arco do povoamento", ao longo da calha das rodovias federais e estaduais implantadas desde a década de 1970.

O Sudeste do Estado do Pará é uma região exemplar no tocante à concentração de investimentos e projetos técnicos econômicos e de infraestruturas, como por exemplo, o projeto de extração e exploração de ferro em Carajás, projetos agropecuários, a usina hidrelétrica de Tucuruí, além de vários outros projetos integrados de colonização. Além disso, referida região se constituiu em um dos espaços mais atraentes para os migrantes, daí a ocorrência do direcionamento, para a mesma, de grande parte dos fluxos migratórios ocorridos no Pará, sempre motivados na busca por oportunidades de trabalho e acesso à terra.

A construção da usina hidrelétrica de Tucuruí, um dos maiores empreendimentos públicos da história da região, significou a expulsão de aproximadamente 30 mil pessoas entre índios, caboclos, garimpeiros e pescadores. Isso porque o lago represado inundou nada menos que 2.430 quilômetros quadrados de floresta. A energia gerada em Tucuruí, além de beneficiar o projeto Carajás, serve também às indústrias de alumínio Albrás (Barcarena — Pará), de capital japonês e à Alumar (São Luís — Maranhão), de capital americano e holandês.

As águas represadas em Tucuruí, além de inviabilizar o potencial hidroviário da bacia do rio Tocantins (reafirmando a opção rodoviária com a consequente instalação das montadoras automobilísticas), também serviram e servem para produzir alumínio aos maiores consumidores do mundo: americanos e japoneses. Não espanta que estes últimos queiram patentear o cupuaçu, fruta típica da Amazônia, como sendo deles. Até hoje há cidades vizinhas a Tucuruí que não possuem energia elétrica, apesar de o Pará ser considerado uma verdadeira "colônia energética". Infelizmente, a hidrelétrica de Belo Monte que está em vias de construção, da mesma forma que a de Tucuruí, não irá beneficiar o povo e o Estado do Pará, visto que não há previsão de o Estado ficar nem com 1% da energia que por ela será gerada.

Além disso, no sul do Pará encontra-se a maior jazida de minério de ferro do planeta, avaliada em torno de 18 bilhões de toneladas de alto teor (66% de ferro). Na verdade, a Serra dos Carajás não se trata de uma jazida isolada, mas sim de uma riquíssima província mineral, uma vez que, segundo estudos, podemos encontrar cobre, ouro, prata, bauxita, manganês, estanho, quartzo etc. O Programa Grande Carajás, cuja área é de 900 mil quilômetros quadrados, teve início em 1981.

É administrado pela ex-estatal Companhia Vale do Rio Doce, que detém os direitos de lavra, a concessão de exploração de uma ferrovia com 800 km de extensão (Carajás-Porto de Itaqui — MA), um terminal graneleiro no referido porto e um núcleo habitacional 'fechado' para seu pessoal.

A Vale agora investe em siderurgia, o que significa maiores lucros, mais poluição e menos florestas. A mineração atende à exigência externa dos chamados *commodities*, que nada mais são que a exportação de matérias-primas em seu estado bruto. Vão os minérios e ficam os buracos. Parte da energia gerada em Tucuruí move sua engrenagem, além disso, em abril deste ano, a Vale passou a integrar, como sócia, o consórcio Norte Energia, vencedor do leilão de concessão e comercialização da energia que será produzida pela hidrelétrica de Belo Monte.

Entretanto, a estratégia de ocupação do "vazio demográfico" do Norte do Brasil, representada por *slogans* do tipo "uma terra sem homens para homens sem terras", não correspondeu ao sonho de uma multidão de migrantes pobres que chegavam à Amazônia de todas as partes do Brasil. O governo utilizou a floresta como forma de desviar a atenção dos movimentos organizados dos principais focos de tensão fundiária, como Rio Grande do Sul, Paraná e Pernambuco. E em vez de realizar uma verdadeira reforma agrária, fez uma política de assentamentos, jogando os agricultores em lotes sem qualquer infraestrutura.

Atualmente avança de forma voraz sobre os solos amazônicos mais um ciclo de exploração, o chamado agronegócio, que tem se alastrado pelas fronteiras da região com velocidade, principalmente pela vertente Oeste, na divisa com Mato Grosso. A rodovia Cuiabá — Santarém tem se tornado um símbolo do avanço da soja. O porto de Santarém (PA) tem recebido melhorias financiadas pela atual prefeitura, facilitando e tornando mais barato o escoamento da produção. A monocultura da soja segue o modelo da *plantation* colonial, agora acrescido de modernos insumos estrangeiros, maquinário, sementes geneticamente modificadas etc. Mais um *commoditie* brasileiro, que em 2004 contou com um repasse de 37 milhões de reais por parte do Governo Federal.

Em essência, o agronegócio significa a perpetuação da grande propriedade latifundiária baseada na exploração de relações pré-capitalistas de produção. Ele prova que o capitalismo que se desenvolve de forma tardia nos países coloniais e semicoloniais na época do imperialismo, longe de destruir as velhas estruturas e relações sociais existentes, incorpora-as e as incrementa como reserva imperialista e da grande burguesia local.

Neste sentido, o fenômeno da escravidão moderna surge no seio do sistema capitalista de produção, em que predomina a racionalidade econômica do cálculo que visa à otimização e à maximização de seus lucros. Ou seja, os trabalhadores que vivem no limite do assalariamento normal, trabalham em atividades inseridas, ainda que, marginalmente, em setores e processos modernos da economia capitalista, nos quais há grande investimento de capital, seja nas plantações ou nos equipamentos necessários. Teoricamente, esses empreendimentos deveriam ter uma alta composição orgânica do capital, isto é, o montante de capital variável (capital empregado na compra de força de trabalho), deveria ser proporcionalmente inferior ao montante de capital constante (capital empregado em máquinas, equipamentos e tecnologia).

Destarte, no Pará, em especial nos empreendimentos agropecuários, que constituíram a onda de ocupação da fronteira, perseverou a lógica capitalista de empreendimentos intensivos em capital, ou com elevado montante relativo de capital constante, uma vez que os empreendimentos foram financiados por taxas de juros próximas a zero e pela possibilidade de utilizar o trabalho forçado. A ocupação econômica ocorreu por meio de uma estratégia na qual os grupos empresariais puderam justapor práticas de incentivos fiscais e créditos subsidiados, associadas à construção de uma economia moderna, com a utilização de trabalho forçado, formas arcaicas de organização do trabalho, elevando sua taxa de lucro. Ratificou-se dessa maneira, no âmbito dessa expansão capitalista, a manutenção, ao invés da transformação, de valores patriarcais, autoritários, predatórios e de formas arcaicas de exploração do trabalho. A expansão do capitalismo brasileiro mostra esse traço de forma persistente e consistente em diferentes contextos.

Tanto Marx quanto Weber assinalaram que o trabalho livre e sua mercantilização pelo próprio trabalhador era condição essencial na reprodução do capital:

> [...] para que o possuidor de dinheiro encontre no mercado a força de trabalho, como mercadoria, devem cumprir-se diversas condições. A troca de mercadorias, em si e para si, não implica maiores relações de dependência do que as que surgem de sua própria natureza. Em decorrência desse pressuposto, a força de trabalho, como mercadoria, só pode aparecer no mercado na medida em que e pelo fato de que o seu próprio possuidor — a pessoa a quem pertence essa força de trabalho — a ofereça e venda como mercadoria. Para que seu possuidor a venda como mercadoria é necessário que possa dispor dela e que, portanto, seja proprietário livre de sua capacidade de trabalho, de sua pessoa.[(6)]
>
> É uma contradição em relação à essência do capitalismo, e o desenvolvimento do capitalismo é impossível, se não há uma camada de destituídos de propriedade, uma classe compelida a vender sua força de trabalho para viver; e é do mesmo modo impossível se apenas trabalho

---

(6) MARX, Karl. El capital: crítica de la economía política. 11. ed. Trad. de Pedro Scaron. México: Veinteuno, 1982. v. 1, p. 203-204 *apud* MARTINS, José de Souza. *Fronteira:* a degradação do outro nos confins do humano. São Paulo: Hucitec, 1997. p. 83.

não livre está disponível. O cálculo capitalista racional só é possível com base no trabalho livre [...].(7)

A ocorrência do trabalho análogo ao de escravo no Pará, vislumbrada nos dias atuais, leva-nos a refletir sobre a ampla diversidade de características nas relações de trabalho da sociedade capitalista, sugerindo, enfim, que, na realidade, existem contraposições a suposições que referidas relações seriam definidas necessariamente por padrão típico, racional e legal, no pressuposto de um relacionamento juridicamente igualitário entre empregador e trabalhador.

Cabe, portanto, no bojo das expectativas de combate ao trabalho análogo ao escravo, ressaltar que, na medida em que as fronteiras não são meramente geográficas, mas móveis, versáteis e adaptáveis à História e à historicidade, a sua maleabilidade deve também ser considerada, porque a dinâmica na prática do trabalho escravo acompanha a dinâmica econômica da reprodução de capital.

As estatísticas apresentadas pelo Ministério do Trabalho e Emprego sobre a incidência do trabalho escravo no Estado do Pará, nos três últimos anos, confirmam os reflexos das formas brutais de ocupação dessa região, que, apesar da presença do Estado, em termos de "investimentos", constata-se que as três últimas décadas foram exemplares na baixa efetividade das políticas de atendimento às necessidades sociais, conforme gráfico abaixo demonstrado.

GRÁFICO — 1
Número de Trabalhadores libertados no Pará nos anos de 2007-2010.

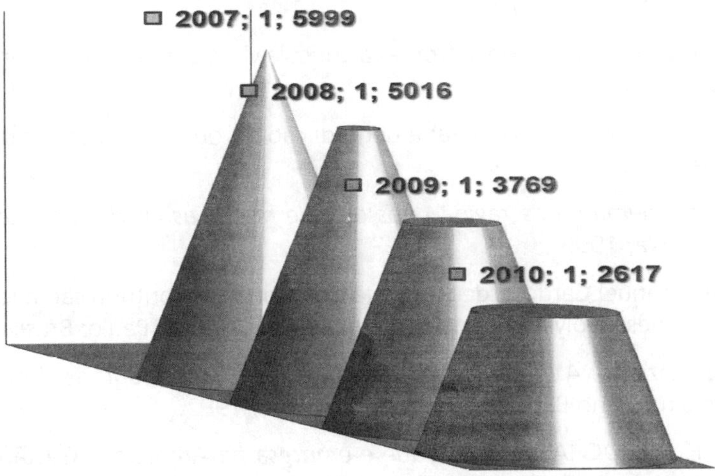

Fonte: Relatórios de Fiscalização do Grupo Móvel do MTE nos anos de 2007-2010.

---

(7) WEBER, Marx. General economic history. New York: Frank H. Knight, 1961. p. 208-209. *Apud* MARTINS, José de Souza. *Fronteira:* a degradação do outro nos confins do humano. São Paulo: Hucitec, 1997. p. 83.

Nunca os governos — militar e civil — atacaram o problema de frente. No máximo agiram de forma pontual, libertando escravizados, interceptando o tráfico de pessoas, multando empresas pela violação das leis trabalhistas, mas muito raramente utilizaram medidas de Direito Penal. O crime de desrespeito aos direitos humanos não foi coibido nem recebeu punição, mesmo nos casos em que houve violência física, tortura e homicídio. Ações preventivas também deixam a desejar. De fato, não houve medidas estruturais como, por exemplo, uma legislação que permitisse a expropriação do imóvel envolvido no crime; investimento em políticas públicas não só de reinserção social, como também de geração de emprego e renda e aumento na concessão de créditos agrícolas.

Referências bibliográficas

BECKER, B. *et al. Fronteira amazônica*. Questões de gestão do território. Brasília: UFRJ/ UNB, 1992.

BRITO FILHO, José Claudio Monteiro de. Trabalho com redução do homem à condição análoga à de escravo e dignidade da pessoa humana. *Revista Gênesis de Direito do Trabalho,* Curitiba, n. 137, maio 2004.

______ . *Trabalho decente:* análise jurídica da exploração do trabalho forçado e outras formas de trabalho indigno. São Paulo: LTr, 2004.

FRANCO FILHO, Georgenor de Sousa. *Relações de trabalho na Pan-Amazônia:* a circulação de trabalhadores. São Paulo: LTr, 1996.

______ . Combate ao trabalho forçado. *O Liberal,* Belém, Caderno Painel, p. 9, 9 de março de 2003.

LÉNA, F.; OLIVEIRA, A. *Amazônia*: fronteira agrícola vinte anos depois. Belém: Museu Emílio Goeldi, 1992.

MARTINS, José de Souza. *Fronteira*: a degradação do outro nos confins do humano. São Paulo: Hucitec, 1997.

______ . *O problema da escravidão nos dias de hoje e as ciladas da interpretação.* São Paulo: CTP/Loyola, 1999.

MELLO, João Manuel Cardoso de. *O capitalismo tardio* — contribuição à revisão crítica da formação e do desenvolvimento da economia brasileira. São Paulo: Brasiliense, 1988.

SILVA, José Graziano. *A modernização dolorosa* — estrutura agrária, fronteira agrícola e trabalhadores rurais no Brasil. Rio de Janeiro: Zahar, 1982.

TRINDADE, F. C.; ROCHA, G. M. *Cidade e empresa na Amazônia.* Gestão do território e desenvolvimento local. Belém: Paca-Tatu, 2003.

Trabalho com Redução à Condição Análoga à de Escravo: Análise a Partir do Trabalho Decente e de seu Fundamento, a Dignidade da Pessoa Humana(*)

José Claudio Monteiro de Brito Filho(**)

1. Generalidades

Passados alguns anos da alteração do art. 149, do Código Penal Brasileiro, pela Lei n. 10.803, de 11 de dezembro de 2003, que delimitou, ampliando, as hipóteses em que ocorre a redução do homem à condição análoga à de escravo, ainda não há a exata compreensão a respeito da questão.

Exemplifica o fato, julgamento do Tribunal Regional do Trabalho da 8ª Região, pela 2ª Turma, em que, não obstante todos os magistrados reconhecessem a existência de mais que precárias condições de trabalho, nem todos reconheceram o trabalho em condições análogas à de escravo[1].

Isso, mesmo após a alteração do art. 149 do Código Penal ter explicitado os modos de execução para a configuração do tipo penal de redução da pessoa à condição análoga à de escravo.

(*) Texto escrito inicialmente em 22 de maio de 2006, e publicado na obra coletiva *Trabalho escravo contemporâneo*: o desafio de superar a negação (São Paulo: LTr, 2006), sob a coordenação de Gabriel Velloso e Marcos Neves Fava e agora alterado, em 16 de dezembro de 2010, para a publicação da 2ª edição.

(**) Doutor em Direito das Relações Sociais (PUC/SP). Professor da Universidade Federal do Pará e da Universidade da Amazônia. jclaudiobritofilho@gmail.com

(1) Processo n. TRT 00611-2004-118-08-00-2.

É que ainda se espera, no caso desse ilícito penal, a materialização da "escravidão" a partir de uma imagem clássica, com a pessoa acorrentada e sob constante ameaça de maus-tratos e outras formas de violência. Reforçando a ideia, o que se espera é a violação a um princípio básico, que é a liberdade.

Isso, além da negação do próprio dispositivo legal indicado (art. 149 do CPB), que é claro a respeito, representa visão conceitual restritiva, e que não mais deve prevalecer.

Na verdade, o trabalho em condições análogas à de escravo é reconhecido, hoje em dia, a partir do momento em que há o desrespeito ao atributo maior do ser humano, que é a sua dignidade, e que ocorre, do ponto de vista do trabalho humano, quando é negado ao trabalhador um conjunto mínimo de direitos que a Organização Internacional do Trabalho convencionou denominar *trabalho decente*, e que são os Direitos Humanos específicos dos trabalhadores.

Não que a liberdade, ou melhor, sua violação, seja abandonada, na caracterização. Como verificaremos adiante, em qualquer dos modos de execução há ofensa à liberdade do indivíduo. Apenas não é esse o principal bem jurídico tutelado pelo dispositivo do Código Penal.

É o que tentaremos demonstrar neste breve estudo.

2. O trabalho decente (direitos humanos dos trabalhadores)

Para isso, é preciso primeiro caracterizar o que significa *trabalho decente*.

O melhor, para razoável compreensão da expressão, é desde logo indicar sua definição, tentando depois explicá-la. Trabalho decente é aquele em que são respeitados os direitos mínimos do trabalhador, necessários à preservação de sua dignidade.

É que, não obstante seja possível pensar em proteção ampla para os trabalhadores, mais que isso, embora seja importante, para todas as sociedades, que aqueles que vivem de sua força de trabalho tenham a mais eficiente proteção, é utópico pensar que em todos os lugares do planeta a proteção será igual, e em nível ótimo.

Por outro lado, quando falamos em Direitos Humanos, falamos em conjunto mínimo de direitos que permitem ao ser humano viver com dignidade. Nesses termos, cabe aduzir que é a dignidade o parâmetro que pensamos deva ser utilizado para definir o que deve ser considerado como integrante dos Direitos Humanos, pelas razões expostas mais adiante.

Nessa linha de raciocínio, é no conjunto mínimo aludido, aplicado ao homem-trabalhador, que devemos pensar, fixando quais os direitos mínimos que devem ser reconhecidos para que se possa falar em trabalho decente.

Para chegarmos a esse mínimo, e partindo das normas internacionais, é possível verificar que dito conjunto pode ser extraído tanto do Pacto Internacional dos Direitos Econômicos, Sociais e Culturais, da Organização das Nações Unidas, como das Convenções Fundamentais da Organização Internacional do Trabalho.

Começando pelas últimas, são elas as que tratam da liberdade sindical (87 e 98), da proibição de trabalho forçado (27 e 105), da proibição de trabalho abaixo de uma idade mínima (138 e 182), e da proibição de discriminação (100 e 111).

Esse rol básico, hoje em dia, está expressamente definido na Declaração da OIT sobre os Princípios e Direitos Fundamentais no Trabalho, adotada na 86ª sessão da Conferência Internacional do Trabalho, em junho de 1998. Seu objetivo é oferecer "um novo meio de promoção de tais direitos e princípios, muito especialmente para os Estados que não ratificaram estas convenções"[(2)].

A propósito, cabe dizer que, na atualidade, garantir o trabalho decente é o primeiro dos objetivos da OIT, no processo de modernização e renovação que empreende. Isso fica claro nas Memórias do Diretor Geral da Organização, relativamente à 89ª Reunião da Conferência Internacional do Trabalho (2001), quando, listando os objetivos de seu Programa, indica, ao início, a proposta de "Centrar las energias de la OIT en el trabajo decente como una de las principales demandas globales de nuestra época"[(3)].

Podemos ainda, como dito, verificar esse conjunto mínimo no Pacto Internacional dos Direitos Econômicos, Sociais e Culturais, aprovado na XXI Sessão da Assembleia Geral das Nações Unidas, em Nova York, em 19 de dezembro de 1966, e, após ratificado pelo Brasil em 24 de janeiro de 1992, vigente em nosso país desde 24 de abril do mesmo ano[(4)], nos arts. 6º a 9º.

Com base nos textos acima, de validade internacional, e com os acréscimos que propomos, pode-se, em síntese, fazendo desde logo pequena divisão, listar como direitos mínimos do homem-trabalhador os seguintes:

> No plano individual temos o direito ao trabalho, base sobre a qual se assentam todos os demais, dele desdobramentos, e que pode ser analisado de diversas formas, sendo, principalmente, obrigação do Estado de criar condições para que o trabalhador possa exercer ocupação que lhe permita e à sua família subsistir, além de: liberdade de escolha do trabalho; igualdade de oportunidades para e no exercício do trabalho; direito de exercer o trabalho em condições que preservem a saúde do trabalhador; direito a

---

(2) Conforme "Declaração de Princípios da OIT: um novo instrumento para promover os direitos fundamentais" (*Guia de educação operária*. 1. ed. Suiça: Repartição Internacional do Trabalho, 2000. p. 2), como consta da introdução, assinada por Manuel Simón Velasco, Diretor do Escritório de Atividades para Trabalhadores da OIT.

(3) *Reducir el deficit de trabajo decente:* un desafío global. 1. ed. Ginebra: Oficina Internacional do Trabalho, 2001. p. 1.

(4) Conforme informações constantes da obra *Convenções da OIT*, de Arnaldo Süssekind (São Paulo: LTr, 1994. p. 537).

> uma justa remuneração; direito a justas condições de trabalho, principalmente limitação da jornada de trabalho e existência de períodos de repouso; e proibição do trabalho infantil. No rol dos direitos mínimos temos, ainda, no plano coletivo, a liberdade sindical, e no plano da seguridade social, a proteção contra o desemprego e outros riscos sociais.

Finalizando o item, esses direitos mínimos do homem-trabalhador é que devem caraterizar o que denominamos trabalho decente. Menos que isso é sujeitar o trabalhador a condições de trabalho que estão abaixo do necessário para que seja preservada sua dignidade.

Trabalho decente, então, elastecendo o sintético conceito apresentado ao início do item, é o conjunto mínimo de direitos do trabalhador que corresponde: à existência de trabalho; à liberdade de trabalho; à igualdade no trabalho; ao trabalho com condições justas, incluindo a remuneração, e que preservem sua saúde e segurança; à proibição do trabalho infantil; à liberdade sindical; e à proteção contra os riscos sociais(5).

Negar o trabalho nessas condições, dessa feita, é negar os Direitos Humanos do trabalhador, e, portanto, atuar em oposição aos princípios básicos que os regem, principalmente o maior deles, a dignidade da pessoa humana. Como afirmado pela OIT, "en todas partes, y para todos, el trabajo decente es un medio para garantizar la dignidad humana"(6).

3. Trabalho em condições análogas à de escravo

Pois bem, com a nova definição do tipo penal previsto no art. 149 do CPB, temos o trabalho em condições análogas à de escravo(7) como a antítese do que se convencionou chamar trabalho decente.

---

(5) Ver mais a respeito no nosso *Trabalho decente* (2. ed. São Paulo: LTr, 2010).

(6) *Reducir el deficit de trabajo decente:* un desafío global. 1. ed. Suiça: Oficina Internacional do Trabalho, 2001. p. 9.

(7) Aqui é preciso fixar a denominação, ou denominações, a utilizar. Nos termos da lei, a denominação própria para o ato ilícito em gênero é *trabalho em condições análogas à de escravo*. Nada impede, todavia, que se utilize essa expressão de forma mais reduzida, ou seja, *trabalho escravo*. É preciso ter em mente, entretanto, que esta é apenas uma redução da expressão mais ampla e utilizada pela lei. É que, em não sendo a escravidão prática admitida pelo ordenamento jurídico, não se pode admitir que a pessoa humana, mesmo em razão da conduta ilícita de outrem, possa vir a ser considerada escrava; no máximo ela estará em condição análoga à de escravo — é por isso que temos defendido que o paradigma histórico mais adequado a utilizar, quando se fala do trabalho escravo, é o plágio romano, como será visto adiante. Georgenor de Sousa Franco Filho, autor que rejeita a expressão "trabalho escravo", deixa claro que o trabalho em que há cerceamento da liberdade, e que é um problema internacional, e não apenas do Brasil, não deve ser chamado trabalho escravo, pois a escravidão "foi proscrita formalmente do Direito brasileiro em 1888, quando sancionada a Lei Áurea" (Combate ao trabalho forçado. *Jornal O Liberal*, caderno Painel, p. 9, 9 de março de 2003). Trabalho escravo, entretanto, é expressão que tem conotação forte, sendo quase impossível não utilizá-la; apenas, deve-se ter em mente seu efetivo sentido.

Essa afirmação, todavia, sem maiores explicações resta muito em aberto, pelo que é preciso, à luz do dispositivo indicado, verificar o que é trabalho em que há a redução do ser humano à condição análoga à de escravo.

Propor sua análise é, com certeza, tratar do mais alto grau de exploração da miséria e das necessidades do homem. Ainda assim, não é raro que nos deparemos com essa situação.

Vários autores já escreveram a respeito do assunto, não havendo uniformidade total em seus pensamentos, embora possamos vislumbrar, em todos, a mesma repulsa a essas formas humilhantes de tratar o ser humano, sujeitando-o a trabalho em condições que deveriam ser negadas a toda a humanidade.

A questão, entretanto, ao menos do ponto de vista normativo, hoje em dia deve ser considerada pacificada.

A Lei n. 10.803, de 11 de dezembro de 2003, ao alterar o art. 149, do Decreto-Lei n. 2.848, de 7 de dezembro de 1940, o Código Penal Brasileiro, dispôs o seguinte:

> Art. 1º O art. 149 do Decreto-Lei n. 2.848, de 7 de dezembro de 1940, passa a vigorar com a seguinte redação:
>
> "Art. 149. Reduzir alguém a condição análoga à de escravo, quer submetendo-o a trabalhos forçados ou a jornada exaustiva, quer sujeitando-o a condições degradantes de trabalho, quer restringindo, por qualquer meio, sua locomoção em razão de dívida contraída com o empregador ou preposto:
>
> Pena — reclusão, de dois a oito anos, e multa, além da pena correspondente à violência.
>
> § 1º Nas mesmas penas incorre quem:
>
> I — cerceia o uso de qualquer meio de transporte por parte do trabalhador, com o fim de retê-lo no local de trabalho;
>
> II — mantém vigilância ostensiva no local de trabalho ou se apodera de documentos ou objetos pessoais do trabalhador, com o fim de retê-lo no local de trabalho.
>
> § 2º A pena é aumentada de metade, se o crime é cometido:
>
> I — contra criança ou adolescente;
>
> II — por motivo de preconceito de raça, cor, etnia, religião ou origem".

Verificando a nova redação do art. 149 do Código Penal, observa-se que o trabalho em condições análogas à de escravo pode ocorrer por diversos modos.

Não é somente a falta de liberdade, como já dissemos, então, que agora caracteriza o trabalho em condições análogas à de escravo, mas também o trabalho sem as mínimas condições de dignidade[(8)].

---

(8) Dignidade é a palavra-chave para a identificação do trabalho em que há a redução do ser humano à condição análoga à de escravo.

Note-se que essa conclusão já podia ser encontrada antes da alteração do art. 149, quando o tipo penal era apresentado de forma lacônica. É que não se pode considerar que alguém seja reduzido à condição análoga à de escravo somente quando ocorre, na forma tradicional que conhecemos, a perda de sua liberdade, pois, para que o crime se tipifique, o que importa e basta é que a relação de prestação de serviços entre os sujeitos ativo e passivo seja de tal ordem que o primeiro passe a ter domínio sobre o segundo, de forma que a vontade desse segundo seja anulada, ou porque a vontade desse segundo foi anulada.

Como diz Bitencourt, "a liberdade protegida pelo art. 149 não se limita à autolocomoção, mas principalmente procura impedir o estado de sujeição da vítima ao pleno domínio de alguém"[(9)], pouco importando os modos ou meios de execução que, como também ensina o autor citado, "são os mais variados possíveis"[(10)].

Isso seguramente não está distante da concepção que se deve ter do delito de plágio, como também se denomina o tipo do art. 149 do Código Penal.

Veja-se, a respeito, o § 6º do item 51 da Exposição de Motivos da Parte Especial do Código Penal, assinada por Francisco Campos, então Ministro da Justiça e Negócios Interiores, em 4 de novembro de 1940:

> No art. 149, é prevista uma entidade ignorada do Código Vigente: o fato de reduzir alguém, por qualquer meio, à condição análoga à de escravo, isto é, suprimir-lhe, de fato, o *status libertatis*, sujeitando-o o agente ao seu completo e discricionário poder. É o crime que os antigos chamavam *plagium*. Não é desconhecida a sua prática entre nós, notadamente em certos pontos remotos de nosso *hinterland*[(11)].

A propósito, Bitencourt, indicando que há uma grande diferença entre o tipo penal do art. 149 e o crime de plágio, dos romanos, explica esse último delito, da seguinte forma:

> Quando o Direito Romano proibia a condução da vítima, indevidamente, ao estado de escravidão, cujo *nomen iuris* era *plagium*, o bem jurídico tutelado não era propriamente a liberdade do indivíduo, mas o direito de domínio que alguém poderia ter ou perder por meio dessa escravidão indevida[(12)].

Ainda a respeito do plágio, Pierangeli afirma que "A palavra *plagium*, etimologicamente, vem do verbo *plagiare*, que na Roma antiga significava a compra de um homem livre sabendo que o era, e retê-lo em servidão ou utilizá-lo como próprio servo"[(13)].

---

(9) BITENCOURT, Cezar Roberto. *Tratado de direito penal, 2*: parte especial: dos crimes contra a pessoa. 9. ed. São Paulo: Saraiva, 2009. p. 400.

(10) *Idem*.

(11) Ver, por exemplo, no *Código Penal e Constituição Federal Saraiva 2009*. 15. ed. São Paulo: Saraiva, 2009. p. 32.

(12) BITENCOURT, Cezar Roberto. *Tratado de direito penal, 2*: parte especial: dos crimes contra a pessoa. 9. ed. São Paulo: Saraiva, 2009. p. 397-398.

(13) PIERANGELI, José Henrique. *Manual de direito penal brasileiro*. 2. ed. São Paulo: Revista dos Tribunais, 2007, p. 156. v. 2: parte especial.

Voltando à forma de ver o tipo do art. 149, essa ampliação na consideração a respeito do bem juridicamente protegido, todavia, não significa só considerar a dignidade, mas sim considerá-la o bem maior a proteger. Por outro lado, não significa desconsiderar a liberdade, retomando a conclusão antes apresentada, e como veremos.

Para isso, conveniente verificar as hipóteses em que, atualmente, pelo art. 149, tem-se o crime de redução à condição análoga à de escravo.

Rogério Greco, tratando do que chama de "maneiras que, analogamente, fazem com que o trabalho seja comparado a um regime de escravidão", indica que isso ocorre quando alguém: obriga outrem a trabalhos forçados; impõe jornada exaustiva de trabalho; sujeita alguém a condições degradantes de trabalho; e, restringe, por qualquer meio, a locomoção de alguém em razão de dívida contraída(14).

De forma mais esquemática, as hipóteses em que isso pode ocorrer, caso se deseje classificá-las, podem ser divididas em:

> a) trabalho escravo típico, que contempla o trabalho forçado ou em jornada exaustiva, o trabalho em condições degradantes e, o trabalho com restrição de locomoção, em razão de dívida contraída (chamado comumente de servidão por dívida); e,
>
> b) trabalho escravo por equiparação, que se verifica nas hipóteses de retenção no local de trabalho, por cerceamento do uso de qualquer meio de transporte, e de manutenção de vigilância ostensiva ou retenção de documentos ou objetos de uso pessoal do trabalhador.

Essa classificação, que resultou de disposição legal mais analítica, trouxe duas vantagens. Primeiro, ampliou o rol de hipóteses que caracterizam o trabalho escravo, dando feição mais consentânea com o objetivo de proteger o que, de fato, é o mais importante, que é a dignidade da pessoa humana. Segundo, tornou mais fácil a tipificação do ilícito, o que a sintética, lacônica redação anterior não permitia.

Agora é mais simples identificar, no caso concreto, se a situação encontrada nas investigações e fiscalizações deve ser enquadrada como trabalho em condições análogas à de escravo ou não, o que garante maior segurança para as condutas a adotar(15). Maior mas não total segurança, pois ainda resta por fazer um esforço maior para identificar, com precisão, as condutas que caracterizam os modos de

---

(14) *Curso de direito penal*: parte especial. 5. ed. Niterói: Impetus, 2008. v. 2, p. 542.

(15) Cabe relembrar aqui Cezar Roberto Bitencourt, para quem "agora há limitação estrita aos modos de execução, que estão vinculados", o que produz "uma *abolitio criminis* em relação a todo e qualquer outro modo ou forma de conduta que não seja abrangido pela relação *numerus clausus* da nova definição legal (*Tratado de direito penal, 2*: parte especial: dos crimes contra a pessoa. 9. ed. São Paulo: Saraiva, 2009. p. 406). Minha discordância do defendido pelo autor, nesse caso, tem um viés pragmático: a enumeração das hipóteses, embora possa, em tese, restringir o tipo penal, por outro lado permite enquadramento mais preciso, além do fato de que abriu espaço para algumas condutas que poderiam até ser deduzidas, mas não eram consideradas.

execução. Nosso objetivo aqui, no entanto, é fazer somente a caracterização genérica do tipo penal.

Nesse aspecto é preciso dizer que, por mais que se queira, às vezes com algum sucesso, relacionar o tipo descrito no art. 149 do Código Penal a antecedentes históricos como a escravidão dos negros, que conhecemos no Brasil até os momentos finais do século XIX, ou à servidão, presente na Europa alguns séculos antes, pensamos que, se há antecedente a relacionar, esse deve ser mesmo o plágio dos Romanos, e que claramente inspirou o legislador penal, como visto, embora, como adverte Bitencourt, em citação mais acima, não haja total correspondência.

Assim, o que temos, no crime de redução da pessoa à condição análoga à de escravo é, claramente, a subjugação do ser humano, que é naturalmente livre, a uma condição que lhe impõe, por outrem, uma relação de domínio extremado, e que atenta contra a sua condição de pessoa. Isso permite, desde logo, duas conclusões.

A primeira, de que o crime em comento é uma violação direta ao principal atributo do ser humano, que é sua dignidade, pois qualquer das condutas descritas no art. 149 é a negação desse atributo, reduzindo a pessoa à condição de coisa.

Isso vai acontecer tanto quando ao ser humano é imposto o trabalho forçado ou uma jornada exaustiva de trabalho, como quando lhe são reservadas condições degradantes de trabalho, ou ainda nas demais hipóteses catalogadas no artigo, como no caso da restrição à locomoção por dívida contraída.

Essa é a conclusão mais importante, mas não a única. É que, como dissemos, não é o fato de considerar que a dignidade da pessoa humana é o bem jurídico principalmente tutelado que vai fazer com que não se leve em consideração o aspecto da liberdade. Ocorre que não é a liberdade no sentido tradicional vinculado à antiga escravidão, de o escravo acorrentado e vigiado 24 horas por dia, com restrições à sua livre locomoção, que deve ser visualizada em todas as hipóteses ou modos de execução, embora isso possa ocorrer.

Na verdade, o que deve ser observado é o grau de domínio que exerce o tomador dos serviços em relação ao trabalhador; a sujeição que o primeiro impõe ao segundo. Nos casos em que habitualmente se denuncia a prática do trabalho escravo, no Brasil, isso fica claro. São trabalhadores migrantes, como nas plantações de cana-de-açúcar e nas fazendas de gado, e às vezes imigrantes, como é o caso dos bolivianos que trabalham na indústria de confecção; arregimentados em local distante de onde vai haver a prestação de serviços; sem perspectiva de realizar outra atividade que garanta sua sobrevivência; sem o grau de conhecimento mínimo que lhes permita questionar, ainda que intimamente, as péssimas condições de trabalho que lhes são oferecidas.

Mais. Por conta de todas essas condições, são altamente influenciáveis e, no mais das vezes, levados a crer que o que lhes é exigido é permitido por lei. Tudo isso leva a estado em que sua vontade é anulada, "criando" situação de sujeição tal que não se pode, sob qualquer pretexto, falar em outra condição que não a de clara violação à sua liberdade.

A segunda conclusão, então, para caracterizar o trabalho em condições análogas à de escravo, é que deve haver a sujeição do trabalhador ao tomador de serviços, e que se vai materializar, em graus variados, em todas as hipóteses de redução da pessoa à condição análoga à de escravo.

Isso, pensamos, deve ser perfeitamente identificado nos relatórios apresentados tanto pela autoridade administrativa do trabalho, como pela autoridade policial, assim como deve ser de indicação obrigatória nas ações, penais ou trabalhistas, propostas pelo Ministério Público.

Por fim, é preciso considerar o fato de que, para ocorrer qualquer hipótese do art. 149 do Código Penal, ou seja, para que se identifique o trabalho escravo como conhecemos no Brasil, na atualidade, é preciso que se esteja diante de uma relação de trabalho(16) — realizada ao arrepio da legislação que a rege, e tipificada como um ilícito penal, mas, ainda assim, uma relação de trabalho.

Passeando rapidamente pelos autores, Nucci afirma que o sujeito ativo do delito é, como regra, o empregador e seus prepostos e, o sujeito passivo, somente a pessoa "vinculada a uma relação de trabalho(17). Bitencourt, de sua parte, ensina que, a partir da alteração do art. 149, só pode ser sujeito passivo quem for trabalhador, devendo haver o que denomina de "relação de prestação de serviço"(18). Greco, por fim, segue na mesma linha, ao entender que a partir da Lei n. 10.803/2003, "foram delimitados os sujeitos ativo e passivo do delito [...], devendo, agora, segundo entendemos, existir entre eles relação de trabalho"(19).

Pode-se dizer então que qualquer que seja o modo de execução, o crime de reduzir alguém à condição análoga à de escravo ocorre em relação de trabalho mantida entre trabalhador e o tomador de seus serviços, com violação da liberdade e, principalmente, da dignidade do primeiro(20).

---

(16) Observe-se que pouco importa se esta relação está mascarada, encoberta, formalizada como, por exemplo, um (falso) contrato de arrendamento ou de parceria. Há relação de trabalho quando um ser humano presta serviços a outrem em troca de um bem com expressão econômica. A relação jurídica de trabalho, assim como a relação jurídica de emprego, é baseada na realidade dos fatos, não na forma.

(17) NUCCI, Guilherme de Souza. *Código Penal comentado*. 9. ed. São Paulo: Revista dos Tribunais, 2008. p. 690.

(18) *Tratado de direito penal, 2*: parte especial: dos crimes contra a pessoa. 9. ed. São Paulo: Saraiva, 2009. p. 400.

(19) GRECO, Rogério. *Curso de direito penal*: parte especial. 5. ed. Niterói: Impetus, 2008. v. 2, p. 545.

(20) A esse respeito, Ela Wiecko de Castilho, tratando genericamente das formas de prestação de serviços que possam caracterizar o trabalho em condições análogas à de escravo, e depois de descrever algumas práticas específicas, afirma que deve ser considerada "toda outra situação, qualquer que seja seu nome e independentemente da aparência que possa apresentar, que equivalha, ou se assemelhe, à escravidão ou à servidão, isto é, que negue ou menospreze a dignidade e a

4. Dignidade da pessoa humana

Falta, agora, somente entender o que é a dignidade da pessoa humana, ou, mais, o que é a dignidade da pessoa humana na perspectiva das ideias lançadas por Immanuel Kant, pois são elas que informam a concepção contemporânea de dignidade[(21)].

Comecemos, porque será necessário para embasar nossa ideia a respeito, trazendo algumas reflexões a respeito da dignidade da pessoa humana.

Devemos iniciar este item trazendo o pensamento de Fábio Konder Comparato, para quem o valor do direito decorre daquele que o criou, o homem. Para o autor, então, o fundamento dos Direitos do Homem não pode ser outro que não o próprio homem, "considerado em sua dignidade substancial de pessoa"[(22)].

Nesse sentido, é o fato de ser o homem dotado de dignidade, ou como diz Comparato, "um ser cujo valor ético é superior a todos os demais no mundo"[(23)], que impõe para si um mínimo de direitos. Natural, então, que a dignidade seja considerada o fundamento base.

Mas em que consiste a dignidade? Como a maioria dos autores hão de concordar, não é simples reduzir em palavras o significado da dignidade da pessoa humana. Como tantos outros conceitos, parece ser mais fácil identificar o que atenta contra a dignidade do que identificá-la em si mesma.

Optamos aqui, todavia, fugindo da tentação de usar desse expediente, ou seja, de definir de forma inversa, por apresentar definição que, em nosso entender, exprime de forma completa a ideia de dignidade da pessoa humana. É a apresentada por Ingo Wolfgang Sarlet, para quem dignidade é "a qualidade intrínseca e distintiva de cada ser humano que o faz merecedor do mesmo respeito e consideração por parte do Estado e da comunidade, implicando, neste sentido, um complexo de direitos e deveres fundamentais que assegurem a pessoa tanto contra todo e qualquer ato de cunho degradante e desumano, como venham a lhe garantir as

---

liberdade essencial da pessoa individual", enfatizando a violação aos princípios fundamentais que aludimos acima (Em busca de uma definição jurídico-penal de trabalho escravo, na coletânea *Trabalho escravo no Brasil contemporâneo*. São Paulo: Loyola; Comissão Pastoral da Terra, Goiânia, 1999. p. 84). Encerrando esta nota e o item, repetimos o que dissemos anteriormente, e antecipando a conclusão, agora de forma mais clara, ainda: é a dignidade da pessoa humana que é violada, principalmente, quando da redução do trabalhador à condição análoga à de escravo. Tanto no trabalho forçado, como no trabalho em condições degradantes, o que se faz é negar ao homem direitos básicos que o distinguem dos demais seres vivos; o que se faz é coisificá-lo; dar-lhe preço, e o menor possível.

(21) Independentemente das ideias de Kant já terem sido objeto de revisão por alguns autores, é certo dizer que são elas, às vezes com novas leituras, que informam o que se entende por dignidade, fixando, ainda, o seu fundamento (da dignidade).

(22) Fundamento dos direitos humanos. In: MARCÍLIO, Maria Luiza e outro (coord.). *Cultura dos direitos humanos*. São Paulo: LTr, 1998. p. 60.

(23) *Ibidem*, p. 74.

condições existenciais mínimas para uma vida saudável, além de propiciar e promover sua participação ativa e corresponsável nos destinos da própria existência e da vida em comunhão com os demais seres humanos"[(24)].

Essa definição traz os elementos indispensáveis para que possamos considerar o que é a dignidade. Devemos discutir, todavia, uma questão que é anterior: por que deve ser ela considerada, usando novamente as palavras de Comparato, a razão justificadora[(25)] dos Direitos Humanos? Deve ser, como se depreende do uso que fizemos das lições de Comparato, porque ela é o traço distintivo entre o homem e os demais seres vivos.

E aí diversas explicações existem. Optamos entretanto por trabalhar, como já dito, com Kant. A respeito de período anterior e de outras ideias sugerimos a leitura de um dos autores que utilizaremos daqui por diante: Eduardo Ramalho Rabenhorst[(26)].

Para Kant, como explica Rabenhorst, no reino das finalidades humanas tudo ou tem preço ou dignidade. No primeiro caso, o que tem preço pode ser comparado ou trocado; já no caso da dignidade, ela funciona como atributo do que não pode sê-lo, ou seja, o que tem dignidade não é passível de substituição ou comparação. Como o homem, ser racional e dotado de autonomia, é o único capaz de fazer suas escolhas, ele é considerado como o único, também, que é portador de dignidade. Não pode o homem, então, em nenhuma circunstância ser considerado senão como um fim em si mesmo. Continua Rabenhorst afirmando que, "Na perspectiva Kantiana, a dignidade humana se funda, portanto, no lugar que o homem ocupa na escala dos seres"[(27)].

Kant, a propósito, fazendo uma divisão em reino ideal que denomina "reino dos fins", afirma:

> No reino dos fins tudo tem ou um **preço** ou uma **dignidade**. Quando uma coisa tem preço, pode-se pôr em vez dela qualquer outra coisa como *equivalente*; mas quando uma coisa está acima de todo o preço, e portanto não permite equivalente, então ela tem dignidade. (os destaques, em negrito ou itálico, são do original)[(28)]

A dignidade, dessa feita, deve ser considerada como atributo do homem, algo que dele faz parte e, portanto, o faz merecedor de um mínimo de direitos.

---

(24) *Dignidade da pessoa humana e direitos fundamentais na Constituição Federal de 1988*. 2. ed. rev. e ampl. Porto Alegre: Livraria do Advogado, 2002. p. 62.

(25) Fundamento dos direitos humanos. In: MARCÍLIO, Maria Luiza e outro (coord.). *Cultura dos direitos humanos*. São Paulo: LTr, 1998. p. 55.

(26) *Dignidade humana e moralidade democrática*. Brasília: Brasília Jurídica, 2001.

(27) *Ibidem*, p. 34.

(28) KANT, Immanuel. *Fundamentação da metafísica dos costumes*. Traduzida do alemão por Paulo Quintela. Lisboa: Edições 70, p. 77.

Note-se que, como afirma Sarlet, nessa perspectiva a dignidade, "como qualidade intrínseca da pessoa humana, é irrenunciável e inalienável, constituindo elemento que qualifica o ser humano como tal e dele não pode ser destacado"(29).

Ao indicarmos a razão, a autonomia que tem o homem de fazer as suas escolhas, todavia, aparentemente entramos em uma armadilha, pois, como nem todos os homens são dotados de razão e consciência, aparentemente seria possível dizer que a dignidade não é atributo de todos os homens, ou, por outro lado, que este não é o fundamento que garantiria de forma universal a dignidade.

Não, porque a razão, aqui, deve ser entendida de forma potencial, com uma dupla face. Como lembra Sarlet, a autonomia é considerada em abstrato, "como sendo a capacidade potencial que cada ser humano tem de autodeterminar sua conduta, não dependendo da sua efetiva realização no caso da pessoa em concreto, de tal sorte que também o absolutamente incapaz (por exemplo, o portador de grave deficiência mental) possui exatamente a mesma dignidade que qualquer outro ser humano física e mentalmente capaz"(30).

Respondendo à mesma questão, da razão como propriedade natural que assegure idêntico valor a todos os seres humanos, e enfrentando da mesma forma a questão de nem todos os homens serem dotados de razão, Rabenhorst afirma que a "solução consistiria talvez em dizer que, nesses casos, a racionalidade permaneceria em estágio potencial"(31).

Acreditamos que, mais do que talvez, a explicação é de fácil absorção, pois o que se está a considerar, no caso, é o padrão comum do homem, que o distingue dos demais seres. Nada mais natural que esse padrão gere consequências para todos, até por conta do componente igualdade, presente na dignidade.

Esse reconhecimento da dignidade, em abstrato, finda por conduzir ao entendimento de que ela tem uma dupla face; de um lado o poder de fazer escolhas, de exercitar a autonomia; de outro, o direito de ter respeito mínimo por parte do Estado e toda a comunidade(32).

A dignidade, a propósito, tem sido reconhecida, pelos principais textos, nacionais e internacionais, como a base da vida em sociedade e dos Direitos Humanos.

Por exemplo, o art. 1º da Declaração Universal dos Direitos Humanos enuncia:

> Todos os homens nascem livres e iguais em dignidade e direitos. São dotados de razão e consciência e devem agir em relação uns aos outros com espírito de fraternidade.

---

(29) *Dignidade da pessoa humana e direitos fundamentais na Constituição Federal de 1988*. 2. ed. rev. e ampl. Porto Alegre: Livraria do Advogado, 2002. p. 41.

(30) *Ibidem*, p. 45.

(31) *Dignidade humana e moralidade democrática*. Brasília: Brasília Jurídica, 2001. p. 44.

(32) Ver aqui, novamente, Sarlet (*Dignidade da pessoa humana e direitos fundamentais na Constituição Federal de 1988*. 2. ed. rev. e ampl. Porto Alegre: Livraria do Advogado, 2002. p. 50).

Este enunciado, ressalte-se, indica que a Declaração, ao menos nesse ponto, queda-se à ideia da razão como justificadora da dignidade e de direitos mínimos. Mais, revela que a dignidade deve produzir efeitos no plano material, como vetor que impõe obrigações ao Estado e a toda a sociedade.

É que não se pode falar em dignidade da pessoa humana se isso não se materializa em suas próprias condições de vida. Como falar em dignidade sem direito à saúde, ao trabalho, enfim, sem o direito de participar da vida em sociedade com um mínimo de condições?

Dar trabalho, e em condições decentes, então, é forma de proporcionar ao ser humano os direitos que decorrem desse atributo que lhe é próprio: a dignidade.

Conclusão

Feitas essas breves considerações, é possível concluir que o que a alteração do art. 149 do Código Penal Brasileiro produziu foi uma ampliação da proteção objetivada. Deixou de levar em consideração para a caracterização do tipo penal somente a violação à liberdade, para se centrar em algo mais amplo, para se centrar principalmente na violação à dignidade da pessoa humana.

Assim, o trabalho em condições análogas à de escravo estará presente sempre que presente qualquer circunstância em que se verifique o trabalho humano em que haja a negação ao principal atributo do ser humano, a sua dignidade, e em situação de sujeição extremada do prestador ao tomador dos serviços.

A mudança, salutar, é compatível com a tendência contemporânea de buscar proteção cada vez mais eficiente para os Direitos Humanos, e é no contexto desse conjunto mínimo de direitos do ser humano que deve ser compreendida.

Não aceitar essa mudança, como ainda ocorre, é querer negar que o homem tem sua dignidade ferida no mais alto grau não só quando sua liberdade é cerceada de forma direta, como no trabalho forçado, ou na proibição de deixar o trabalho em razão de dívida contraída, mas também quando sua condição de ser humano é esquecida, como nessas hipóteses, mas também nas hipóteses do trabalho em condições degradantes ou de jornada exaustiva.

Ora, não há justificativa suficiente para não aceitar que todas essas hipóteses de exigir o trabalho são intoleráveis se impostas a qualquer ser humano. É preciso aceitar que o "paradigma" para a aferição mudou, passando a ser o trabalho decente, não obstante a violação à liberdade, sob a ótica da sujeição extremada, ainda esteja presente na caracterização do ilícito.

Trabalho Escravo e Degradante como Forma de Violação aos Direitos Humanos

Flávia Piovesan(*)

1. Introdução

Estima-se que 12.3 milhões de pessoas sejam vítimas de trabalho escravo na ordem contemporânea, sendo que, deste universo, mais de 2.4 milhões são vítimas de tráfico; 9.8 milhões são exploradas por agentes privados; 2.5 milhões são forçadas a trabalhar pelo Estado ou por grupos rebeldes militares(1).

A distribuição regional do trabalho forçado aponta que o hemisfério Sul, no qual se concentram os países em desenvolvimento, apresenta o mais alto índice de trabalho forçado, destacando-se a Ásia e o Pacífico, com 9.490.000 pessoas submetidas a trabalho forçado, seguida da América Latina e Caribe, com 1.320.000 de pessoas e da África Sub-Sahariana, com 660.000 pessoas. Já os países industrializados (Europa Ocidental e EUA) revelam 360.000 pessoas vítimas de trabalho escravo(2).

(*) Professora Doutora em Direito Constitucional e Direitos Humanos da Pontifícia Universidade Católica de São Paulo. Professora de Direitos Humanos dos Programas de Pós-Graduação da Pontifícia Universidade Católica de São Paulo e da Pontifícia Universidade Católica do Paraná. *Visiting fellow* do Human Rights Program da Harvard Law School (1995 e 2000). *Visiting fellow* do Centre for Brazilian Studies da University of Oxford (2005). Procuradora do Estado de São Paulo. Membro do Conselho Nacional de Defesa dos Direitos da Pessoa Humana. Membro da SUR — Human Rights University Network.

(1) Disponível em: <http://www.ilo.org/public/portugue/region/ampro/brasilia/trabalho_forcado/oit/relatorio/indicadores.pdf>.

(2) Disponível em: <http://www.ilo.org/public/portugue/region/ampro/brasilia/trabalho_forcado/oit/relatorio/indicadores.pdf>. Segundo a Comissão Pastoral da Terra, estima-se que há 25.000 pessoas vítimas de trabalho escravo no Brasil (Anais da Oficina Trabalho Escravo: *Uma Chaga aberta*, Fórum Social Mundial, Brasília: OIT, 2003. p. 33).

A exploração econômica forçada tem um impacto desproporcional no tocante às mulheres e meninas, alvo preferencial nos 56% dos casos, enquanto que os homens e meninos são vítimas em 44% dos casos. Quanto à exploração sexual comercial forçada, 98% dos casos têm como vítimas mulheres e meninas, sendo que homens e meninos são vítimas de 2% dos casos[(3)].

Ainda que a agenda dos direitos humanos expresse o desenvolvimento histórico destes direitos, com pautas contemporâneas como os desafios da biotecnologia ou acesso à tecnologia, o trabalho escravo ainda persiste como pauta central desta agenda.

Objetiva este artigo enfocar o trabalho escravo e degradante como forma de violação dos direitos humanos.

Opta-se, preliminarmente, por examinar a concepção contemporânea de direitos humanos, para, então, analisar a temática do trabalho escravo sob a perspectiva dos direitos humanos, com ênfase em seus desafios e perspectivas.

2. Concepção contemporânea de direitos humanos

Enquanto reivindicações morais, os direitos humanos nascem quando devem e podem nascer. Como realça Norberto Bobbio, os direitos humanos não nascem todos de uma vez e nem de uma vez por todas[(4)]. Para Hannah Arendt, os direitos humanos não são um dado, mas um construído, uma invenção humana, em constante processo de construção e reconstrução[(5)]. Refletem um construído axiológico, a partir de um espaço simbólico de luta e ação social. No dizer de Joaquin Herrera Flores[(6)], os direitos humanos compõem uma racionalidade de resistência, na medida

---

(3) Disponível em <http://www.ilo.org/public/portugue/region/ampro/brasilia/trabalho_forcado/oit/relatorio/indicadores.pdf>.

(4) BOBBIO, Norberto. *Era dos direitos*. Trad. Carlos Nelson Coutinho. Rio de Janeiro: Campus, 1988.

(5) ARENDT, Hannah. *As origens do totalitarismo*. Trad. Roberto Raposo. Rio de Janeiro: Civilização Brasileira, 1979. A respeito, ver também LAFER, Celso. *A reconstrução dos direitos humanos:* um diálogo com o pensamento de Hannah Arendt. São Paulo: Cia. das Letras, 1988. p. 134. No mesmo sentido, afirma Ignacy Sachs: "Não se insistirá nunca o bastante sobre o fato de que a ascensão dos direitos é fruto de lutas, que os direitos são conquistados, às vezes, com barricadas, em um processo histórico cheio de vicissitudes, por meio do qual as necessidades e as aspirações se articulam em reivindicações e em estandartes de luta antes de serem reconhecidos como direitos". (SACHS, Ignacy. Desenvolvimento, direitos humanos e cidadania. In: *Direitos humanos no século XXI*, 1998. p. 156). Para Allan Rosas: "O conceito de direitos humanos é sempre progressivo. (...) O debate a respeito do que são os direitos humanos e como devem ser definidos é parte e parcela de nossa história, de nosso passado e de nosso presente." (ROSAS, Allan. So-called rights of the third generation. In: EIDE, Catarina Krause Asbjorn; ROSAS, Allan. *Economic, social and cultural rights*. Boston Martinus Nijhoff; Londres: Dordrecht, 1995. p. 243).

(6) FLORES, Joaquín Herrera. *Direitos humanos, interculturalidade e racionalidade de resistência*, mimeo, p. 7.

em que traduzem processos que abrem e consolidam espaços de luta pela dignidade humana. Invocam, neste sentido, uma plataforma emancipatória voltada à proteção da dignidade humana. Para Carlos Santiago Niño, os direitos humanos são uma construção consciente vocacionada a assegurar a dignidade humana e a evitar sofrimentos, em face da persistente brutalidade humana(7).

Considerando a historicidade dos direitos, destaca-se a chamada concepção contemporânea de direitos humanos, que veio a ser introduzida pela Declaração Universal de 1948 e reiterada pela Declaração de Direitos Humanos de Viena de 1993.

Esta concepção é fruto do movimento de internacionalização dos direitos humanos, que constitui um movimento extremamente recente na história, surgindo, a partir do pós-guerra, como resposta às atrocidades e aos horrores cometidos durante o nazismo. Apresentando o Estado como o grande violador de direitos humanos, a era Hitler foi marcada pela lógica da destruição e da descartabilidade da pessoa humana, que resultou no envio de 18 milhões de pessoas a campos de concentração, com a morte de 11 milhões, sendo 6 milhões de judeus, além de comunistas, homossexuais e ciganos. O legado do nazismo foi condicionar a titularidade de direitos, ou seja, a condição de sujeito de direito, à pertença à determinada raça — a raça pura ariana. Para Ignacy Sachs, o século XX foi marcado por duas guerras mundiais e pelo horror absoluto do genocídio concebido como projeto político e industrial(8).

É neste cenário que se vislumbra o esforço de reconstrução dos direitos humanos, como paradigma e referencial ético a orientar a ordem internacional contemporânea. Com efeito, no momento em que os seres humanos se tornam supérfluos e descartáveis, no momento em que vige a lógica da destruição, em que cruelmente se abole o valor da pessoa humana, torna-se necessária a reconstrução dos direitos humanos, como paradigma ético capaz de restaurar a lógica do razoável. A barbárie do totalitarismo significou a ruptura do paradigma dos direitos humanos, mediante a negação do valor da pessoa humana como valor fonte do Direito. Se a Segunda Guerra significou a ruptura com os direitos humanos, o Pós-Guerra deveria significar a sua reconstrução. Nas palavras de Thomas Buergenthal:

> O moderno Direito Internacional dos Direitos Humanos é um fenômeno do pós-guerra. Seu desenvolvimento pode ser atribuído às monstruosas violações de direitos humanos da era Hitler e à crença de que parte destas violações poderia ser prevenida se um efetivo sistema de proteção internacional de direitos humanos existisse.(9)

---

(7) NIÑO, Carlos Santiago. *The ethics of human rights*. Oxford: Clarendon, 1991.

(8) SACHS, Ignacy. O desenvolvimento enquanto apropriação dos direitos humanos. In: *Estudos Avançados* 12 (33), p. 149, 1998.

(9) BUERGENTHAL, Thomas. *International human rights*, cit., p. 17. Para Henkin: "Por mais de meio século, o sistema internacional tem demonstrado comprometimento com valores que transcendem os valores puramente 'estatais', notadamente os direitos humanos, e tem desenvolvido um impressionante sistema normativo de proteção desses direitos". (*International law*, cit., p. 2).

Sob esta perspectiva manifesta-se um aguda crítica e repúdio à concepção positivista de um ordenamento jurídico indiferente a valores éticos, confinado à ótica meramente formal — tendo em vista que o nazismo e o fascismo ascenderam ao poder dentro do quadro da legalidade e promoveram a barbárie em nome da lei. Há um reencontro com o pensamento kantiano, com as ideias de moralidade, dignidade, Direito cosmopolita e paz perpétua. Para Kant as pessoas e, em geral qualquer espécie racional, devem existir como um fim em si mesmo e jamais como um meio, a ser arbitrariamente usado para este ou aquele propósito. Os objetos têm, por sua vez, um valor condicional, enquanto irracionais, por isso, são chamados "coisas", substituíveis que são por outras equivalentes. Os seres racionais, ao revés, são chamados "pessoas", porque constituem um fim em si mesmo, têm um valor intrínseco absoluto, são insubstituíveis e únicos, não devendo ser tomados meramente como meios[10]. As pessoas são dotadas de dignidade, na medida em que têm um valor intrínseco. Deste modo, ressalta Kant, trate a humanidade, na pessoa de cada ser, sempre como um fim mesmo, nunca como um meio. Adiciona Kant que a autonomia[11] é a base da dignidade humana e de qualquer criatura racional. Lembra que a ideia de liberdade é intimamente conectada com a concepção de autonomia, por meio de um princípio universal da moralidade, que, idealmente, é o fundamento de todas as ações de seres racionais[12]. Para Kant, o imperativo categórico universal dispõe: "Aja apenas de forma a que a sua máxima possa converter-se ao mesmo tempo em uma lei universal"[13].

Ainda sobre o processo de internacionalização dos direitos humanos, observa Celso Lafer: "Configurou-se como a primeira resposta jurídica da comunidade internacional ao fato de que o direito *ex parte populi* de todo ser humano à hospitabilidade universal só começaria a viabilizar-se se o 'direito a ter direitos', para falar com Hannah Arendt, tivesse uma tutela internacional, homologadora do ponto de vista da humanidade. Foi assim que começou efetivamente a ser delimitada a "razão de estado" e corroída a competência reservada da soberania dos governantes, em matéria de direitos humanos, encetando-se a sua vinculação aos temas da democracia e da paz". (Prefácio. In: *Os direitos humanos como tema global,* cit., p. XXVI).

(10) A teoria moral kantiana exerceu enorme influência nos fundamentos de diversas teorias sobre direitos. A respeito, consultar WALDRON, Jeremy (ed.). *Theories of rights*. Oxford: Oxford University, 1984.

(11) Significativas teorias sobre direitos humanos tendem a enfatizar a importância e o valor da autonomia pessoal. Para J. Raz: "Uma pessoa autônoma é aquela que é autora de sua própria vida. Sua vida é o que ela faz dela. (...) Uma pessoa é autônoma somente se tem uma variedade de escolhas aceitáveis disponíveis para serem feitas e sua vida se torna o resultado das escolhas derivadas destas opções. Uma pessoa que nunca teve uma escolha efetiva, ou, tampouco, teve consciência dela, ou, ainda, nunca exerceu o direito de escolha de forma verdadeira, mas simplesmente se moveu perante a vida não é uma pessoa autônoma". (RAZ, J. Right-based moralities. In: WALDRON, Jeremy (ed.). *Theories of rights*. Oxford: Oxford University, 1984. p. 191). J. Raz, em crítica ao enfoque moral individualista da autonomia pessoal, acentua que: "A existência de diversas escolhas consiste, em parte, na existência de certas condições sociais. (...) O ideal da autonomia pessoal é incompatível com o individualismo moral." (RAZ, J. *Op. cit.*, p. 192-193).

(12) A respeito, ver KANT, Immanuel. Fundamental principles of the metaphysicas of morals. In: WOOD, Allen W. (ed.). *Basic writings of Kant*. New York: The Modern Library, 2001. p.185-186; p. 192-193.

(13) Ver KANT, Immanuel. Fundamental principles of the metaphysicas of morals. In: WOOD, Allen W. (ed.). *Basic writings of Kant*. New York: The Modern Library, 2001. p. 178.

No esforço de reconstrução dos direitos humanos do Pós-Guerra, há, de um lado, a emergência do Direito Internacional dos Direitos Humanos, e, por outro, a emergência da nova feição do Direito Constitucional ocidental, aberto a princípios e a valores, com ênfase ao valor da dignidade humana.

Vale dizer, no âmbito do Direito Internacional, começa a ser delineado o sistema normativo internacional de proteção dos direitos humanos. É como se se projetasse a vertente de um constitucionalismo global, vocacionado a proteger direitos fundamentais e a limitar o poder do Estado, mediante a criação de um aparato internacional de proteção de direitos.

Por sua vez, no âmbito do Direito Constitucional ocidental, testemunha-se a elaboração de textos constitucionais abertos a princípios, dotados de elevada carga axiológica, com destaque ao valor da dignidade humana. A respeito, destacam-se as lições de Canotilho: "Se ontem a conquista territorial, a colonização e o interesse nacional surgiam como categorias referenciais, hoje os fins dos Estados podem e devem ser os da construção de "Estados de Direito Democráticos, Sociais e Ambientais", no plano interno e Estados abertos e internacionalmente amigos e cooperantes no plano externo. Estes parâmetros fortalecem as imbricações do Direito Constitucional com o Direito Internacional. (...) Os direitos humanos articulados com o relevante papel das organizações internacionais fornecem um enquadramento razoável para o constitucionalismo global. O constitucionalismo global compreende não apenas o clássico paradigma das relações horizontais entre Estados, mas o novo paradigma centrado nas relações Estado/povo, na emergência de um Direito Internacional dos Direitos Humanos e na tendencial elevação da dignidade humana a pressuposto ineliminável de todos os constitucionalismos. Por isso, o Poder Constituinte dos Estados e, consequentemente, das respectivas Constituições nacionais, está hoje cada vez mais vinculado a princípios e regras de Direito Internacional. É como se o Direito Internacional fosse transformado em parâmetro de validade das próprias Constituições nacionais (cujas normas passam a ser consideradas nulas se violadoras das normas do *jus cogens* internacional). O Poder Constituinte soberano criador de Constituições está hoje longe de ser um sistema autônomo que gravita em torno da soberania do Estado. A abertura ao Direito Internacional exige a observância de princípios materiais de política e direito internacional tendencialmente informador do Direito interno"(14).

Daí a primazia do valor da dignidade humana, como paradigma e referencial ético, verdadeiro superprincípio a orientar o constitucionalismo contemporâneo, nas esferas local, regional e global, dotando-lhes especial racionalidade, unidade e

---

(14) CANOTILHO, José Joaquim Gomes. *Direito constitucional e teoria da Constituição*. Coimbra: Almedina, 1998. p. 1.217.

sentido. No dizer de Cançado Trindade: "Não se pode visualizar a humanidade como sujeito de Direito a partir da ótica do Estado; impõe-se reconhecer os limites do Estado a partir da ótica da humanidade"[15].

Prenuncia-se, deste modo, o fim da era em que a forma pela qual o Estado tratava seus nacionais era concebida como um problema de jurisdição doméstica, decorrência de sua soberania. Para Andrew Hurrell:

> O aumento significativo das ambições normativas da sociedade internacional é particularmente visível no campo dos direitos humanos e da democracia, com base na ideia de que as relações entre governantes e governados, Estados e cidadãos, passam a ser suscetíveis de legítima preocupação da comunidade internacional; de que os maus-tratos a cidadãos e a inexistência de regimes democráticos devem demandar ação internacional; e que a legitimidade internacional de um Estado passa crescentemente a depender do modo pelo qual as sociedades domésticas são politicamente ordenadas.[16]

Neste cenário, a Declaração de 1948 vem inovar a gramática dos direitos humanos, ao introduzir a chamada concepção contemporânea de direitos humanos, marcada pela universalidade e indivisibilidade destes direitos. Universalidade porque clama pela extensão universal dos direitos humanos, sob a crença de que a condição de pessoa é o requisito único para a titularidade de direitos, considerando o ser humano como um ser essencialmente moral, dotado de unicidade existencial e dignidade, esta como valor intrínseco à condição humana. Indivisibilidade porque a garantia dos direitos civis e políticos é condição para a observância dos direitos sociais, econômicos e culturais e vice-versa. Quando um deles é violado, os demais também o são. Os direitos humanos compõem, assim, uma unidade indivisível, interdependente e inter-relacionada, capaz de conjugar o catálogo de direitos civis e políticos com o catálogo de direitos sociais, econômicos e culturais.

A partir da Declaração de 1948, começa a se desenvolver o Direito Internacional dos Direitos Humanos, mediante a adoção de inúmeros instrumentos internacionais de proteção. A Declaração de 1948 confere lastro axiológico e unidade valorativa a este campo do Direito, com ênfase na universalidade, indivisibilidade e interdependência dos direitos humanos.

O processo de universalização dos direitos humanos permitiu a formação de um sistema internacional de proteção destes direitos. Este sistema é integrado por

---

(15) TRINDADE, Antônio Augusto Cançado; ROBLES, Manuel E. Ventura. *El futuro de la Corte Interamericana de Derechos Humanos*. 2. ed. atual. e ampl. San José: Corte Interamericana de Direitos Humanos e ACNUR, 2004. p. 206.

(16) HURRELL, Andrew. Power, principles and prudence: protecting human rights in a deeply divided world. In: DUNNE, Tim; WHEELER, Nicholas J. *Human rights in global politics*. Cambridge: Cambridge University, 1999. p. 277.

tratados internacionais de proteção que refletem, sobretudo, a consciência ética contemporânea compartilhada pelos Estados, na medida em que invocam o consenso internacional acerca de temas centrais aos direitos humanos, na busca da salvaguarda de parâmetros protetivos mínimos — do "mínimo ético irredutível". Neste sentido, cabe destacar que, até novembro de 2004, o Pacto Internacional dos Direitos Civis e Políticos contava com 154 Estados-partes; o Pacto Internacional dos Direitos Econômicos, Sociais e Culturais contava com 151 Estados-partes; a Convenção contra a Tortura contava com 139 Estados-partes; a Convenção sobre a Eliminação da Discriminação Racial contava com 170 Estados-partes; a Convenção sobre a Eliminação da Discriminação contra a Mulher contava com 179 Estados-partes e a Convenção sobre os Direitos da Criança apresentava a mais ampla adesão, com 192 Estados-partes[17].

Ao lado do sistema normativo global, surgem os sistemas regionais de proteção, que buscam internacionalizar os direitos humanos nos planos regionais, particularmente na Europa, América e África. Consolida-se, assim, a convivência do sistema global da ONU com instrumentos do sistema regional, por sua vez, integrado pelos sistemas interamericano, europeu e africano de proteção aos direitos humanos.

Os sistemas global e regional não são dicotômicos, mas complementares. Inspirados pelos valores e princípios da Declaração Universal, compõem o universo instrumental de proteção dos direitos humanos, no plano internacional. Nesta ótica, os diversos sistemas de proteção de direitos humanos interagem em benefício dos indivíduos protegidos. Ao adotar o valor da primazia da pessoa humana, estes sistemas se complementam, somando-se ao sistema nacional de proteção, a fim de proporcionar a maior efetividade possível na tutela e promoção de direitos fundamentais. Esta é inclusive a lógica e principiologia próprias do Direito dos Direitos Humanos.

Ressalte-se que a Declaração de Direitos Humanos de Viena, de 1993, reitera a concepção da Declaração de 1948, quando, em seu § 5º, afirma:

> Todos os direitos humanos são universais, interdependentes e inter-relacionados. A comunidade internacional deve tratar os direitos humanos globalmente de forma justa e equitativa, em pé de igualdade e com a mesma ênfase.

A Declaração de Viena afirma ainda a interdependência entre os valores dos Direitos Humanos, Democracia e Desenvolvimento.

Não há direitos humanos sem democracia e nem tampouco democracia sem direitos humanos. Vale dizer, o regime mais compatível com a proteção dos direitos

---

(17) Alto Comissariado de Direitos Humanos das Nações Unidas. *Status of Ratifications of the Principal International Human Rights Treaties*. Disponível em: <http://www.unhchr.ch/pdf/report.pdf> Acesso em: 26.1.2005.

humanos é o regime democrático. Atualmente, 140 Estados, dos quase 200 Estados que integram a ordem internacional, realizam eleições periódicas. Contudo, apenas 82 Estados (o que representa 57% da população mundial) são considerados plenamente democráticos. Em 1985, este percentual era de 38%, compreendendo 44 Estados[(18)]. Note-se que o pleno exercício dos direitos políticos é capaz de implicar o "empoderamento" das populações mais vulneráveis, o aumento de sua capacidade de pressão, articulação e mobilização políticas. Para Amartya Sen, os direitos políticos (incluindo a liberdade de expressão e de discussão) são não apenas fundamentais para demandar respostas políticas às necessidades econômicas, mas são centrais para a própria formulação destas necessidades econômicas[(19)].

Já o direito ao desenvolvimento demanda uma globalização ética e solidária. No entender de Mohammed Bedjaqui:

> Na realidade, a dimensão internacional do direito ao desenvolvimento é nada mais que o direito a uma repartição equitativa concernente ao bem-estar social e econômico mundial. Reflete uma demanda crucial de nosso tempo, na medida em que os quatro quintos da população mundial não mais aceitam o fato de um quinto da população mundial continuar a construir sua riqueza com base em sua pobreza.[(20)]

As assimetrias globais revelam que a renda de 1% dos mais ricos supera a renda dos 57% mais pobres na esfera mundial[(21)]. Para a Organização Mundial de Saúde:

> A pobreza é a maior *causa mortis* do mundo. A pobreza dissemina sua influência destrutiva desde os primeiros estágios da vida humana, do momento da concepção ao momento da morte.[(22)]

---

(18) Consultar UNDP. *Human development report 2002:* deepening democracy in a fragmented world. Oxford: Oxford University, 2002.

(19) SEN, Amartya. Prefácio. In: FARMER, Paul. *Pathologies of power.* Berkeley: University of California, 2003.

(20) BEDJAQUI, Mohammed. The right to development. In: BEDJAOUI, M. (ed.). *International law:* achievements and prospects. 1991, p. 1.182. Para Joseph E. Stiglitz: "Desenvolvimento significa transformação social, com a melhoria das condições de vida das populações mais pobres, assegurando a todos uma oportunidade de sucesso e acesso à saúde e à educação". (*Globalization and its discontents*. New York: WW Norton, 2003. p. 252).

(21) A respeito, consultar *Human Development Report 2002*, UNDP. Oxford: Oxford University, 2002. p. 19.

(22) A respeito ver FARMER, Paul. *Pathologies of power*. Berkeley: University of California, 2003. p. 50. De acordo com dados do relatório Sinais Vitais, do Worldwatch Institute (2003), a desigualdade de renda se reflete nos indicadores de saúde: a mortalidade infantil nos países pobres é 13 vezes maior que nos países ricos; a mortalidade materna é 150 vezes maior nos países de menor desenvolvimento com relação aos países industrializados. A falta de água limpa e saneamento básico mata 1,7 milhão de pessoas por ano (90% crianças), ao passo que 1,6 milhão de pessoas morrem de doenças decorrentes da utilização de combustíveis fósseis para aquecimento e preparo de alimentos. O relatório ainda atenta para o fato de que quase a totalidade dos conflitos armados se concentra no mundo em desenvolvimento, que produziu 86% de refugiados na última década.

O desenvolvimento, por sua vez, há de ser concebido como um processo de expansão das liberdades reais que as pessoas podem usufruir, para adotar a concepção de Amartya Sen[(23)]. Acrescente-se ainda que a Declaração de Viena de 1993 consagra ser o direito ao desenvolvimento um direito universal e inalienável, parte integral dos direitos humanos fundamentais. Reitere-se que a Declaração de Viena reconhece a relação de interdependência entre a democracia, o desenvolvimento e os direitos humanos.

Feitas essas considerações a respeito da concepção contemporânea de direitos humanos, transita-se à reflexão a respeito do trabalho escravo e degradante como forma de violação dos direitos humanos.

3. Trabalho escravo e degradante como forma de violação dos direitos humanos

Os instrumentos internacionais de proteção dos direitos humanos são enfáticos em afirmar o trabalho escravo e degradante como grave forma de violação de direitos humanos, sendo, ao mesmo tempo, resultado de um padrão de violação de direitos e causa de violação de outros direitos.

A Declaração Universal de Direitos Humanos de 1948, em seu art. IV, estabelece que "ninguém será mantido em escravidão ou servidão; a escravidão e o tráfico de escravos serão proibidos em todas as suas formas".

Já o Pacto Internacional de Direitos Civis e Políticos, em seu art. 8º, reitera que ninguém poderá ser submetido à escravidão, adicionando que a escravidão e o tráfico de escravos, em todas as suas formas, ficam proibidos. Ressalta, ainda, que ninguém poderá ser obrigado a executar trabalhos forçados ou obrigatórios.

A proibição do trabalho escravo integra o núcleo inderrogável de direitos do aludido Pacto, nos termos de seu art. 4º. Isto é, tal dispositivo estabelece a possibilidade de adoção pelos Estados de medidas excepcionais restritivas de direitos, quando "situações excepcionais ameacem a existência da nação e sejam proclamadas

---

(23) Ao conceber o desenvolvimento como liberdade, sustenta Amartya Sen: "Neste sentido, a expansão das liberdades é vista concomitantemente como: 1) uma finalidade em si mesma; e 2) o principal significado do desenvolvimento. Tais finalidades podem ser chamadas, respectivamente, como a função constitutiva e a função instrumental da liberdade em relação ao desenvolvimento. A função constitutiva da liberdade relaciona-se com a importância da liberdade substantiva para o engrandecimento da vida humana. As liberdades substantivas incluem as capacidades elementares, como a de evitar privações como a fome, a subnutrição, a mortalidade evitável, a mortalidade prematura, bem como as liberdades associadas com a educação, a participação política, a proibição da censura... Nesta perspectiva constitutiva, o desenvolvimento envolve a expansão destas e de outras liberdades fundamentais. Desenvolvimento, nesta visão, é o processo de expansão das liberdades humanas." (SEN, Amarthya. *Op. cit.*, p. 35-36 e p. 297). Sobre o direito ao desenvolvimento, ver também VASAK, Karel. *For third generation of human rights: the rights fo solidarity.* International Institute of Human Rights, 1979.

oficialmente". Contudo, o mesmo dispositivo é claro ao alertar que não autoriza qualquer derrogação dos arts. 6º, 7º, 8º (§§ 1º e 2º), 11, 15, 16 e 18 do Pacto[(24)] — o art. 8º prevê exatamente a proibição de trabalho escravo. No mesmo sentido, a Convenção Americana e a Convenção Europeia de Direitos Humanos, ao permitirem a suspensão de garantias, vedam a derrogação da proibição da escravidão, ainda que em caso de guerra, perigo público ou outra situação emergencial, nos termos do art. 27, § 1º da Convenção Americana e do art. 15 da Convenção Europeia de Direitos Humanos.

A proibição do trabalho escravo é absoluta no Direito Internacional dos Direitos Humanos, não contemplando qualquer exceção. Vale dizer, em nenhum caso poderão invocar-se circunstâncias excepcionais, como ameaça ou estado de guerra, instabilidade política interna ou qualquer outra emergência pública, como justificativa para o trabalho escravo. Tal proibição integra o núcleo do *jus cogens*, que é o direito cogente e inderrogável no âmbito internacional, compondo verdadeira cláusula pétrea internacional. Tal como o direito a não ser submetido à tortura, o direito a não ser submetido à escravidão é um direito absoluto, insuscetível de qualquer relativização ou flexibilização, a não permitir qualquer juízo de ponderação.

Por sua vez, o Pacto Internacional dos Direitos Econômicos, Sociais e Culturais, em seu art. 6º, reconhece o direito de toda pessoa de ter a possibilidade de ganhar a vida mediante um trabalho livremente escolhido ou aceito, cabendo aos Estados-partes tomar todas as medidas apropriadas para salvaguardar esse direito. Frisa, ademais, que os Estados-partes reconhecem o direito de toda pessoa de gozar de condições de trabalho justas e favoráveis[(25)].

---

(24) Com efeito, o art. 4º, § 2º, do Pacto prescreve explicitamente que nenhuma derrogação dos seguintes artigos pode ser feita: art. 6º (direito à vida); art. 7º (proibição da tortura ou da punição cruel, desumana ou degradante, ou da experimentação médica ou científica sem consentimento); art. 8º, §§ 1º e 2º (proibição de ser submetido à escravidão, tráfico de escravos e servidão, bem como a trabalho escravo e forçado); art. 11 (proibição de prisão por não poder cumprir obrigação contratual); art. 15 (princípio da legalidade no campo da lei criminal, isto é, a exigência da responsabilidade criminal e da punição, limitadas a dispositivos claros e precisos na lei vigente no local e aplicável no tempo em que o ato ou a omissão ocorreu, exceto nos casos em que lei posterior imponha uma penalidade mais branda); art. 16 (reconhecimento de todos como pessoas perante a lei); e art. 18 (liberdade de pensamento, de consciência e de religião).

(25) A respeito, destacam-se três relevantes decisões do Tribunal Regional do Trabalho da 8ª Região, que estabeleceram a condenação por danos morais coletivos, em virtude de trabalho escravo:
TRT 8ª REGIÃO — ACÓRDÃO 00218-2002-114-08-00-1 (1ª T./RO 4453/2003) — "TRABALHO EM CONDIÇÕES SUBUMANAS. DANO MORAL COLETIVO PROVADO. INDENIZAÇÃO DEVIDA. Uma vez provadas as irregularidades constatadas pela Delegacia Regional do Trabalho e consubstanciadas em Autos de Infração aos quais é atribuída fé pública (art. 364 do CPC), como também pelo próprio depoimento da testemunha do recorrente, é devida indenização por dano moral coletivo, vez que a só notícia da existência de trabalho escravo ou em condições subumanas no Estado do Pará e no Brasil faz com que todos os cidadãos se envergonhem e sofram abalo moral, que deve ser reparado, com o principal objetivo de inibir condutas semelhantes. Recurso improvido".
TRT 8ª REGIÃO — ACÓRDÃO TRT/1ª T./RO 5309/2002 — "DANO MORAL COLETIVO — POSSIBILIDADE. Uma vez configurado que a ré violou direito transindividual de ordem coletiva, infringindo normas de ordem pública que regem a segurança, higiene e meio ambiente do trabalho do

Nos sistemas regionais de proteção dos direitos humanos a proibição do trabalho escravo é expressa em todas as Convenções, seja na Convenção Europeia, seja na Convenção Americana, seja ainda na Carta Africana dos Direitos Humanos e dos Povos.

Com efeito, nos termos do art. 4º da Convenção Europeia, ninguém pode ser mantido em escravidão ou servidão e nem tampouco pode ser constrangido a realizar um trabalho forçado ou obrigatório. Já o art. 6º da Convenção Americana, no mesmo sentido, determina que ninguém pode ser submetido à escravidão ou à servidão, e tanto estas como o tráfico de escravos e o tráfico de mulheres são proibidos em todas as suas formas. Acrescenta que ninguém deve ser constrangido a executar trabalho forçado ou obrigatório. Para a Carta Africana dos Direitos Humanos e dos Povos, todo indivíduo tem direito ao respeito da dignidade inerente à pessoa humana e ao reconhecimento da sua personalidade jurídica. Todas as formas de exploração e de aviltamento da pessoa humana, nomeadamente a escravatura, o tráfico de pessoas, a tortura física ou moral e as penas ou tratamentos cruéis, desumanos ou degradantes são proibidos.

Além da normatividade global e regional de proteção dos direitos humanos, somam-se as normas específicas adotadas no âmbito da Organização Internacional do Trabalho, destacando-se a Convenção n. 29 da OIT sobre trabalho forçado, de 1930 (que dispõe sobre a eliminação do trabalho forçado ou obrigatório em todas as suas formas), e a Convenção n. 105 da OIT, de 1957, para abolição do trabalho forçado (que proíbe o uso de toda forma de trabalho forçado ou obrigatório). A estes tratados, há que se realçar a Declaração da OIT sobre Princípios e Direitos Fundamentais no Trabalho, que consagra, dentre os princípios fundamentais a serem observados pelos Estados, a eliminação de todas as formas de trabalho forçado ou obrigatório[26].

Sob o prisma da concepção contemporânea de direitos humanos e da indivisibilidade e interdependência destes direitos, conclui-se que o trabalho escravo

---

trabalhador, é devida a indenização por dano moral coletivo, pois tal atitude da ré abala sentimento de dignidade, falta de apreço, consideração, tendo reflexos na coletividade causando grandes prejuízos à sociedade".

TRT — RO 00073-2002-811-10-00-6 — ACÓRDÃO 2ª TURMA/2003 — EMENTA: "DANO MORAL. TRABALHO EM CONDIÇÕES ANÁLOGAS À DE ESCRAVO. Além de justa a reparação do dano moral requerida, bem como da procedência das verbas rescisórias trabalhistas reivindicadas em consequência do aludido dano, também justificador da extinção das relações empregatícias, torna-se impostergável um indispensável e inadiável "Basta!" à intolerável e nefasta ofensa social e retorno urgente à decência das relações humanas de trabalho. Torna-se, portanto, urgente a extirpação desse cancro do trabalho forçado análogo à de escravo que infeccionou as relações normais de trabalho, sob condições repulsivas da prestação de serviços tão ofensivas à reputação do cidadão brasileiro com negativa imagem do país, perante o mundo civilizado."

(26) Destacam-se, ainda, os seguintes tratados do sistema da ONU: a) Convenções sobre Escravidão de 1926; b) Protocolo para abolição da escravidão, comércio de escravo, e instituições e as práticas similares à escravidão de 1956; c) Convenção para supressão do tráfico de pessoas e da exploração da prostituição de outros de 1949; d) Protocolo para Prevenção, Supressão e Punição do tráfico de pessoas, especialmente Mulheres e Crianças, complementar à Convenção das Nações Unidas contra o crime organizado transnacional, dentre outros.

constitui flagrante violação aos direitos humanos, sendo, ao mesmo tempo, causa e resultado de grave padrão de violação de direitos. Vale dizer, o trabalho escravo se manifesta quando direitos fundamentais são violados, como o direito a condições justas de um trabalho que seja livremente escolhido e aceito, o direito à educação e o direito a uma vida digna.

À luz da universalidade dos direitos humanos, o trabalho escravo viola sobretudo a ideia fundante dos direitos, baseada na dignidade humana, como um valor intrínseco à condição humana. Lembre-se que esta concepção emergiu como resposta à barbárie totalitária do Nazismo, que, com base na teoria da supremacia racial, tornou pessoas supérfluas, esvaziadas de qualquer dignidade e respeito. Em reação à coisificação de pessoas e ao extermínio atroz dos campos de concentração, há a "virada Kantiana", no sentido de resgatar a dignidade humana como um valor fonte, pelo qual as pessoas devem ser tratadas como um fim em si mesmo, e jamais como um meio ou objeto a ser arbitrariamente usado para este ou aquele propósito. As pessoas são dotadas de dignidade, na medida em que têm um valor intrínseco, sendo a autonomia a base da dignidade humana, estando intimamente relacionada com a concepção de liberdade. O trabalho escravo surge como a negação absoluta do valor da dignidade humana, da autonomia e da liberdade(27), ao converter pessoas em coisas e objetos.

Neste perverso processo de coisificação dos humanos, o trabalho escravo alcança de forma desproporcional os grupos socialmente mais vulneráveis, como as mulheres, as meninas, as populações afrodescendentes e as populações socialmente excluídas. Merece, ademais, ser contextualizado à luz da dicotomia dos hemisférios Norte e Sul, ou seja, dos países em desenvolvimento e dos países desenvolvidos, eis que sua concentração maior atém-se aos países mais pobres. Demanda, pois, maior grau de cooperação internacional e uma nova relação, mais ética e solidária, entre os hemisférios Sul e Norte.

A erradicação do trabalho escravo requer dos Estados a adoção de medidas preventivas, capazes de evitar e prevenir a prática do trabalho escravo, bem como de medidas repressivas, capazes de punir e erradicar em definitivo o trabalho escravo(28).

---

(27) Segundo o conceito de trabalho escravo utilizado pela OIT, toda a forma de trabalho escravo é trabalho degradante, mas a recíproca nem sempre é verdadeira. O que diferencia um conceito do outro é a liberdade. Quando há o trabalho escravo, há um crime que cerceia a liberdade dos trabalhadores. Essa falta de liberdade se dá por meio de quatro fatores: apreensão de documentos; presença de guardas armados e "gatos" de comportamento ameaçador; dívidas ilegalmente impostas; ou pelas características geográficas do local, que impedem a fuga.

(28) A respeito, merece menção o projeto OIT de Cooperação Técnica acerca do combate ao trabalho forçado no Brasil. Iniciado em 2002, o projeto tem por objetivo: a) a criação de um sistema de dados, consolidando informações e proporcionando um diagnóstico mais preciso da realidade brasileira; b) a realização de campanha de conscientização pública, de mobilização da sociedade e de prevenção do trabalho escravo entre trabalhadores rurais; c) a elaboração de um plano nacional de combate ao trabalho escravo; d) a promoção da capacitação dos parceiros, para melhorar a eficiência das ações e

A proibição absoluta do trabalho escravo, como cláusula pétrea internacional, e o direito a não ser submetido à escravidão, como direito humano absoluto e inderrogável, inspiram-se na concepção contemporânea de direitos humanos, em sua universalidade e indivisibilidade, invocando a crença de que toda e qualquer pessoa tem direito à dignidade, ao respeito, à autonomia e à liberdade.

---

fortalecer a capacidade das agências nacionais no combate ao trabalho escravo; e) o fortalecimento da atual capacidade da Unidade de Fiscalização Móvel do Ministério do Trabalho e Emprego, com o fornecimento de equipamentos e de recursos para facilitar o deslocamento da equipe de fiscalização para locais de difícil acesso; e f) a implementação de dois programas-piloto de prevenção e reinserção socioeconômica de trabalhadores resgatados e suas famílias, para dar assistência e promover a geração de renda.

Dentre os resultados já alcançados, destacam-se a criação de um banco de dados; a realização de oficinas de aperfeiçoamento legislativo sobre trabalho escravo; a criação de Varas itinerantes para julgar crimes de trabalho escravo em regiões mais remotas do país; e a adoção do Plano Nacional de Erradicação do Trabalho Escravo, em 2003.

O Plano Nacional de Erradicação do Trabalho Escravo é estruturado em seis eixos: 1) ações gerais; 2) melhoria na estrutura administrativa do grupo de fiscalização móvel; 3) melhoria na estrutura administrativa da ação policial; 4) melhoria na estrutura administrativa do Ministério Público Federal e do Ministério Público do Trabalho; 5) ações específicas de promoção da cidadania e combate à impunidade e 6) ações específicas de conscientização, capacitação e sensibilização. (Disponível em <http://www.ilo.org/public/portugue/region/ampro/brasilia/trabalho_forcado/brasil/projetos/documento.htm>).

O Cadastro de Empregadores que Tenham Mantido Trabalhadores em Condições Análogas à de Escravo como Instrumento de Afirmação da Cidadania: Questões Constitucionais e Processuais (À Luz da Nova Lei do Mandado de Segurança)

João Humberto Cesário(*)

1. A criação do cadastro de empregadores que tenham mantido trabalhadores em condições análogas à de escravo

Ao início do presente estudo, será necessária uma breve explanação acerca da essência do Cadastro de Empregadores que Tenham Mantido Trabalhadores em Condições Análogas à de Escravo, criado no âmbito do Ministério do Trabalho e do Emprego.

Para tanto será imprescindível compreender as funções do MTE, para ao depois serem visualizados os mecanismos individuais e coordenados de que dispõe para a consecução das suas aspirações.

De um modo geral, pode se dizer que incumbe ao Ministério do Trabalho "verificar o cumprimento, por parte das empresas, da legislação de proteção ao trabalhador", sendo uma de suas missões específicas a "erradicação do trabalho

(*) Juiz do Trabalho no TRT da 23ª Região. Professor de Teoria Geral do Processo e Direito Processual do Trabalho na Escola Judicial do TRT da 23ª Região. Mestrando em Direito Agroambiental na Universidade Federal de Mato Grosso. Responsável pelo *blog* Ambiência Laboral (<www.ambiencialaboral.blogspot.com>).

escravo e degradante, por meio de ações fiscais coordenadas pela Secretaria de Inspeção do Trabalho"[(1)].

Assim, visando à consecução concreta dos objetivos gerais e específicos do MTE, foi lançado pelo Governo Federal no início de 2003 o "Plano Nacional de Erradicação do Trabalho Escravo", compostos de 76 medidas de combate à prática, dentre elas as chamadas "cláusulas impeditivas para a obtenção e manutenção de crédito rural quando comprovada a existência de trabalho escravo ou degradante"[(2)], com a previsão do alcance de seu intento pela via de ações sinérgicas dos mais variados órgãos da administração pública.

Movimentando a esteira da sua implementação, foi editada pelo Ministro do Trabalho a Portaria n. 1.234/2003, atualmente sobreposta pela sua congênere de n. 540/2004, para criar o cadastro em estudo, onde o nome do infrator é incluído após decisão administrativa final exarada em procedimento de fiscalização, garantida a ampla defesa, com posterior comunicação do fato às mais diversas entidades estatais, visando à tomada das providências administrativas cabíveis, nas suas respectivas esferas de atuação.

Como fruto prático da mencionada comunicação, é de se destacar a publicação da Portaria n. 1.150/2003 pelo Ministro da Integração Nacional, determinando o encaminhamento semestral do rol atualizado, elaborado pelo Ministério do Trabalho, aos bancos administradores dos Fundos Constitucionais de Financiamento, com recomendação para que se abstenham de conceder créditos sob a supervisão do Ministério da Integração Nacional, às pessoas físicas e jurídicas que venham a integrar o Cadastro de Empregadores que Tenham Mantido Trabalhadores em Condições Análogas à de Escravo.

2. Objeções mais comuns ao cadastro

Ainda hoje vêm sendo ajuizadas ações judiciais, em regra mandados de segurança ou ações ordinárias com pedido de antecipação de tutela, todas questionando a legalidade e as consequências práticas do cadastro, arrimadas nos seguintes argumentos:

a) Que as Portarias n. 1.234/2003 (hoje 540/2004 — que criou o Cadastro de Empregadores que Tenham Mantido Trabalhadores em Condições Análogas à de Escravo) e n. 1.150/2003 (que limitou o acesso de produtores rurais ao financiamento público da atividade produtiva privada), tratar-se-iam de inominável ofensa ao direito de propriedade, ambas ferindo o princípio da reserva legal, haja vista que os Ministros do Trabalho e da Integração Nacional não teriam legitimidade legiferante para editá-las.

---

(1) *Vide* o sítio <www.mte.gov.br>.

(2) A respeito, conferir a edição do sítio <www.agenciacartamaior.uol.com.br> Acesso em: 12.3.2004.

b) Que a ausência de perseguição criminal instaurada em face dos produtores rurais, ou a inexistência de sentença penal condenatória transitada em julgado, possuiria o condão de conduzir à presunção de inocência quanto à prática degradante de que são acusados, tudo nos termos no art. 5º, LVII, da CRFB.

Assim posta a discussão, o presente trabalho doravante se dividirá em dois planos distintos.

O primeiro consistente no desafio da questão alusiva ao ramo do Poder Judi-ciário competente para o conhecimento das noticiadas ações, bem como do organismo judicial com atribuição originária para a cognição da matéria, passando-se, enfim, ao enfrentamento do tema alusivo à competência territorial, o que será feito principalmente a partir do cotejo entre a antiga e a nova lei de regência do mandado de segurança.

O segundo relativo à superação constitucionalmente embasada dos argumentos alinhavados contrariamente à legalidade das Portarias ns. 1.234/2003 e 540/2004 do Ministério do Trabalho e do Emprego e 1.150/2003 do Ministério da Integração Nacional.

3. Competência para conhecimento da matéria

3.1. Competência da justiça do trabalho

No concernente ao ramo do Poder Judiciário com competência para conhecimento das noticiadas ações, havia quem defendesse que o ajuizamento da matéria deveria se dar perante a Justiça Federal, já que incidiria à espécie a regra do art. 109, *caput*, I, da CRFB, a dizer que "aos juízes federais compete processar e julgar as causas em que a União, entidade autárquica ou empresa pública federal forem interessadas na condição de autoras, rés, assistentes ou opoentes".

O mencionado ponto de vista, entrementes, passou a não mais se sustentar a partir da promulgação da Emenda Constitucional n. 45, pois tal documento legislativo trouxe substancial alteração nos contornos da questão, sendo contemporaneamente inelutável a competência da Justiça do Trabalho para o processamento do assunto.

Não obstante seja fato que pelo menos a princípio as ações em que a União figure como parte devam ser ajuizadas perante a Justiça Federal, não é menos verdade que o próprio art. 109, I, da CRFB excepciona essa regra geral, para dela excluir, dentre outras, as causas de competência da Justiça do Trabalho.

Por outra vertente, lida a Constituição da República numa perspectiva lógico-sistemática, a competência do Judiciário Trabalhista sobressai límpida, na medida em que a redação do seu art. 114, VII, diz textualmente que "compete à Justiça do

Trabalho processar e julgar as ações relativas às penalidades administrativas impostas aos empregadores pelos órgãos de fiscalização das relações de trabalho".

Com efeito, tendo em conta a clareza solar do preceptivo em tela, não existem elementos palpáveis que possam sustentar outra conclusão, a não ser a que conduz à autoridade da Justiça do Trabalho para o processamento destas demandas.

Aliás, a própria Justiça Federal vem reconhecendo a conclusão aqui defendida.

Transcrevo, em tal sentido, parte de uma decisão proferida pelo Juiz Federal Paulo César Alves Sodré sobre o tema:

> Trata-se de ação declaratória de nulidade de ato administrativo, com pedido de antecipação da tutela, para suspender os efeitos do cadastro restritivo encaminhado ao Banco do Brasil pelo Ministério da Integração Nacional, em que figura injustamente o autor, para permitir seu acesso a linhas de crédito destinadas ao produtor agrícola.
>
> (...)
>
> Antes de analisar o pedido de antecipação de tutela, impõe-se a análise acerca dos pressupostos processuais e das condições da ação.
>
> A Emenda Constitucional n. 45/2004, conhecida com "Reforma do Judiciário", proveu diversas modificações na organização judiciária brasileira, inclusive quanto à competência. O art. 114 da Constituição Federal, com a redação dada pela Emenda, dispõe que:
>
> Art. 114. Compete à Justiça do Trabalho processar e julgar:
>
> VII — as ações relativas às penalidades administrativas impostas aos empregados pelos órgãos de fiscalização das relações de trabalho.
>
> Dessa forma, tendo em vista a incompetência absoluta deste Juízo, declino da competência em favor de uma das Varas do Trabalho de Cuiabá/MT, para onde deverão ser remetidos os presentes autos, com urgência.(3)

Para que não se alegue que as decisões se restringem à primeira instância, colho excerto de precedente jurisprudencial oriundo do Tribunal Regional Federal da 1ª Região, extraído de decisão da lavra da Desembargadora Selene Maria de Almeida:

> Trata-se de agravo de instrumento interposto contra decisão proferida pelo Juízo Federal da 21ª Vara da Seção Judiciária do Distrito Federal que indeferiu liminar em mandado de segurança impetrado com o objetivo de eliminar inscrição promovida pelo Ministério do Trabalho em lista decorrente de autuações por utilização de mão de obra em possíveis condições análogas à escravidão, promovidas por equipes móveis de fiscalização do trabalho vinculadas ao Ministério do Trabalho e Emprego.

---

(3) Decisão proferida em 11.3.2005, nos autos do Processo 2005.36.00.000487-1, em que figuravam como partes Neuri Antônio Frozza na condição de autor e a União Federal como ré.

A situação importou na imposição de multas e determinação de regularização das situações das pessoas que foram encontradas na localidade a que foram identificadas como trabalhadores, sem prejuízo da inscrição na referida lista que impede o acesso a linhas de crédito público e privado às pessoas físicas ou jurídicas que tenham sido autuadas e cujo nome tenha sido inscrito na lista.

O feito foi proposto perante a Justiça Federal, pois à época da impetração a matéria estava inserida dentre as que estavam afetas à sua esfera de competência.

Contudo, sobreveio a promulgação da Emenda Constitucional de n. 45, a qual alterou a competência de órgãos jurisdicionais em relação a determinadas matérias.

Assim, a Justiça Federal não é mais competente para o processamento e julgamento do feito, pois houve por determinação constitucional a alteração na competência material para o processamento e julgamento da questão.

Para melhor esclarecer, transcrevo a nova redação do art. 114 da Constituição Federal, em conformidade com as disposições da Emenda Constitucional n. 45.

Art. 114. Compete à Justiça do Trabalho processar e julgar:

(...)

VII — as ações relativas às penalidades administrativas impostas aos empregadores pelos órgãos de fiscalização das relações de trabalho.

(...)

A hipótese está inserida no inciso VII do artigo retrotranscrito, cabendo à Justiça do Trabalho o julgamento da pretensão deduzida na impetração, pois o caso é de exceção ao princípio da perpetuação da jurisdição...

(...)

Em razão da incompetência absoluta superveniente é necessário reconhecer a necessidade de remessa dos autos principais à Vara do Trabalho de Diamantino — MT, local da autuação e, portanto, o competente para o processamento do feito, razão pela qual determino seja expedido ofício ao Juízo Federal da 21ª Vara da Seção Judiciária do Distrito Federal para que remeta o feito à Vara do Trabalho de Diamantino — MT.

Em consequência, determino a remessa deste recurso ao Tribunal Regional do Trabalho da 23ª Região, ao qual a Vara do Trabalho de Diamantino é vinculada.(4)

Como se não bastasse, reproduzo, por fim, um trecho de outro julgado unânime emanado do e. TRF da 1ª Região, este relatado pelo Desembargador Daniel Paes Ribeiro:

(4) Decisão proferida em 20.1.2005, no agravo de instrumento 2005.01.00.002219-7/DF, interposto no Processo de origem 2004.34.000410445, em que figuravam como partes Maeda S/A — Agroindustrial na condição de autor e a União Federal como ré.

> A Turma, à unanimidade, reconheceu a incompetência da Justiça Federal, anulou os atos decisórios e determinou a remessa dos autos à Justiça do Trabalho, ficando prejudicado o agravo regimental nos termos do voto do Exmo. Sr Relator.[5]

3.2. Competência originária das Varas do Trabalho

Devidamente fundamentada a competência da Justiça do Trabalho, passo agora a discorrer sobre qual o órgão jurisdicional com competência originária para tratamento da matéria.

Quanto ao assunto, não são poucos aqueles que, ponderando que tais ações geralmente chegam ao Poder Judiciário na forma de mandados de segurança que questionam a legalidade das Portarias ns. 1.234/2003 e 540/2004 da lavra do Sr. Ministro do Trabalho e 1.150/2003 do Sr. Ministro da Integração Nacional, a competência funcional seria do Tribunal Superior do Trabalho, por força da conjugação analógica do art. 105, I, *b*, da CRFB, a atribuir competência ao STJ para mandados de segurança contra ato de Ministro de Estado, com o art. 114, IV, da CRFB, que prevê a competência da Justiça do Trabalho para os mandados de segurança, quando o ato questionado envolver matéria sujeita à sua jurisdição.

Tal ângulo de visada não resiste a uma análise mais acurada.

De início é de se ver que as noticiadas demandas não estão chegando ao Judiciário somente na forma de mandados de segurança, já que são muitos os casos em que aforadas ações ordinárias, com pedido de antecipação de tutela, fato que *per se* subverte o raciocínio dos que defendem a competência originária do Tribunal Superior do Trabalho.

Nada obstante, mesmo quando ajuizadas sob a forma do *mandamus*, a competência originária continua nas Varas do Trabalho, já que em verdade a legalidade das Portarias dos Srs. Ministros do Trabalho e da Integração Nacional é discutida apenas incidentalmente, como forma de se galgar o mérito de sentido estrito da demanda, cujo pano de fundo reside no ato do Secretário da Inspeção do Trabalho, que determina a inclusão, no cadastro, dos empregadores penalizados em última instância administrativa.

Logo, a pretensa autoridade coatora que prestará informações no mandado de segurança é o Sr. Secretário da Inspeção do Trabalho, não existindo motivos que justifiquem o deslocamento da competência para o TST[6], vez que a legalidade

---

(5) Decisão proferida em 7.11.2005, no Processo AG n. 20050100057170-9-PA, da relatoria do Desembargador Daniel Paes Ribeiro.

(6) Afigura-se-me de bom alvitre salientar que mesmo após a promulgação da EC n. 45, existem julgados do Superior Tribunal de Justiça mantendo a competência da mencionada Corte de Justiça para a cognição de mandado de segurança afeto ao tema da lista suja, desde que configurado, em

das Portarias editadas pelos Ministros de Estado será discutida tão somente em esfera incidental, não sendo pouco lembrar que nos termos do art. 469, III, do CPC, "não faz coisa julgada a apreciação da questão prejudicial, decidida incidentalmente no processo".

3.3. Competência territorial

Levando-se em conta, como já ressaltado alhures, que grande parte das ações aqui discutidas vem ao Poder Judiciário sob o modelo de mandados de segurança, a questão relativa ao estabelecimento da Vara do Trabalho com competência territorial para o seu processamento pode ser taxada de tormentosa.

A fim de que seja encontrada uma resposta satisfatória para o problema proposto, será necessário me debruçar sobre uma indagação prévia, consistente no impasse sobre quem de fato seria a parte passiva no *mandamus*.

Para a doutrina clássica, o impetrado seria a autoridade apontada como coatora na primígena. Nesse sentido, o magistério de Hely Lopes Meirelles:

> O impetrado é a autoridade coatora, e não a pessoa jurídica ou o órgão a que pertence e ao qual seu ato é imputado em razão do ofício. Nada impede, entretanto, que a entidade interessada ingresse no mandado a qualquer tempo, como simples assistente do coator, recebendo a causa no estado em que se encontra, ou, dentro do prazo para as informações,

---

tese, suposto ato violador de direito líquido e certo emanado diretamente do Ministro do Trabalho. Colho, de acordo com tal entendimento, um trecho de julgado relatado pelo Ministro Herman Benjamin: "Inicialmente, não desconheço os precedentes desta Corte que, em casos análogos, declararam a ilegitimidade do Ministro de Estado do Trabalho e Emprego para figurar no polo passivo do *mandamus*. Entretanto, o caso em exame apresenta uma peculiaridade. Na análise dos autos verifica-se que os processos administrativos referentes aos autos de infração lavrados contra a empresa foram avocados pelo Ministro de Estado do Trabalho, conforme autoriza o art. 638 da CLT: 'Art. 638. Ao Ministro do Trabalho, Indústria e Comercio é facultado avocar ao seu exame e decisão, dentro de 90 (noventa) dias do despacho final do assunto, ou no curso do processo, as questões referentes à fiscalização dos preceitos estabelecidos nesta Consolidação'. O procedimento deveu-se à 'excessiva demora na conclusão dos autos no âmbito da Superintendência Regional do Pará' e foi realizado 'como medida de correição, para se evitar novas irregularidades na aplicação da lei e no procedimento administrativo', inclusive com sugestão de abertura de 'processo administrativo disciplinar, para fins de apuração de responsabilidade'. (fl. 87). Dessa forma, todos os processos administrativos foram decididos pelo próprio Ministro do Estado do Trabalho e Emprego, que expressamente determinou o cumprimento do 'disposto no art. 2º da Portaria n. 540, de 15 de outubro de 2004, incluindo-se o nome da empregadora no cadastro de que trata a citada Portaria'. Não há dúvida de que, *in casu*, a competência para processar e julgar o presente Mandado de Segurança é do Superior Tribunal de Justiça, consoante o disposto no art. 105, I, 'b', da Constituição Federal". (Mandado de Segurança n. 14.017 — DF 2008/0271496-6, Relator: Ministro Herman Benjamin. Impetrante: Pagrisa Pará Pastoril e Agrícola S/A. Impetrado: Ministro de Estado do Trabalho e Emprego).

entre como litisconsorte do impetrado, nos termos do art. 19 da Lei n. 1.533/1951.[7]

Em sentido contrário, entretanto, uma outra teoria, construída ainda à luz da antiga Lei n. 1.533/1951, aduzia que no polo passivo residiria o organismo a que se vincularia a autoridade indicada como arbitrária. Representando tal corrente de pensamento, o escólio de Cássio Scarpinella Bueno:

> O réu do mandado de segurança é a pessoa jurídica a que pertence a autoridade coatora, que será afetada com a concessão da ordem, ou, como diz o art. 2º da Lei n. 1.533/1951, que suportará as consequências de ordem patrimonial reflexas da invalidação do ato que fundamenta a impetração. A autoridade coatora é representante da pessoa jurídica a cujos quadros pertence, e é nessa qualidade que é convocada para a integração da relação processual.
>
> Embora a prática do foro seja diversa, parece mais adequado que a petição inicial do mandado de segurança não somente busque individuar a autoridade coatora — se for o caso, justificando sua indicação —, mas também deixando claro a que pessoa jurídica pertence para que não haja qualquer dúvida quanto à circunstância de ela, autoridade, estar sendo notificada para prestar as informações na qualidade de representante daquela, sendo despicienda, portanto, uma nova ou segunda citação da pessoa jurídica. Suficiente a notificação da autoridade coatora para que a pessoa jurídica (o réu do mandado de segurança) passe a fazer parte da relação processual.[8]

Assim esquadrinhada a celeuma, tornava-se imperativa, principalmente ao tempo da vetusta Lei n. 1.533/1951, uma tomada de posição entre as duas vertentes.

Ocorre que se nos inclinássemos pela tese conservadora, abraçaríamos o postulado de que a competência geográfica pertenceria a uma das Varas do Trabalho de Brasília, na medida em que a autoridade abstratamente coatora, que como já visto é o Sr. Secretário da Inspeção do Trabalho, possui lotação no Distrito Federal, sendo este, portanto, o único foro em que poderia ser demandado, já que no caso não interessaria a natureza do ato impugnado, mas a sede funcional do agente em tese arbitrário.[9]

Por outra vertente, se nos apegássemos à teoria moderna, abriríamos as portas para uma outra solução, lastreada na dicção do § 2º do art. 109 da CRFB, já que no caso seria considerada como parte a União, sendo a autoridade coatora seu mero representante no exercício do ato infamado.

---

(7) MEIRELLES, Hely Lopes. *Mandado de segurança.* 26. ed. atual. Arnold Wald e Gilmar Ferreira Mendes. São Paulo: Malheiros, 2003. p. 57-58.

(8) BUENO, Cássio Scarpinella. *Mandado de segurança.* 2. ed. São Paulo: Saraiva, 2004. p. 61.

(9) Nesse sentido conferir, *v. g.*, MEIRELLES, Hely Lopes. *Op. cit.*, p. 69-70.

Delineados e sopesados os fundamentos de cada posicionamento, parecia-me mais científica, já àquele tempo, a proposição que pugnava pelo estabelecimento da pessoa jurídica e não do agente como efetivo litigante, já que como muito bem esclarecia o professor Scarpinella Bueno, somente poderia ser tido como parte aquele que "suportará as consequências de ordem patrimonial reflexas da invalidação do ato que fundamenta a impetração".

Sem qualquer desdouro aos que rejeitam tal pensamento, dentre eles vários juristas de nomeada, parecia-me que pensar de modo oposto seria chancelar uma situação um tanto irreal, onde alguém poderia ser compelido a suportar os efeitos de um mandamento judicial, sem que, a rigor, tivesse a possibilidade de se defender em nome próprio.

Tanto é assim, que mesmo capitaneando a tese clássica, a obra de Lopes Meirelles advertia que a jurisprudência do Superior Tribunal de Justiça caminhava em sentido oposto:

> O STJ vem adotando este entendimento combatido por Hely Lopes Meirelles, julgando que a pessoa jurídica de direito público que suportar o ônus da impetração será a própria parte legítima, e não a mera assistente da autoridade coatora (Resp n. 135.988-CE, Rel. Min. José Delgado, RSTJ 102/119).
>
> Não obstante, notificada a autoridade coatora, a pessoa jurídica à qual ela pertence será considerada citada para o mandado de segurança, desde logo, independente de ato citatório específico (STJ, EDREsp n. 50.164-2-PE, Rel. Min. Milton Luiz Pereira, RSTJ 98/38).
>
> Não há que se falar, porém, em litisconsórcio entre a autoridade coatora e o ente público legitimado, pois este último é a própria parte, da qual a primeira é um mero órgão. (STJ, Resp. n. 99.271-CE, Rel. Min. Humberto Gomes de Barros, RSTJ 93/117).[10]

Como se não bastasse, o fato é que a antiga Lei n. 4.348-64, que estabelecia normas processuais relativas ao mandado de segurança, albergava indiretamente a tese de que eram as pessoas jurídicas de direito público quem possuíam legitimidade para figurarem na polaridade passiva do mandado de segurança. Dizia o seu art. 3º, com a redação que lhe atribuiu a Lei n. 10.910/2004:

> Os representantes judiciais da União, dos Estados, do Distrito Federal, dos Municípios ou de suas respectivas autarquias e fundações serão intimados pessoalmente pelo juiz, no prazo de 48 (quarenta e oito horas), das decisões em que suas autoridades administrativas figurarem como coatoras, com a entrega de cópias dos documentos nelas mencionados, para eventual suspensão da decisão e defesa do ato apontado como ilegal ou abusivo de poder.

---

(10) MEIRELLES, Hely Lopes. *Op. cit.*, p. 57-58, nota de rodapé n. 6.

Comentando o preceptivo, assim se pronunciava o multicitado Cássio Scarpinella Bueno:

> O mérito da atual redação do art. 3º da Lei n. 4.348/1964 é, aceitando ser ré do mandado de segurança a pessoa jurídica de direito público e não seus agentes administrativos, deixar bem claro que são os representantes judiciais das pessoas jurídicas de direito público — advogados e procuradores públicos, consoante o caso — quem defenderão, em juízo, o ato impugnado. Seja contestando a ação (apresentando e subscrevendo as informações), seja interpondo recurso ou requerendo a suspensão dos efeitos de uma eventual liminar concedida em favor do impetrante e praticando, até o final, todos os atos processuais que se fizerem necessários (...).
>
> Arrisco, até mesmo, ir um pouco além com a redação que, com a Lei n. 10.910/2004, assumiu o art. 3º da Lei n. 4.348/1964. Penso eu que ela é suficiente para que, vez por todas, o entendimento de que a autoridade coatora possa ser ré do mandado de segurança seja afastado.
>
> Isso porque a atual redação do dispositivo dá ensejo ao entendimento de que não só o art. 3º da Lei n. 4.348/1964 foi modificado (...), mas também que o art. 7º, I, da Lei n. 1.533/1951 foi derrogado. Derrogado, justamente, na parte em que se impõe a notificação da autoridade coatora para prestar suas informações no prazo de 10 dias, pois a nova lei, ao exigir que os representantes judiciais sejam "intimados de ofício" para defender o ato impugnado no mandado de segurança, não pode supor que, independentemente disso, também a autoridade coatora seja "citada" por si só como se tivesse, em termos de organização administrativa, relevância maior saber quem é o agente administrativo especificamente questionado. O que releva é o ato praticado e não, do ponto de vista subjetivo, quem o praticou. É o que se dá em ações cautelares contra o Poder Público, é o que se dá em relação à antecipação de tutela jurisdicional em uma ação movida contra o Poder Público e não há qualquer razão, a não ser o "direito processual consuetudinário", a impor solução diversa para o mandado de segurança. Está aí a nova redação do art. 3º da Lei n. 4.348/1964 para provar, vez por todas, o acerto desta afirmação.[11]

Mesmo que à época da vigência da pretérita Lei n. 1.533/1951, consoante se percebe, o mais correto seria se compreender que a parte no mandado de segurança era a pessoa jurídica de direito público e não a autoridade coatora. Com base na aludida premissa, pois, era de se sustentar, sem temores, que em quaisquer ações

---

(11) BUENO, Cássio Scarpinella. *Op. cit.*, p. 199-200.

em que se questionasse a inscrição do infrator na "Lista Suja", fossem elas mandados de segurança ou ações ordinárias(12), a União figuraria no polo passivo.

Atualmente, no entanto, o debate retroenfocado perdeu de vez a sua razão de ser. Ocorre que a Lei n. 12.016/2009 estabelece, sem margem para tergiversações, em um só corpo normativo de regência do *mandamus*, mais especificamente falando no seus arts. 6º, *caput* e 7º, II, respectivamente, que "a petição inicial (...) indicará, além da autoridade coatora, a pessoa jurídica que esta integra, à qual se acha vinculada ou da qual exerce atribuições" , devendo o juiz ordenar, ao despachá-la, que se dê ciência do feito ao órgão de representação judicial da pessoa jurídica interessada, enviando-lhe cópia da inicial sem documentos, para que, querendo, ingresse no feito".

Comentando o significado e a abrangência desta notável prescrição legislativa, assim se manifesta o reconhecidíssimo processualista Humberto Theodoro Júnior:

> O mandado de segurança é proposto, diretamente, em face da autoridade que praticou o ato abusivo, a quem se determinará, em lugar da tradicional contestação, a prestação de informações no prazo da lei. Com isso, há quem entenda que o sujeito passivo, na espécie, seria a própria autoridade, e não a pessoa jurídica de direito público em cujo nome se praticou o ato impugnado, isto é, a União, o Estado, o Município etc. Essa visão, todavia, é equivocada e acha-se completamente superada no atual estágio da doutrina do mandado de segurança.
>
> Na verdade, a melhor exegese sempre foi a que atribuiu à autoridade coatora apenas a legitimidade formal para defender a pessoa jurídica de direito público em cujo nome atuou na prática do ato discutido do *mandamus*. Com efeito, a repercussão do processo operará toda sobre os poderes e interesses daquela pessoa púbica, e não apenas sobre a autoridade notificada. Não há como, portanto, ignorar a participação substancial da entidade no processo. A atual Lei do Mandado de Segurança segue, explicitamente, esse entendimento, pois determina que, concomitantemente, se proceda à notificação da autoridade coatora e se dê ciência do feito ao órgão de representação judicial da pessoa jurídica interessada (Lei n. 12.016, art. 7º, I e II).
>
> A autoridade coatora, portanto, não é incluída no processo como ré, mas como órgão da pessoa jurídica em cujo nome praticou o ato impugnado e sobre cuja esfera jurídica irá incidir o provimento judicial a ser pronunciado em solução ao pedido do autor.

---

(12) No caso das ações ordinárias este raciocínio era (e continua sendo) cristalino, reforçando a tese de que também no mandado de segurança a parte deveria ser a pessoa jurídica de direito público, já que não se mostrava razoável que duas ações, na essência idênticas e que tão somente possuiam nomes diferenciados, rendessem azo a situações demasiado diferenciadas.

Nem mesmo se pode cogitar de um litisconsórcio entre o coator e a pessoa jurídica interessada. A autoridade responsável pelo ato impugnado não é um ente distinto da pessoa jurídica, é um órgão dela, uma "parte integrante daquela".

O agente da pessoa jurídica responsável pelo ato impugnado pode e deve defendê-lo, agindo, pois, no processo, como representante especial da pessoa jurídica em cujo nome atuou. Esta atuação processual, porém, não exclui a legitimidade da pessoa jurídica para, querendo, intervir, também, através de seu órgão institucional de representação judicial. Se isto acontecer, duas entidades poderão atuar paralelamente na defesa do ato impugnado, o coator e o procurador da pessoa jurídica.

Para não deixar dúvida quanto à posição da pessoa jurídica dentro da relação processual, a Lei n. 12.016 exige do impetrante que indique qual é, no caso deduzido em juízo, a pessoa jurídica a que a autoridade coatora se acha integrada (art. 6º).(13)

Estabelecida com fôlego, tanto à luz da antiga Lei n. 1.533/1951 quanto da atual Lei n. 12.016/2009, que o réu no mandado de segurança é o Estado e não a autoridade coatora, chego ao ponto nevrálgico do presente tópico, onde poderei responder, com firmeza, qual será a Vara com competência territorial para a cognição da demanda.

Sem maiores divagações, é de se afirmar que a resposta está contida no § 2º do art. 109 da CRFB(14), que embora trate da competência da Justiça Federal não deixa de ser útil à solução do imbróglio, já que até a EC n. 45 o Judiciário Federal Comum era competente para o conhecimento destas ações, sendo o novel art. 114 da Carta Magna silente sobre a matéria, não havendo qualquer disposição sobre o tema na processualística laboral.

De tal arte, parece-me inelutável concluir que figurando a União como ré nas demandas em discussão, tais causas poderão ser opcionalmente intentadas na Vara do Trabalho que possuir jurisdição sobre o domicílio do autor, naquela onde houver ocorrido o ato ou fato que deu origem à demanda, ou, ainda, no Distrito Federal.

Tal solução, além de ser tecnicamente a mais correta, tem a vantagem adicional de facilitar o acesso ao Poder Judiciário, assim assegurando, na sua máxima amplitude, a observância do princípio constitucional da inafastabilidade da jurisdição, previsto no art. 5º, XXXV, da CRFB.

---

(13) THEODORO JÚNIOR, Humberto. *O mandado de segurança segundo a Lei n. 12.016, de 7 de agosto de 2009*. Rio de Janeiro: Forense, 2009. p. 6-8.

(14) Art. 109, § 2º, da CRFB — As causas intentadas contra a União poderão ser aforadas na seção judiciária em que for domiciliado o autor, naquela onde houver ocorrido o ato ou o fato que deu origem à demanda ou onde esteja situada a coisa, ou, ainda, no Distrito Federal.

4. Superando os argumentos contrários à legalidade das Portarias ns. 1.234/2003 e 540/2004 do Ministério do Trabalho e 1.150/2003 do ministério da integração nacional

Rememorando aquilo que já foi retronarrado, é fato que as portarias vêm sendo atacadas ao argumento de constituírem-se em inominável ofensa ao direito de propriedade, todas ferindo o princípio da reserva legal, haja vista que os Ministros do Trabalho e da Integração Nacional não teriam legitimidade legiferante para editá-las.

No reforço da tese veiculada, sustentam ainda os produtores, que a ausência de perseguição criminal em face deles instaurada, ou a inexistência de sentença penal condenatória transitada em julgado, possuiria o condão de conduzir à presunção de inocência quanto à prática degradante de que são acusados, tudo nos termos no art. 5º, LVII, da CRFB.

Para uma melhor análise dos aludidos argumentos, passarei a tratá-los em tópicos distintos.

4.1. Direito de propriedade

Como é palmar, se por um lado é certo que a propriedade é um direito fundamental do cidadão (art. 5º, XXII, da CRFB), por outro não é menos verdade que ela deva cumprir uma inequívoca função social (art. 5º, XXII, da CRFB), somente alcançada no âmbito rural quando atenda, simultaneamente, os requisitos de "observância das disposições que regulam as relações de trabalho", com a "exploração que favoreça o bem-estar dos trabalhadores" (art. 186, III e IV, da CRFB).

Justamente por isso é que o art. 184 da Magna Carta estabelece que "compete à União desapropriar por interesse social, para fins de reforma agrária, o imóvel rural que não esteja cumprindo sua função social".

Vale dizer, portanto, que se a propriedade rural não é explorada de modo que favoreça o bem-estar dos trabalhadores, olvidando as disposições que regulam as relações de trabalho, não estará cumprindo sua função social, ficando exposta até mesmo à desapropriação por parte da União, para fins de reforma agrária.

Ora, se em última instância é legítimo à União, nos termos do § 2º do art. 184 da CRFB, editar um decreto declarando o imóvel como de interesse social, para fins de instauração do procedimento de desapropriação, por certo será muito mais lícito que, por via dos Ministérios competentes, publique portarias que visem coibir a existência da repugnante prática da servidão contemporânea, com expressa vedação ao financiamento público da atividade privada incapaz de cumprir sua função social.

Somente tais constatações já seriam suficientes para golpear letalmente os fundamentos daqueles que, inadvertidamente, defendem a ilegalidade das multicitadas Portarias ns. 1.234/2003, 540/2004 e 1.150/2003.

Mas não é só.

Devo agora superar o argumento de que as aludidas portarias estariam a ferir o princípio da reserva legal, na medida em que os Ministros do Trabalho e da Integração Nacional não teriam legitimidade legiferante para editá-las.

4.2. Legalidade das portarias

Quanto a este item, é de se destacar que a questão está mal posta, já que não se trata de discutir eventual legitimidade legiferante dos ministros (já que ministros notoriamente não legislam), mas de debater a competência administrativa que possuem para a produção dos atos administrativos que lhes são próprios, com vistas ao atingimento dos fins precípuos das suas pastas.

Assim observado o embate, é iniludível que a produção de um "cadastro administrativo", onde são inseridos os empregadores que "reduzem trabalhadores a condição análoga à de escravo", usado como "critério de financiamento público da atividade produtiva privada", não está a ferir, de modo algum, o princípio da reserva legal, estando antes a implementar, concretamente, tanto no plano prático quanto no ético, os mais sagrados valores constitucionais.

Ocorre que, nos termos do art. 170 da CRFB, "a ordem econômica, fundada na valorização do trabalho humano e na livre iniciativa, tem por fim assegurar a todos existência digna, conforme os ditames da justiça social, fundada nos seguintes princípios: (...) III — função social da propriedade; (...) VIII — busca do pleno emprego".

Nunca demais lembrar ainda, que alguns dos mais sólidos fundamentos republicanos são a "cidadania, a dignidade da pessoa humana e os valores sociais do trabalho" (art. 1º, II, III e IV da CRFB), constituindo-se objetivos fundamentais da República, a "construção de uma sociedade livre, justa e solidária, capaz de erradicar a pobreza e a marginalização" (art. 3º, I e III, da CRFB).

Com efeito, é absolutamente válido que a União, por via da atuação dos Ministros de Estado, se valha de critérios administrativos visando financiar a atividade produtiva séria e lícita, em detrimento daquela que, na ganância por lucros desmedidos, transpõe as raias da criminalidade, desprezando os fundamentos que se constituem no centro vital da Constituição da República Federativa do Brasil.

Aliás, decididamente não parece razoável que fazendeiros sérios, que observam rigorosamente a legislação trabalhista, devam disputar créditos públicos em pé de igualdade com aqueles que maltratam a dignidade do ser humano, sendo inquebrantável obrigação do Poder Executivo tratá-los de modo desigual, já que, como é curial, o princípio da isonomia, direito e garantia fundamental da sociedade (art.

5º, *caput*, da CRFB), consiste em tratar os iguais de maneira igual e os desiguais de modo desigual, na exata medida de suas desigualdades.

Ademais, ainda que as portarias discutidas não tratassem de mero critério administrativo de financiamento público da atividade produtiva privada, estando assim editadas dentro nos limites do poder discricionário da administração pública, tenho que a conduta dos Ministros do Trabalho e da Integração Nacional evidentemente não desborda dos limites das suas atribuições legais.

Lastreando a assertiva acima, devo rememorar, logo de plano, a lição do Desembargador Carlos Henrique Bezerra Leite, no sentido de que "o legalismo é uma manifestação deturpada do princípio da legalidade".(15)

Pertinente transcrever ainda as palavras de Jean Rivero, ao estudar o princípio da legalidade em cotejo com a iniciativa administrativa:

> Se as exigências da legalidade se estendessem a todos os elementos da atividade administrativa, esta seria puramente passiva: o papel da Administração reduzir-se-ia à elaboração mecânica dos actos particulares impostos pela norma geral; toda a liberdade de apreciação, toda a iniciativa lhes estariam proibidas. Na realidade não é assim: a submissão da Administração ao direito deixa subsistir a seu favor uma zona de liberdade: é o poder discricionário.(16)

Como se não bastasse, o certo é que as portarias em questão estão respaldadas no art. 21, XXIV, da CRFB, que dita competir à União *organizar, manter e executar a inspeção do trabalho;* no art. 87, I, da CRFB, que diz competir ao Ministro de Estado, *exercer a orientação, coordenação e supervisão dos órgãos e entidades da administração federal na área de sua competência;* bem como no art. 913 da CLT, a dizer que *o Ministro do Trabalho expedirá instruções, quadros, tabelas e modelos que se tornarem necessários à execução da CLT.*

Por fim, importante constatar que a discutida restrição ao crédito sequer demandaria a edição das portarias enfocadas, já que de há muito a Lei n. 9.029/95, no seu art. 1º, proíbe a adoção de qualquer prática discriminatória no âmbito da relação de emprego, cominando aos infratores, no seu art. 3º, a *"proibição de obter empréstimo ou financiamento junto a instituições financeiras oficiais"*.

4.3. Presunção de inocência

Também não se mostra adequada ao caso, a alegação de que a ausência de perseguição criminal instaurada ou de sentença penal condenatória transitada em

(15) LEITE, Carlos Henrique Bezerra. *Curso de direito processual do trabalho*. 2. ed. São Paulo: LTr, 2004. p. 403.

(16) RIVERO, Jean. *Apud* MORAES, Alexandre de. In: *Direito constitucional administrativo*. São Paulo: Atlas, 2002. p. 99.

julgado teria o condão de conduzir à presunção de inocência dos produtores autuados, nos termos no art. 5º, LVII, da CRFB, a dizer que *ninguém será considerado culpado até o trânsito de sentença penal condenatória.*

Ocorre que o mencionado dispositivo, quando estudado na sua literalidade, notoriamente se limita à seara penal, sendo que no caso em tela, como já exaustivamente visto, discute-se a responsabilidade dos agentes na área administrativa.

Ademais, embora o preceptivo em questão esteja imantado de natureza fundamental, o certo é que para a doutrina constitucional contemporânea nem mesmo os direitos fundamentais são absolutos.

Neste sentido, o escólio do Professor Alexandre de Moraes:

> Os direitos humanos fundamentais, dentre eles os direitos e garantias individuais e coletivos consagrados no art. 5º da Constituição Federal, não podem ser utilizados como um verdadeiro escudo protetivo da prática de atividades ilícitas, tampouco como argumento para o afastamento ou diminuição da responsabilidade civil ou penal por atos criminosos, sob pena de total consagração ao desrespeito a um verdadeiro Estado de Direito.(17)

Aliás, eloquentes exemplos do asseverado residem no próprio processo penal, em que na sentença de pronúncia o juiz deve se pautar pela máxima *in dubio pro societate* em detrimento do adágio *in dubio pro reo*, ou mesmo no caso da prisão cautelar, que obviamente não demanda a existência de sentença transitada para ser implementada.

A confirmar o afirmado, trago mais uma vez a lição de Alexandre de Moraes:

> A consagração do princípio da inocência, porém, não afasta a constitucionalidade das espécies de prisões provisórias, que continua sendo, pacificamente, reconhecida pela jurisprudência, por considerar a legitimidade jurídico-constitucional da prisão cautelar, que, não obstante a presunção *juris tantum* de não culpabilidade dos réus, pode validamente incidir sobre seu *status libertatis*. Dessa forma, permanecem válidas as prisões temporárias, preventivas, por pronúncia e por sentenças condenatórias sem trânsitos em julgado.(18)

Outrossim, ainda que no caso concreto fosse de se aplicar irrefletidamente o art. 5º, LVII, da CRFB, estaria ele em emblemática rota de colisão com a presunção constitucional de legalidade e acerto dos atos administrativos, sendo de se dissolver o nódulo pela aplicação do princípio da proporcionalidade.

---

(17) MORAES, Alexandre de. *Direito constitucional*. 7. ed. São Paulo: Atlas, 2000. p. 58.
(18) MORAES, Alexandre de. *Direitos humanos fundamentais*. 4. ed. São Paulo: Atlas, 2002. p. 269.

Imprescindível se trazer aqui, mais uma vez, as sempre pertinentes palavras de Alexandre de Moraes:

> Os direitos e garantias fundamentais consagrados pela Constituição Federal não são ilimitados, uma vez que encontram seus limites nos demais direitos igualmente consagrados pela Carta Magna (Princípio da relatividade ou convivência das liberdades públicas).
>
> Desta forma, quando houver conflito entre dois ou mais direitos ou garantias fundamentais, o intérprete deve utilizar-se do princípio da concordância prática ou da harmonização de forma a coordenar e combinar os bens jurídicos em conflito, evitando o sacrifício total de uns em relação aos outros, realizando uma redução proporcional do âmbito de alcance de cada qual (contradição dos princípios), sempre em busca do verdadeiro significado da norma e da harmonia do texto constitucional com sua finalidade precípua.(19)

Com efeito, principalmente quando o magistrado aprecia o caso estudado em sede de antecipação de tutela, deverá a princípio referendar o ato da administração, já que, no mais das vezes, a única prova inequívoca existente no caderno processual são os autos de infração lavrados pela Superintendência Regional do Trabalho, capazes de conduzir à verossimilhança da notícia de trabalho escravo.

Todo esse raciocínio é reforçado, quando se enfatiza que aos empregadores autuados é garantido o mais amplo direito de defesa no âmbito da administração, com o lançamento de seus respectivos nomes no cadastro após o esgotamento da sua última instância recursal, sendo de se destacar a autonomia da responsabilidade administrativa em relação à criminal.

Colho, em tal diapasão, a jurisprudência pacífica do STF e do STJ, oriunda de casos diferenciados, mas com raciocínio que incide justo ao presente:

> Constitucional. Administrativo. Servidor Público. Demissão. Ilícito Penal e Ilícito Administrativo. I — A jurisprudência do STF é no sentido de que *a demissão de funcionário público motivada pela prática de crime funcional pode fazer-se mediante processo administrativo, decidido antes da solução do processo penal pelo mesmo fato.*(20) (sem destaque no original)
>
> Inquérito Administrativo — Regularidade — Punição Criminal — Independência — O ilícito administrativo independe do ilícito criminal. *Se o inquérito administrativo seguiu os trâmites legais, assegurando a ampla defesa dos impetrantes, e nele havia elementos probatórios que revelaram prática de faltas graves, a autorizar a punição*

---

(19) MORAES, Alexandre de. *Direito constitucional*. 7. ed. São Paulo: Atlas, 2000. p. 59.

(20) STF — Pleno — MS n. 22.477-1/AL — Rel. Min. Carlos Velloso, Diário da Justiça, Seção I, 14 nov. 1997, p. 58.769.

administrativa aplicada, não pode ser tido por ilícito, nem há obrigatoriedade, para sua instauração, de prévia condenação criminal.[21] (sem destaque no original)

Ademais, se por um lado é possível vislumbrar o fundado receio de dano irreparável ou de difícil reparação ao produtor autuado, será ainda mais fácil a visualização do perigo inverso, como no caso de que a sociedade, por via da concessão de créditos públicos subsidiados, venha a financiar a produção privada daqueles que cometem o repugnante ato de reduzir trabalhadores à condição análoga à de escravo, em notória prevalência de interesses privados escusos sobre interesses sociais legítimos.

Aplicável ao caso, assim, a máxima *in dubio pro societate*, mesmo porque o núcleo essencial do art. 149 do Código Penal[22], que tipifica o crime de "redução a condição análoga à de escravo", foi consideravelmente ampliado pela Lei n. 10.803/2003, fato que demonstra, de modo insofismável, a hodierna preocupação da sociedade brasileira em repelir vigorosamente conduta tão mortificante.

Conclusão

Relembrando o insuperável José Augusto Rodrigues Pinto, "é sempre útil condensar as teses de uma exposição em sínteses conclusivas"[23].

Dessarte, guiado pelo conselho do mestre baiano, deixo a partir de agora as conclusões do presente trabalho:

Ultimamente vêm sendo ajuizadas ações judiciais, em regra mandados de segurança ou ações ordinárias com pedido de antecipação de tutela, todas questionando a legalidade e as consequências práticas das Portarias ns. 1.234/2003 (hoje 540/2004 — que criou o "Cadastro de Empregadores que Tenham Mantido Trabalhadores em Condições Análogas à de Escravo") e 1.150/2003 (que limitou o acesso de produtores rurais ao financiamento público da atividade produtiva privada);

Como fundamentos das ações, tem-se dito que as aludidas portarias tratar-se-iam de inominável ofensa ao direito de propriedade, ambas ferindo o princípio da reserva legal, haja vista que os Ministros do Trabalho e da Integração Nacional não teriam legitimidade legiferante para editá-las, sendo certo que a ausência de perseguição criminal instaurada em face dos produtores rurais, ou a inexistência de

---

(21) STJ — 5ª T. — RMS n. 2.665/PE — Rel. Min. Cid Flaquer Scartezzini, Diário da Justiça, Seção I, 3 nov. 1997, p. 56.337.

(22) Art. 149. Reduzir alguém a condição análoga à de escravo, quer submetendo-o a trabalhos forçados ou a jornada exaustiva, quer sujeitando-o a condições degradantes de trabalho, quer restringindo, por qualquer meio, sua locomoção em razão de dívida contraída com o empregador ou preposto. Pena — reclusão, de dois a oito anos, e multa, além da pena correspondente à violência. (...)

(23) RODRIGUES PINTO, José Augusto. Breve crônica da prescrição rural trabalhista. In: *Revista do TST*, p. 183, out./dez. 2000.

sentença penal condenatória transitada em julgado, possuiria o condão de conduzir à presunção de inocência quanto à prática degradante de que são acusados (art. 5º, LVII, da CRFB).

A competência originária para a cognição destas ações pertence ao primeiro grau do ramo trabalhista do Poder Judiciário, na medida em que a novel redação do art. 114, VII, da CRFB, diz textualmente que "compete à Justiça do Trabalho processar e julgar as ações relativas às penalidades administrativas impostas aos empregadores pelos órgãos de fiscalização das relações de trabalho". De outro tanto, tais ações poderão ser intentadas na Vara do Trabalho que possuir jurisdição sobre o domicílio do autor, naquela onde houver ocorrido o ato ou fato que deu origem à demanda, ou, ainda, no Distrito Federal.

As portarias não ofendem nem o direito de propriedade, nem o princípio da legalidade, já que quando a propriedade não cumpre sua função social, fica exposta até mesmo à desapropriação. Assim, *ex vi* do § 2º do art. 184 da CRFB, se a União pode editar um decreto declarando o imóvel como de interesse social, para fins de desencadeamento do procedimento de desapropriação, por certo está respaldada, por via dos Ministérios competentes, a editar portarias que visem coibir a existência da repugnante prática da servidão contemporânea, com expressa vedação ao financiamento público da atividade privada incapaz de cumprir sua função social.

As portarias não malferem o princípio constitucional da presunção de inocência, que no caso merece ser analisado em cotejo com a presunção também constitucional de legalidade e acerto dos atos administrativos, de modo a não se tornar uma panaceia capaz de eximir infratores de suas responsabilidades.

Erradicar o Trabalho Escravo Exige Consciência e Protagonismo da Sociedade, e Coerência da Ação Pública

Xavier Plassat(*)

Ações integradas de cidadania no combate preventivo ao trabalho escravo

> Celebramos este ano os 500 anos de uma proclamação profética, mas, por muitos, ainda não ouvida: o sermão do frei Antônio de Montesinos. Certo domingo do Advento de 1511, menos de dois anos após sua chegada, admoestou sem piedade os *hacienderos* escravagistas da Ilha de São Domingos (hoje República Dominicana), à qual, em meio aos primeiros colonizadores, havia sido enviado com um punhado de frades dominicanos. Assinado coletivamente pelos frades, diz o sermão: "Vocês estão todos em pecado mortal, em virtude dos crimes que cometem contra os Índios. Com que direito vocês conquistam este país, escravizam, oprimem seus habitantes? Estes não são seres humanos? A serem respeitados em seus direitos e a serem amados por vocês, cristãos? Com que direito e com que justiça tens os índios em tão cruel e horrível servidão? Acaso não morrem, ou para dizer melhor, os matam, para tirar ouro cada dia? Não estais obrigados a amá-los como a vós mesmos? Isso não entendeis, isso não sentis?".

Por muitos anos o Brasil se negou a reconhecer a permanência sobre seu solo de práticas escravistas que haviam feito a fortuna de suas elites por mais de três

(*) Frade dominicano. Formado em ciências políticas e em administração, coordena a Campanha Nacional de Combate e Prevenção ao Trabalho Escravo, da Comissão Pastoral da Terra, e seu representante na CONATRAE.

séculos: a abolição pelo mágico decreto da Princesa Isabel havia colocado o país em dia com as regras em vigor no mercado mundial, e ponto final. A profética carta pastoral de Dom Pedro Casaldáliga (*Uma Igreja da Amazônia em conflito com o latifúndio e a marginalização social*, 1971), escrita a partir da nova Prelazia de São Félix do Araguaia, mereceu a mesma negativa por parte das autoridades que as primeiras denúncias lançadas pela equipe da CPT de Conceição do Araguaia e o Pe. Ricardo Rezende nos mesmos anos: calúnia e difamação contra esses operários da "quinta coluna", aquela que está a serviço do adversário, só preocupados em denegrir o Brasil e facilitar a penetração do comunismo. Ninguém botava defeito num sistema de exploração que garantia o avanço da colonização promovida pelo regime militar, custasse o que custasse. Afinal essa terra sem gente ia enfim acolher multidões sem terra e uma coisa valia bem a outra. Li certa vez no *Almanaque*(1), distribuído a bordo dos voos da TAM, um vibrante elogio do comandante Rolim, um trecho bastante esclarecedor para quem estuda o vínculo entre escravismo e acumulação primitiva: nestes anos de brasa, exatamente quando Dom Pedro denunciava as *turpitudes* da CODEARA (uma colonizadora operando em Santa Terezinha, MT), a partir de 1967, ele, jovem aventureiro, costumava fazer frete entre o norte de Goiás e as imensas terras abocanhadas pela empresa à custa dos posseiros da região, e ali dirigia seu aviãozinho concebido para o conforto de 4 passageiros "com gabarito norte-americano", lotado com até 12 peões famélicos mais o gato, carregados na margem da Belém-Brasília, em voos sempre bastante arriscados, nos quais, portanto, sempre andava armado.

Na época, a montanha do negacionismo oficial foi revirada por um teimoso esforço integrado de cidadania. Foi uma luta de 20 anos (1970-1990), associando figuras das mais diversas: peões escravizados empreendendo ousadas fugas a despeito dos mil perigos que os esperavam a caminho (que o diga José Pereira deixado por morto pelos capangas da fazenda Espírito Santo que o alcançaram, mataram seu companheiro de infortúnio, perdendo ele um olho e salvando milagrosamente a vida); agentes de pastoral assumindo despojada acolhida e metódicos levantamentos de depoimentos de vítimas, por serem de repente confrontados com uma barbaridade bem longe dos manuais da Igreja, em ambiente de completa insegurança; corajosas iniciativas de personalidades ímpares do Ministério Público Federal e da OAB então reunidas, junto com a CONTAG, a CPT e alguns poucos, no

---

(1) Disponível em: <http://www.almanaquebrasil.com.br/memorias-do-comandante/mergulho-decidido> "Tratava-se de um serviço arriscado. Num Cessna-170, de quatro lugares, Rolim voava da sede da Codeara, próxima à vila de Santa Teresinha, na beira do Araguaia, até a rodovia Belém-Brasília, onde ia encontrar os "gatos": aliciadores de mão de obra no agreste nordestino, que traziam gente com a promessa de trabalho nas áreas pioneiras da Amazônia. Desembarcados de caminhão, os trabalhadores passavam para o avião de Rolim. Famélicos, tinham a metade do peso de um passageiro americano, para o qual o Cessna tinha sido projetado. E quase não possuíam bagagem: "Às vezes, traziam uma rede e um maço de cigarros", contava Rolim. Assim, ele tirava os bancos do monomotor e colocava de 10 a 12 passageiros num avião que teoricamente teria de levar menos da metade. Voltava para a Codeara e pousava nas pistas de terra que cortavam a mata".

Fórum Nacional contra a Violência no Campo; criteriosas denúncias levadas ao conhecimento das instâncias internacionais competentes: subcomissão de Direitos Humanos da ONU em Genebra (1983), Assembleia Geral da OIT, Comissão de Direitos Humanos da OEA (1988). Se a palavra da cidadania não convencia as autoridades por dentro do país, seu eco amplificado retumbaria desde Genebra, Washington ou San José de Costa Rica. E assim foi: destacado em sucessivos relatórios do Comitê dos Experts da OIT ou do próprio Secretário Geral da organização internacional e citado a comparecer ou a justificar-se de tais vergonhosas alegações, o governo brasileiro aos poucos não teve mais como se furtar às evidências. Somando isso com a posse presidencial, em 1994, de um estudioso que justamente havia dedicado seus melhores anos a investigar "a peonagem por dívida na Amazônia", tornou-se incontornável o primeiro reconhecimento oficial da chaga do trabalho escravo contemporâneo: aquele "café com presidente" escolhido para anunciar a mudança entrou na história e com ele a primeira definição dos rudimentos de uma política de repressão ao trabalho forçado (GERTRAF, 1995); e a constituição quase simultânea do novíssimo Grupo Móvel de Fiscalização do Trabalho Escravo, então apresentada como a arma decisiva contra aquele crime. Bastaria, porém, pouco tempo para verificar os limites do instrumento: passo obviamente indispensável, desde que sustentado por recursos bem além dos parcos créditos alocados na época, mas passo apenas inicial de uma ação articulada que nestes anos não chegou a ser elaborada. Só começaria a ser pensada, a partir de 2002, de novo sob pressão interna e externa, no seio da Comissão Nacional de Combate ao Trabalho Escravo, reunida às pressas pelo presidente Fernando Henrique, e desembocaria nas 75 medidas do I Plano Nacional de Erradicação do Trabalho Escravo, lançado em março de 2003 pelo presidente Lula: um marco decisivo, pela solenidade do compromisso assumido e pelo caráter integrado da intervenção pretendida. A *integração* caracteriza tanto os vários aspectos do problema a serem trabalhados: o repressivo e o preventivo, quanto a variedade das instituições compromissadas na execução do plano, logo mais apresentado como "plano de Estado": o Executivo, o Judiciário, o Legislativo, e a sociedade civil.

De lá para cá foi louvado pela comunidade internacional o esforço do Brasil para acabar com o trabalho escravo: de fato, pela primeira vez, a abordagem proposta pretendia cortar pela raiz — em 4 anos! — a cadeia sistêmica que produz e reproduz o trabalho escravo. Que alicia populações assoladas pela miséria a serviço de empregadores calculistas, obcecados pelo lucro a qualquer custo, e inacessíveis ao rigor da lei. Ao tripé vicioso da impunidade, da ganância e da miséria, a ideia foi de contrapor o tripé virtuoso da fiscalização, da repressão e da prevenção, articulando para isso ações do Estado e iniciativas da sociedade. Em que pese as insuficiências do plano aprovado (como a inexistência de propostas concretas na área de prevenção, a ausência de políticas efetivas de inclusão social ou a falta de ações relacionadas às cadeias produtivas), este era o bojo do dispositivo esboçado e, de lá para cá, aperfeiçoado (cf. *II Plano lançado em 2008*): promover um esforço conjugado de um conjunto de instituições e entidades do Estado e da sociedade civil.

Por sua vez, na mesma época, a CPT dava mais um passo na sua cruzada contra o trabalho escravo e lançava sua Campanha Nacional de Prevenção e Combate ao trabalho escravo (*De Olho Aberto para não Virar Escravo*), a qual completou no início de 2007 exatos 10 anos, quando justamente encerrava o prazo dado por suficiente pelo Governo Federal para erradicar o trabalho escravo no País: uma circunstância que justificaria balanço, explicações e definição de novos horizontes. Nesta finalidade, a CPT provocou em novembro de 2007, em Washington, uma Audiência da Comissão Interamericana de Direitos Humanos obrigando o Estado brasileiro a confirmar seu real compromisso.

Embora parabenizados por muitos, os resultados dos sucessivos planos ainda são mitigados. Pior: poderiam sofrer revés se determinadas tendências negativas já observadas não fossem revertidas. Entre elas estão: a resistência do legislador em aprovar textos importantes como a proposta de emenda constitucional determinando o confisco das terras onde forem flagradas práticas escravistas; a possibilidade de se reabrir a interminável discussão da competência para julgar o crime (se da Justiça Comum ou da Justiça Federal) a qual havia sido superada com a decisão do STF, no final de 2006, confirmando a competência da Justiça Federal: um passo essencial para enfim executar o que manda o Código Penal Brasileiro (art. 149) e pôr na cadeia os criminosos envolvidos nessas práticas(2); o pensamento suicida de lideranças patronais que continuam negando o óbvio ou, em vez de extirpar a "trave" do meio de suas fileiras, preferem jogar a culpa nos fiscais da lei(3) ou minar instrumentos que permitem seu combate (a exemplo do Cadastro dos Empregadores flagrados com escravos — ou "Lista suja" — criado em 2003 pelo Ministério do Trabalho e Emprego (MTE) e alvo de uma Ação de Inconstitucionalidade por parte da CNA); as limitações da máquina burocrática, inclusive a fiscalização, impotente em atender a contento as demandas existentes, em razão de engessamento no planejamento operacional ou de resistências por parte de determinadas instituições; a condução contraditória da política nacional, esquartejada entre opções econômicas que contribuem em gerar vulnerabilidades e agravar problemas estruturais que políticas sociais compensatórias tentam amenizar.

Terminando 8 anos do Plano de Erradicação, terão sido libertados cerca de 41.000 trabalhadores, 86% de todos os libertados dos últimos 16 anos, evidenciando o considerável avanço da fiscalização a partir de 2003. Mais de 500 proprietários terão sido incluídos na temida "Lista suja" (alguns por pouco tempo, é bem verdade,

(2) A partir da confirmação da competência da Justiça Federal, foram prolatadas mais de 50 sentenças criminais, particularmente pela Justiça Federal de Marabá. Novo questionamento do Ministro Gilmar Mendes, voto vencido na decisão do Supremo, reabriu o debate.

(3) Como exemplo emblemático do clássico farisaísmo descrito nos evangelhos (cf Mt, 23, 24-25 ou Lc, 6, 41-42) *vide* as recorrentes indignações da senadora Kátia Abreu (DEM), presidente da Confederação da Agricultura e Pecuária do Brasil (CNA). Entre outras: "Agentes partidários, travestidos de funcionários públicos, empenham-se em difundir a infâmia de que a maioria dos produtores rurais ou é predadora do meio ambiente ou escravagista", *Estado de S. Paulo*, 25 de maio de 2010.

por força de liminares contrárias conseguidas na Justiça Federal ou na Justiça do Trabalho) sendo por, no mínimo, dois anos, excluídos das linhas de financiamento público ou privado[4]. Vários deles amargam hoje uma merecida rejeição pelo mercado, na medida em que vem sendo desvendada também a cadeia produtiva das empresas escravistas, aquela que une em cumplicidades ocultas fornecedores e consumidores[5]. Mais: depois de concluída a maioria das operações de resgate, o Ministério Público do Trabalho, presente em todas, acionando a Justiça do Trabalho, terá pleiteado e conseguido a condenação dos infratores a pagar indenizações por danos morais coletivos, em valor cada dia mais dissuasivos. Isso tudo, por sinal, tem contribuído sumamente a melhorar nosso conhecimento do perfil e das demandas das vítimas, jogando bases para futuras ações positivas de prevenção e inserção: confirmando, como exemplificou um diagnóstico metódico realizado no Piauí pela CPT, que a maioria dos migrantes temporários são pessoas não ou pouco alfabetizadas, com renda abaixo do mínimo, famílias numerosas, sem acesso a terra e sem alternativas locais de emprego, provenientes principalmente de Piauí, Maranhão, Tocantins, ou já fixadas em regiões para onde migraram, Pará ou Mato Grosso. Confirmou também a caracterização das atividades dominantemente responsáveis pela escravização moderna: desmatamento e roço de pasto para a pecuária, atividades braçais nas lavouras do agronegócio — soja, milho, café, algodão, frutas e cana-de-açúcar — ou nas carvoarias. A divulgação mediática mudou realmente o clima preexistente de ocultação e total impunidade, incentivando as vítimas da escravidão moderna a correrem, com certa expectativa de resultado, o risco de denunciar um sofrimento até pouco considerado e suportado como "normal", até certo limite[6].

É sabido que a maioria das denúncias de trabalho escravo (dois terços) transita pelo movimento social, essencialmente pelas equipes associadas à Campanha da Comissão Pastoral da Terra: esta é de fato uma das primeiras missões assumidas pela Campanha. A credibilidade de todo o edifício do combate ao trabalho escravo começa aí: na efetividade da investigação de todas as denúncias. Ficamos longe disso por muitos anos: até o ano passado, uma entre três denúncias chegava realmente a ser fiscalizada, uma situação que tendeu a ser revertida ultimamente, depois de repetidas cobranças. O número de denúncias deixadas sem fiscalização foi paradoxalmente crescendo até 2005: de 72 casos em 2003 para 113 em 2005,

(4) Por determinação do Conselho Monetário Nacional (CMN) do 18.6.2010, instituições financeiras ficam proibidas de contratar ou renovar crédito rural a pessoas físicas ou jurídicas inscritas no Cadastro de Empregadores que mantiveram trabalhadores em condições análogas à de escravo. Essa medida estende ao conjunto das instituições financeiras uma proibição já efetiva no setor público e em vários bancos privados como o ABN Amro, Santander ou Bradesco (com orientação, neste sentido, da Federação Brasileira dos Bancos — Febraban).

(5) Cf Pacto Nacional Contra o Trabalho Escravo, hoje assinado por mais de 120 empresas de porte nacional ou internacional cujo valor de faturamento equivale a 20% do PIB brasileiro.

(6) A determinação de fugir da fazenda obedece a vários motivos. O mais frequente é bem resumido pela explicação frequentemente ouvida de denunciantes que nos procuram: "passaram a nos tratar pior que animais, não aguentei mais".

voltando à casa de 60 em 2009. Isso significa o abandono à sua sorte do inaceitável número de 2 a 3.000 pessoas a cada ano. Isso malgrado as desesperadas e arriscadas iniciativas tentadas pelos denunciantes, em maioria fugitivos, para procurar socorro, sendo muitas vezes expostos a ameaças, perseguição e, se interceptados pelos seguranças da fazenda, submetidos a retaliação, humilhação, surra, e até liquidação. Cada denúncia não atendida mina a credibilidade do Estado, torna inúteis os custosos e também arriscados esforços de centenas de agentes do movimento social e das Igrejas para acolher e amparar as vítimas, e abala a esperança destas de saírem do inferno que lhes é imposto, contrariando precisamente o chamado que todas as campanhas — promovidas pelo Estado, pela OIT, pela CPT — tentam popularizar entre os trabalhadores: "Diga não à escravidão! Denuncie!" O empenho da Secretaria de Inspeção do Trabalho do MTE, que coordena as operações do Grupo Móvel, está acima de qualquer suspeita, como está o dos fiscais — todos voluntários e cumprindo com louvável abnegação sua missão. Eles compõem as equipes de fiscalização, em número que oscilou entre 4 e 8 no decorrer dos anos. Há um descompasso entre a altura da demanda e a estreiteza dos meios disponibilizados pelo Estado. Uma meta mínima de curto prazo deveria ser a de elevar para 70% a taxa de atendimento das denúncias encaminhadas ao Grupo Móvel. Para isso se faz necessária uma estruturação adequada dos serviços responsáveis e uma consequente dotação de recursos humanos, materiais e financeiros. Pela primeira vez, em 2010, em contexto de redução sensível do número total de denúncias recebidas, foi possível aproximar esse patamar, com 62% de atendimento.

Embora longe de ser perfeita, a arquitetura do Plano de Erradicação forma um conjunto coerente. A ação repressiva por si só é incapaz de eliminar as práticas escravistas. É evidente que a prevenção — e com ela, a educação, a geração de emprego e, de forma cabal, a reforma agrária — tem papel preponderante do ponto de vista do tratamento das causas estruturais (foi inclusive principalmente nessa parte que o II Plano, lançado em 2008, veio sanar algumas falhas do I Plano). Mas é claro que o alicerce de todo o edifício reside na efetividade da fiscalização. *Só com ela não se erradica, sem ela não se faz mais nada.*

Por isso também o papel que assumimos como Campanha não se restringe a acolher e amparar as vítimas, encaminhar sua denúncia e cobrar a pronta intervenção da fiscalização, embora o atendimento às vítimas consuma boa parte de nosso potencial de atuação — constituindo-se inclusive na fonte inesgotável da indignação que nos move neste combate. Atender a vítima é mais que uma ação emergencial: o atendimento já pode gerar processos que irão alterar a trajetória desses milhares de "vidas roubadas"[7]. Enquanto aguardava os fiscais, sob o amparo da CPT, o peão do trecho apelidado de "Baiano" começou — com paixão — a aprender a leitura. Ver no olhar deste adulto indocumentado a inefável felicidade do homem

(7) Título do livro de Binka Le Breton dedicado à escravidão moderna na Amazônia brasileira (Loyola, 2002).

que pela primeira vez escreve e lê seu nome já é aposta de uma mudança possível, se continuada e assumida numa rede adequada de suporte às vítimas egressas da escravidão. Quem são esses trabalhadores? Quais as razões que os devolvem sem fim a este ciclo de dominação e exclusão? Com que sonhos eles que viraram eternos migrantes perambulam no trecho, de pensões em fazendas? Estabelecer o contato com o trabalhador é fundamental, inserir em seguida este trabalhador num processo transformador é que se revela difícil: precisaria para isso articular uma rede ágil de entidades de apoio que possam, lá no ponto de saída deste trabalhador, oferecer opções para aquele que voltou da "grande tribulação". Temos equipes nos Estados de Alagoas, Maranhão, Bahia e Piauí, Estados de onde saem anualmente milhares de trabalhadores, e outras em Tocantins, Pará, Mato Grosso, Goiás, Rondônia onde o sonho vira pesadelo para muitos deles: o desafio é, passado o resgate, promover alternativas lá na terra de origem, ou na terra de destino quando ali acabaram se mudando. Este é um desafio complexo: já começamos a ter algumas experiências positivas tanto na Campanha da CPT quanto no programa conjunto iniciado há pouco no Mato Grosso, sob o impulso da COETRAE daquele Estado. O segredo: apostar no protagonismo dos trabalhadores e fornecer meios que possam sustentar a mudança qualitativa alvejada, tais quais: espaços onde possam ser reconhecidos e reatar os fios de sua existência, de sua cultura, de seus sonhos; acesso a oportunidades de educação básica e formação profissionalizante; incentivos à geração de emprego; promoção de ações efetivas de reforma agrária focadas nas áreas de maior risco. Os três meses do seguro-desemprego consentidos aos resgatados do trabalho escravo são pouca coisa em face de tamanha perspectiva.

Nenhuma mágica é capaz de quebrar o ciclo da escravização se não parte também de uma iniciativa articulada das próprias vítimas. Processo ainda mais árduo, pois trata-se geralmente de uma população sem referência estável e geralmente alheia a qualquer organização. Ingressar nos movimentos de luta por terra seria uma opção para muitos, mas com que perspectiva, se a reforma agrária não anda? No interior do Piauí, em municípios de intenso aliciamento, trabalhou-se a nucleação dos trabalhadores migrantes. Em Monsenhor Gil, Piauí, a partir deste apoio, foi possível reverter a sina que obrigava dezenas de trabalhadores a migrar a cada ano para os canaviais ou para a fronteira amazônica: hoje ganharam assentamento no próprio município, conhecido como "Nova Conquista". No Tocantins, sindicatos localizados nas frentes mais problemáticas do agressivo agronegócio assumiram aos poucos essa bandeira, a partir de um programa trienal assumido pela FETAET, Federação Estadual dos Sindicatos de Trabalhadores Rurais, com apoio da CPT. No Maranhão, três iniciativas de trabalho cooperado estão a caminho em Açailândia, por iniciativa do CDVDH e de famílias egressas do trabalho escravo: produzem carvão alternativo, objetos reciclados e brinquedos de madeira. Graças ao apoio do Programa "Balcões de Direitos" promovido pela SDH e à determinação de nossos agentes, conseguimos em mais de 12 localidades de 7 Estados afetados pelo trabalho escravo, promover incipientes processos educativos e pontos de atendimento legal, pelos quais trabalhadores têm acesso pela primeira vez ao mínimo conhecimento dos seus direitos, aprendem onde e como cobrá-los, como se organizarem para defendê-los, a começar pela própria documentação pessoal que muitas vezes inexiste.

Neste conjunto merecem destaque especial algumas ações de comprovado potencial:

O programa Escravo Nem Pensar (ENP), proposto desde 2004 pela Repórter Brasil — ONG reunindo jornalistas comprometidos com as causas sociais: almejando a multiplicação de atores que assumam iniciativas de prevenção nos municípios mais afetados por aliciamento ou/e trabalho escravo, o programa propõe uma capacitação de uma semana a professores voluntários, do ensino fundamental e médio, deixando aos seus critérios a introdução da temática do combate ao trabalho escravo na sala de aula e no currículo educativo. Os assuntos tratados nos cursos se relacionam às causas estruturais do trabalho escravo ou às consequên-cias desse tipo de exploração, conferindo a essa questão sua dimensão social, política, econômica e ambiental. Após a formação, educadoras da Repórter Brasil fazem visitas de acompanhamento a cada município, reunindo os professores e lideranças formados pelo curso. Nesses encontros, os participantes têm contato com novos materiais e notícias sobre o assunto, discutem o que tem sido feito para prevenir o trabalho escravo, conversam sobre como superar as dificuldades e planejam ações futuras. Mesma proposta vem sendo oferecida a gestores públicos e a lideranças de movimentos sociais, sindicatos, associações, pastorais, tanto por este programa, quanto por vários outros que foram desenvolvidos pelas demais entidades integrantes da rede de combate ao trabalho escravo. Em 6 anos, associando parceiros locais da CPT, sindicatos e CDH, o programa ENP já atingiu mais de 40 municípios e 2000 educadores em 6 Estados (Maranhão, Piauí, Bahia, Pará, Tocantins e Mato Grosso). O interessante é o efeito multiplicador de tal programa: monitorados e apoiados na execução de pequenos projetos formulados por eles mesmos, os professores (mais vezes: as professoras) demonstram uma criatividade sem limite para inserir a temática na sala de aula, mobilizar alunos, comu-nidade educativa e sociedade ao seu redor. Já saíram gincanas, feiras de ciências, realização de filmes, programa de rádio, jornal municipal, concursos escolares ou interescolares, festival estadual da abolição. Ao final, são milhares de pessoas envolvidas e sensibilizadas à questão, nas regiões que mais precisam.

Outros tantos municípios receberam oficinas, seminários, audiências públicas e jornadas de informação, promovidos pelos agentes locais da Campanha, às vezes com a colaboração de agentes do Poder Público (procuradores e juízes do trabalho, procuradores da República, auditores fiscais do trabalho, INCRA) e das universidades.

A constituição de Comissões municipais de combate ao trabalho escravo em vários municípios do interior do Piauí, como resultado de um processo de articulação de anos, incluindo diagnóstico, pesquisa, realização de encontros de trabalhadores migrantes, nucleação desses trabalhadores. O processo, associando CPT, Pastoral do Migrante, Fetagr-PI, DRT, produziu outros importantes avanços, chegando à adoção, pelo Governo estadual, de um plano de combate ao aliciamento e ao trabalho escravo elaborado a partir das propostas do fórum estadual. Com características e motivações diferenciadas, também apresentaram planos de combate a essa chaga que, por muitos anos, fingiram nem ver, e criaram uma Comissão Estadual para a Erradicação do Trabalho Escravo (COETRAE) os Governos do Maranhão (em 2004: mas até hoje só ficou no papel), do Mato Grosso (a partir de 2006, após o lamentável "incidente" de Nova Lacerda[8], de lá para cá se mostrou um aluno aplicado), do Tocantins e do Pará (em 2007, inclusive com promessa de costurar um Pacto federativo contra o trabalho escravo, que ficou letra morta): encabeçando o *ranking* do trabalho escravo esses Estados entenderam o tamanho dos riscos comerciais decorrentes desta lastimável liderança (se não já bastassem as da febre aftosa ou da motosserra de ouro). Mais recentemente — 2009 — a Bahia também entrou nessa onda, e também — 2010 — Rio de Janeiro (ainda por se concretizar).

No Maranhão, a realização, em forma itinerante, de encontros de sensibilização e capacitação, assumida pelo FOREM, Fórum Estadual de Combate ao Trabalho Escravo, com a decisiva participação do Centro de Defesa da Vida e dos Direitos Humanos (CDVDH) de Açailândia e da então DRT-MA. Seminários foram realizados em cidades do interior como Balsas, Açailândia, Bacabal, Caxias, Chapadinha, Codó, Pinheiro, Presidente Dutra, com o objetivo de alertar os trabalhadores para não caírem nas armadilhas da escravidão contemporânea, informar maneiras de denunciar e capacitar núcleos locais constituídos para atender as vítimas; uma iniciativa semelhante foi desenvolvida no Piauí na forma de oficinas itinerantes associando o Fórum estadual e a Secretaria de Educação e levando, aos professores do interior, informações e subsídios para enfrentar o problema a partir da escola. Na oportunidade foi entregue o livro publicado em 2007 pela Repórter Brasil: "Escravo, nem pensar! — Como abordar o tema do trabalho escravo na sala de aula e na comunidade", apresentando a metodologia utilizada nas formações[9].

Valendo-se de expressões artísticas variadas — capoeira, teatro, música, múltiplas ações educativas foram propostas para públicos de jovens e adultos de bairros entre os mais pauperizados das periferias de Açailândia (MA), Araguaína

(8) No início de 2006, a polícia militar do Mato Grosso enfrentou a balas as forças federais envolvidas na fiscalização de uma denúncia de trabalho escravo (policiais federais, fiscais do MTE e procurador do trabalho, integrantes do Grupo Móvel de Fiscalização do Trabalho Escravo em missão de inspeção na Fazenda Sankara, município de Nova Lacerda). Em consequência disso, o Governo do Mato Grosso foi firmemente convidado a receber em Cuiabá a CONATRAE — Comissão Nacional de Erradicação do Trabalho Escravo e apresentar-lhe seus planos de combate ao trabalho escravo.

(9) O livro vem sendo distribuído gratuitamente a professores da rede pública nos Estados atendidos pelo programa, com o apoio dos Governos locais.

(TO) ou Tucuruí (PA), além de programas de alfabetização cidadã, ou ainda das animações temáticas realizadas a bordo do trem e nas estações ferroviárias da CVRD (Companhia Vale do Rio Doce), entre São Luís do Maranhão e Parauapebas (PA), atingindo milhares de trabalhadores do Maranhão, Piauí ou Pará, a caminho da sonhada fronteira agrícola.

Outra iniciativa proveitosa é a mobilização de trabalhadores rurais identificados a partir de operações de resgate do Grupo Móvel ou de denúncias locais, e naturais de um mesmo município ou região, como já ocorreu no interior do Piauí ou do Tocantins, para iniciar um trabalho de sensibilização, educação aos direitos básicos, discussão de alternativas, propostas de organização local, implementação de projetos valorizando suas aptidões. Desta maneira, um grupo de Ananás, TO, acabou construindo o núcleo local da Comissão de Direitos Humanos sediada em Araguaína; e um grupo de Açailândia, MA, explora, com auxílio do CDVDH, uma tecnologia "revolucionária" de produção de carvão vegetal, ecológica e cidadã; outro, em Monsenhor Gil, PI, formado por quarenta trabalhadores resgatados, conseguiu pôr fim ao ciclo de migração forçada que os jogava periodicamente no caminho da escravidão, nos canaviais do sul ou na mata amazônica: com apoio e orientação da CPT, lutaram de forma organizada até conseguir do INCRA uma terra para assentar suas famílias.

Desde 1998, as equipes da Campanha da CPT divulgam uma cartilha em forma de sanfoninha do tamanho de um cartão telefônico, destinada aos próprios trabalhadores em risco de aliciamento ou que já entraram "em cana", presos na fazenda ou na carvoaria que os escraviza. Nela uma breve história em quadrinhos ajuda o trabalhador, com ou sem leitura, a identificar sua própria situação (como um deles confessou certa vez: "eu me achei"), desde a contratação fraudulenta na pensão até a promiscuidade do barraco e a roubaria na cantina do gato, passando pelas armas que amedrontam e a dívida que acorrenta, terminando pela saída do túnel por meio de um resgate exitoso. "Isso é crime, denuncie! ": esse singelo apelo inscrito no final dos quadrinhos, desperta a vontade de resistir à opressão quando esta havia se "naturalizado" na cabeça de muitos, libertando da sujeição moral incutida pelos modernos carrascos: uma mensagem de esperança que está hoje na mão do meio milhão de trabalhadores rurais brasileiros já alcançados por essa sanfoninha. No verso da historinha, o trabalhador encontra ainda uma lista de telefones aonde levar sua denúncia e alguns recados para garantir seus mínimos direitos. "De olho aberto para não virar escravo: garanta seus direitos". Entregue de mão em mão numa corrente solidária e protagonista, assim é o destino desta sanfoninha que já salvou milhares do desespero.

Em Goiás, na Bahia, no Rio de Janeiro, cortadores de cana entram em greve e recebem apoio solidário de movimentos sociais do campo e da cidade, dando força às suas "campanhas", exigindo preços menos lesivos no corte da cana, dando visibilidade ao sofrimento silencioso que lhes é imposto no canavial, obrigando até a mídia a não mais se esquecer dos eternos olvidados. Simultaneamente redes de vigilância e de alerta se estabelecem desde o interior do Maranhão até Ribeirão Preto ou Araraquara (SP), em rotas onde centenas de ônibus clandestinos continuam de traficar mão de obra barata: polícia rodoviária federal, sindicatos de trabalhadores, delegacia regional do trabalho, militantes de direitos humanos, jornalistas, agentes pastorais, todos de mãos dadas para cobrar a inalienável dignidade.

Apertados pelo crescente rumor espalhado nos mercados nacionais e internacionais, a partir da denúncia insistente dos movimentos sociais e das ONGs, empresas brasileiras passaram a se antecipar à possível retaliação comercial por parte de uma freguesia mundial sempre melhor informada dos desastres cometidos contra a natureza e contra a vida humana, em nome da ganância sem freio. Articulado pelo programa brasileiro da OIT contra o trabalho escravo e embasado no levantamento da cadeia produtiva das propriedades incluídas na lista suja, realizado e atualizado pela Repórter Brasil, um pacto nacional das empresas foi elaborado com o instituto Ethos e já recebeu apoio de mais de 100 delas(10): essa iniciativa, citada como modelo por especialistas internacionais, está ganhando espaço e credibilidade pelo rigor do monitoramento realizado (não hesitando em excluir dezenas de membros descumpridores dos compromissos assumidos). Discussões estão em andamento para estender a abrangência do pacto a empresas sediadas no exterior (por exemplo: as montadoras de Detroit, grandes consumidoras de aço oriundo do ferro-gusa *made in Brazil* e contaminado por carvão vegetal comprovadamente produzido por escravos). Siderurgistas do Maranhão e do Pará, assustados pelas péssimas repercussões comerciais resultando dos flagrantes efetuados nos seus fornecedores de carvão, hipocritamente terceirizados, criaram inclusive um instrumento para autodisciplinar sua cadeia produtiva: o "Instituto Carvão Cidadão", o qual, sem tratar o problema principal (a falsa terceirização), tenta amenizar os problemas encontrados. Recentemente, eco desses rumores, alguns países passaram a propor o julgamento em Cortes nacionais de qualquer multinacional envolvida em práticas escravistas, em qualquer lugar do planeta.

Em São Paulo, a Repórter Brasil, ONG integrante da CONATRAE desde sua origem, literalmente abraçou a causa do combate ao trabalho escravo e tem multiplicado desde 2001 iniciativas de grande valia: além das ações de campo já mencionadas (Escravo nem Pensar) e de substantiva contribuição nas pesquisas relacionadas com o tema (com foco específico no impacto da expansão dos agrocombustíveis, campo problemático investigado pelo Centro de Monitoramento dos Agrocombustíveis, oferece aos jornalistas e à sociedade em geral farta documentação

---

(10) Segundo o cientista político Leonardo Sakamoto, "as empresas que assinam o pacto se comprometem a adotar medidas para manter suas cadeias produtivas longe do trabalho escravo. Com varejistas, atacadistas, industriais e exportadores negando-se a comprar produtos que tenham trabalho escravo na origem, outros fornecedores intermediários, como os próprios frigoríficos, estão se mobilizando para excluir o produtor que utiliza essa prática. Dessa forma, o corte de custos trazido ao empresário rural pela utilização desse tipo de mão de obra vai deixar de ser um bom negócio".

e orientação sobre o tema, disponibilizando no seu *site* um excelente acervo de documentos, referências legais, estatísticas, a Lista Suja (apresentada em várias línguas), e notícias diariamente atualizadas além de reportagens exclusivas. Mantém uma Agência de notícias *copy left*, considerada a fonte mais bem documentada sobre a questão do trabalho escravo e assuntos correlatos: tráfico de pessoas, superexploração do trabalho, danos provocados por monoculturas, violência no campo. Os **eixos de atuação da ONG são o** jornalismo social, a educação e comunicação e o combate à escravidão. A Repórter Brasil resume assim seu objetivo: "fomentar a reflexão e ação sobre as diversas situações de injustiça que se fazem presentes em nossa sociedade, tanto nos casos de flagrante desrespeito aos direitos humanos, como nas condições sociais e estruturais subumanas de vida. Nesse ponto, toma uma clara e inequívoca opção pelos empobrecidos e marginalizados, no que se refere à realidade política, econômica, social, cultural e ambiental do País".

Essas muitas iniciativas apontam para o rumo certo: trabalhadores que assumem com maior consciência, preparo e organização a defesa de seus direitos, agentes públicos que unem seu empenho ao dos movimentos sociais, organizações patronais que policiam suas próprias fileiras, profissionais que colocam sua arte a serviço da causa da erradicação do trabalho escravo, consumidores e cidadãos que cobram do mercado transparência, responsabilidade e compromisso, educadores e sociedade civil se mobilizando de forma qualificada em suas diversas áreas de competência.

Do micro ao macro

No entanto falta-lhes uma característica mais sistêmica, que possa conferir maior eficácia no plano estrutural e impacto duradouro a suas ações: um resultado que somente um conjunto coerente e articulado de *políticas públicas* poderia garantir. Deste ponto de vista, estão ainda insuficientes, e até incoerentes, as ações promovidas pelo Estado brasileiro: assim, existem planos consistentes por parte do MDA-INCRA para incorporar o combate ao trabalho escravo como prioridade na política de reforma agrária(11)..., mas falta até hoje atribuir uma prioridade efetiva à política de reforma agrária, a qual, todos sabem, seria decisiva para gerar oportunidades a milhares de trabalhadores rurais. Há no MTE projetos interessantes de inclusão social por meio de iniciativas de "Economia Solidária", mas onde isso saiu efetivamente do papel? Em muitas instituições públicas, a agenda do combate ao trabalho escravo demorou para ser efetivamente incorporada. MTE, MPT, TST foram pioneiros. Seguiram, ainda que de forma limitada, a Polícia Federal e a Polícia

---

(11) O MDA-INCRA lançou em 2005 seu próprio plano de erradicação do trabalho escravo e, desde o início de 2006, realiza nas principais Unidades Avançadas um programa de capacitação e planejamento operacional.

Rodoviária Federal (com plano de operação específico); enquanto não se resolvia a questão da competência, Ministério Público Federal e Justiça Federal permaneceram numa certa reserva; e muitos ainda não iniciaram a construção de agendas próprias para enfrentar o problema. Não se fala da inércia dos legisladores, severamente monitorados pela bancada ruralista: mais um reflexo perverso da prerrogativa exorbitante acordada ao agronegócio nos planos econômicos, na perspectiva de desenvolvimento e no conceito de campo em voga em Brasília: uma contradição e tanto, se comparada às perspectivas de mudanças sonhadas.

Na condução do País, o peso do setor do agronegócio é desmedido: considerado salvador da pátria, para ele tudo vale e a ele tudo é permitido. A opção do governo tem sido por este modelo de desenvolvimento "exógeno", de enorme custo social e ambiental. E de pouca preocupação com a responsabilidade social ou a promoção da cidadania. Sinais de contradição no próprio Executivo não têm faltado neste particular.

Escreve a colunista Miriam Leitão[(12)]: "Vários casos de trabalho escravo foram encontrados em fazendas que grilam, desmatam e queimam a floresta, para depois a área ser utilizada para a produção pecuária. Pior do que isso: a maioria absoluta dos integrantes da lista suja do Ministério do Trabalho é pecuarista. Esses empresários da era da pedra lascada são grandes produtores do Sul do Pará, de Mato Grosso,

---

(12) Coluna de Miriam Leitão. *O Globo*, 28.10.2005.

Da mesma, ler também: <http://oglobo.globo.com/economia/miriam/posts/2010/05/02/contra-os-fatos-288007.asp> Até 2003, o artigo do Código Penal que condenava o trabalho análogo à escravidão era genérico, e isso favorecia as fazendas irregulares. Mas o Congresso alterou o texto com voto contrário da então deputada Kátia Abreu. O Código, agora, descreve quatro condutas que configuram o crime de reduzir alguém à condição análoga à de escravo: trabalho forçado; servidão por dívida; jornada exaustiva; trabalho degradante.

A senadora reclama dessas normas dizendo que elas são fruto de preconceito ideológico contra a propriedade privada. Na verdade, não parecem ser contra o capitalismo, mas sim a favor do trabalho assalariado e, com garantias e direitos, que é da natureza do próprio capitalismo. Não cumprir essas regras seria restituir uma ordem medieval do trabalho. Só uma minoria das empresas é encontrada com trabalho escravo, mas os casos não deixam dúvidas de que o País não está diante de uma picuinha de fiscais preconceituosos, ou de normatização compulsiva do governo. Os flagrantes são repulsivos. E o Ministério do Trabalho admite que só se fixa em 30% daquelas normas (NR-31), as que são mais elementares. (...) No dia 13 de novembro de 2007, os fiscais encontraram 820 índios trabalhando numa das sete fazendas do grupo José Pessoa de Queiroz Bisneto, em Brasilândia, Mato Grosso do Sul. Eles trabalhavam com agrotóxico e depois comiam, sob o sol, sem ter, ao menos, água para retirar o produto das mãos. Entre várias cenas grotescas, os fiscais encontraram os trabalhadores amontoados em alojamentos mínimos. Em um deles, eram 20 pessoas em 26 metros quadrados. Em abril de 2010, em Aragarças, Goiás, 143 cortadores de cana vindos de vários Estados eram obrigados a pagar pela comida e habitação, dormiam em barracos, e foram pagos com cheques sem fundo, não tinham repouso remunerado.(...) A senadora sabe que o problema existe. Algumas dessas fazendas, como a Pagrisa, ela até visitou para prestar solidariedade aos proprietários. A melhor defesa dos produtores rurais seria separar a minoria criminosa e lutar contra essa prática. Em vez disso, a líder ruralista ataca as exigências feitas pela fiscalização. Com ações assim, ela acabará convencendo o País que os empresários rurais são todos iguais. Se a CNA quiser falar sério sobre modernização, tem que começar desistindo de lutar no Supremo contra a lista que informa quem são as empresas criminosas.

Rondônia, Maranhão e Tocantins. Os relatórios dos fiscais, mesmo quando não registram trabalho análogo à escravidão, revelam uma escala de valores totalmente invertida.

O gado tem ração controlada, vacinação garantida, pasto separado por idade, água tratada, e os trabalhadores não têm água potável, quase nunca se alimentam adequadamente. Quando têm o direito de comer mais de uma vez por dia pagam valores muito maiores pela alimentação do que o salário inicialmente acordado. Muitos estão desnutridos ou doentes. Foram encontrados vários casos de malária ou de trabalhadores acidentados ou intoxicados pelos produtos utilizados. Produtores modernos, que cumprem suas obrigações patronais e ambientais, fingem não ver seus companheiros da pedra lascada. Assim estão cavando as próprias barreiras comerciais mais adiante. Como a aftosa, a denúncia de trabalho escravo ou maus-tratos aos trabalhadores também contamina a todos. A solução não é calar a denúncia, acusar o fiscal ou reclamar do jornalista. A única solução é mudar a atitude e as práticas trabalhistas".

Escreve o jornalista Augusto Nunes(13): "uma inspeção nas terras da Gameleira, incrustada em Mato Grosso, localizara [no início de junho de 2005] mais de mil brasileiros submetidos ao trabalho escravo. Diferentemente dos fazendeiros do século 19, os escravagistas modernos não chegam a acorrentar empregados, nem colocam à venda os que rendem pouco. Mas, como os antepassados, revogam a liberdade dos trabalhadores, violência que fundamenta a conceituação da Organização Internacional do Trabalho. Segundo a OIT, a supressão desse direito fundamental resulta da convergência de quatro perversidades: a apreensão de documentos dos trabalhadores, a presença de guardas armados ou jagunços promovidos a carcereiros, a imposição de dívidas ilegais e as sufocantes características geográficas do lugar. As distribuidoras de combustíveis suspenderam a compra de produtos da Gameleira. Então Severino recorreu a ameaças, espertezas e moedas para conseguir o recuo das distribuidoras. O pernambucano Armando Monteiro Filho não é o primeiro parlamentar punido por manter uma bota no Brasil anterior à Abolição. Pilhados em práticas escravagistas, o senador João Ribeiro (PFL-TO), o deputado federal Inocêncio de Oliveira (PMDB-PE) e o deputado estadual Jorge Picciani, presidente da Assembleia Legislativa do Rio, perderam o direito a crédito em instituições oficiais. Juram inocência, como todos os que mantêm subjugados cerca de 40 mil trabalhadores espalhados pelo Brasil. Os delinquentes agem em silêncio. No ano 2004, grupos que lutam pela Segunda Abolição fizeram caminhar no Congresso uma proposta de emenda constitucional (PEC) indispensável à erradicação da monstruosidade: escravocratas comprovados seriam punidos com o confisco das fazendas. Aprovada no Senado, a PEC pousou na Câmara. Duas votações bastariam para que entrasse em vigor. Retocada por deputados conservadores, foi bem no primeiro turno. Na segunda rodada, previsivelmente, a bancada ruralista mudou

(13) *Escravos do terceiro milênio*, 28.11.2005, *site* No Mínimo.

de ideia. O que não se previa era que o Governo cruzasse os braços. Ainda na chefia da Casa Civil, o ministro José Dirceu ignorou os apelos para entrar em ação. A PEC foi engavetada".

Engavetada até hoje[14].

É um verdadeiro escândalo que, 123 anos após sua promulgação, a abolição da escravidão, que nada mais é senão a expressão da mais elementar exigência de universalização da cidadania, possa ainda ser um tema de debate partidário, com seus prós e seus contras.

Segundo Leonardo Sakamoto, "as operações de libertação de trabalhadores do Governo Federal demonstram que quem escraviza no Brasil não são proprietários desinformados, escondidos em propriedades atrasadas e arcaicas. Pelo contrário, são grandes latifundiários, que produzem com alta tecnologia para o grande mercado consumidor interno ou para o mercado internacional. E essa pequena fração de grandes propriedades rurais monocultoras está inserida em nossa economia. É difícil lutar contra a apropriação do discurso desenvolvimentista que prega a expansão, a qualquer preço, da área plantada de soja ou algodão, do aumento da pastagem e da produção de álcool, do carvão para a exportação do aço. Na maioria das vezes, é a defesa cega do agronegócio, com a desgastada justificativa de que o combate ao trabalho escravo vai gerar prejuízos à balança comercial do País".

Grupos ruralistas teimam ainda em vender seu tradicional discurso negacionista, apelando para argumentos insustentáveis para tentar derrubar as evidências mostradas diariamente pela fiscalização: dizem que as normas impostas no campo são abusivas e importadas da realidade urbana, dizem que esta "maneira antiga" — segundo as palavras do senador João Ribeiro em discurso no Senado — é, por tradição inquestionável, a maneira de trabalhar no campo, que os peões vivem em suas próprias casas realidades ainda mais cruéis. Ou seja, numa demonstração de cinismo impressionante, tentam justificar o tratamento que lhes dão pela própria miséria que "já" prevalece entre as vítimas (quando a miséria evidentemente se perpetua graças a essas práticas de dominação secular)[15]. Quantas matérias da BBC, do *Le Monde* ou do *The New York Times* serão necessárias para acordar

---

(14) Fevereiro de 2011.

(15) No acordão do TRT do Pará que resultou na redução em 90% do valor da condenação do senador João Ribeiro (indenização por danos morais coletivos), decisão confirmada posteriormente pelo TST, os desembargadores usaram deste mesmo lamentável argumento: para descaracterizar a existência de trabalho escravo, listaram uma série de condições que configurariam um trabalho "somente" degradante. Na lógica do relator, o desembargador Lúcio Castiglioni, "as condições da fazenda eram semelhantes às condições do restante do distrito, não podendo caracterizar a intenção do empregador em submeter os seus empregados à condição análoga à de escravo". Ora, como bem lembrou o Ministério Público do Trabalho, que deve entrar com recurso contra a decisão: "Para efeitos penais, as condições degradantes de trabalho hoje se equiparam a trabalho em condições análogas à de escravo, conforme o art. 149 do Código Penal". Às vezes, as situações degradantes são até mais ofensivas aos direitos humanos do que o próprio cerceamento de liberdade. (Dr. Lóris Rocha Pereira, PRT).

nossos exportadores de carne bovina e negociantes de grãos e levá-los a reverter este quadro?

Erradicar o trabalho escravo exige mudanças mais profundas do que se imaginava. Pena que não entraram ainda na ordem do dia.

É dever da cidadania — expressada na militância, no voto ou simplesmente no exercício do poder de compra — integrar também esse combate. Até que, conforme o sonho antigo do dominicano Bartolomeu de Las Casas, sejam efetivados "todos os direitos para todos".

A AÇÃO CIVIL PÚBLICA E SUA EFICÁCIA NO COMBATE AO TRABALHO EM CONDIÇÕES ANÁLOGAS À DE ESCRAVO: O DANO MORAL COLETIVO

ERLAN JOSÉ PEIXOTO DO PRADO(*)

Oração dos direitos humanos
Ó Deus que nos criastes à vossa imagem e semelhança,
na dignidade de filhas e filhos,
herdeiros de vossa vida e de vossa glória:
Abençoai todos os movimentos de Direitos Humanos,
fortalecei todas as pessoas que por eles lutam
e educai-nos na convivência,
corresponsável e feliz,
da dignidade humana que nos concedestes.
Por vosso Filho Jesus,
nosso Irmão divino e humano
Caminho, Verdade e Vida.
Amém, Axé, Awere, Aleluia!
Pedro Casaldáliga[1]

1. NOTAS INTRODUTÓRIAS

Reconhecer a universalidade dos direitos humanos[2] e o "direito de toda pessoa de gozar de condições de trabalho justas e favoráveis"[3], abonadoras de uma

---

(*) Procurador do Trabalho. Vice-coordenador da Coordenadoria Nacional de Erradicação do Trabalho Escravo do Ministério Público do Trabalho — CONAETE.

(1) *Orações da caminhada.* Campinas: Verus, 2005. p. 94.

(2) Declaração Universal dos Direitos Humanos, art. 1º. In: COMPARATO, Fábio Konder. *A afirmação histórica dos direitos humanos.* 4. ed. rev. e atual. São Paulo: Saraiva, 2005. p. 232.

(3) Pacto Internacional Sobre Direitos Econômicos, Sociais e Culturais, art. 7º. In: *Ibidem*, p. 345.

existência decente, imprimindo a maior efetividade possível aos comandos constitucionais garantidores da igualdade e da não discriminação na aplicação de direitos fundamentais (art. 5º, *caput*, da CF), é exigência na luta contra a submissão de milhares de trabalhadores brasileiros a condições análogas à de escravo.

Desenvolver políticas públicas capazes de encetar a construção de uma sociedade livre, justa e solidária, a erradicação da pobreza e da marginalização e a redução das desigualdades sociais e regionais (art. 3º, I e III, da CF) é igualmente tarefa que se impõe quando se pretende o combate ao trabalho em condições análogas à de escravo no país ocidental que por último decretou o fim da escravidão negra.

Mas, promover o respeito à dignidade da pessoa humana, na figura do trabalhador brasileiro, é também exigir do Ministério Público do Trabalho — MPT e da Justiça do Trabalho constante empenho no exercício de sua vocação marcadamente social, contexto em que a tutela coletiva assume especial relevância na repressão ao trabalho escravo, do que são exemplos as condenações concernentes a dano moral coletivo em ação civil pública — ACP.

A iniciativa da Associação Nacional dos Magistrados da Justiça do Trabalho — ANAMATRA de fomentar a presente obra sinaliza que o tratamento do tema a que se propõe adquire maior abrangência e alcance quando enfocado sob diversas perspectivas, entre elas, a de juízes e procuradores do trabalho, cuja atuação conjugada tem propiciado maior democratização do Direito do Trabalho.

2. Atuação do Ministério Público do Trabalho no combate ao trabalho escravo: breve histórico

Não vai longe a atuação do MPT no combate ao trabalho em condições análogas à de escravo, enquanto política institucional. Isso se deve, em parte, à tenra idade da instituição no formato que lhe foi imposto pela Carta de 1988 e também ao despertar democrático da sociedade brasileira observado a partir do novo momento político-constitucional, propiciador de maior consciência em torno da luta pelos direitos fundamentais e humanos.

Em 1992, o hoje Ministro do Tribunal Superior do Trabalho, Dr. Lelio Bentes Corrêa, ao participar de reunião do Fórum Nacional Contra a Violência no Campo, em Brasília, foi indagado por Frei Henry des Roziers sobre a atuação do MPT na defesa dos trabalhadores escravizados. Não tendo dados a fornecer, o então Procurador do Trabalho de Primeira Categoria deixou o Fórum Nacional com o compromisso de levar aquela ideia, já tão cara à sociedade civil, também ao Ministério Público do Trabalho.

No Rio de Janeiro, por volta de 1992, o atual Coordenador da Coordenadoria Nacional de Erradicação do Trabalho Escravo do MPT — CONAETE, Dr. Luís Antônio

Camargo de Melo, teve acesso à publicação da Comissão Pastoral da Terra "Conflitos no Campo", de 1991, na qual foram mencionadas propriedades rurais nos municípios do Rio de Janeiro, Resende, Cabo Frio e Cachoeira de Macaú. A partir de algumas inspeções, quando foi acompanhado por Auditores Fiscais do Ministério do Trabalho e Emprego — MTE, o Dr. Camargo promoveu o ajuizamento de duas ações civis públicas ante a constatação de trabalho degradante.

Em outros Estados da Federação, tais como Minas Gerais e Rio Grande do Sul, também já se podiam observar ações no combate ao trabalho degradante, influenciadas pelo advento da Lei Complementar n. 75/1993.

Como desdobramento da reunião do Fórum Nacional Contra Violência no Campo, surgiu a primeira tentativa concreta de atuação coordenada entre Ministério do Trabalho, Ministério Público Federal, Ministério Público do Trabalho e Secretaria de Polícia Federal na repressão ao trabalho escravo. Em 8 de novembro de 1994, firmou-se Termo de Compromisso[4] que teve como objeto "a conjugação de esforços visando à prevenção, à repressão e à erradicação de práticas de trabalho forçado, de trabalho ilegal de crianças e adolescentes, de crimes contra a organização do trabalho e de outras violências aos direitos à segurança e à saúde dos trabalhadores, especialmente no ambiente rural". Subscreveram referido documento, respectivamente, os Drs. Marcelo Pimentel, Aristides Junqueira Alvarenga, João Pedro Ferraz dos Passos e Wilson Brandi Romão, tendo sido testemunhas Vicente Paula da Silva (Presidente da CUT), Ciro Ferreira Gomes (Ministro de Estado da Fazenda) e Delcídio do Amaral Gomez (Ministro de Estado de Minas e Energia).

Em 1995, com a criação do Grupo Móvel de Fiscalização do Ministério do Trabalho e Emprego, a presença do MPT passa a ser mais exigida, dando-se início a operações conjuntas, como no Estado do Mato Grosso do Sul, em que se buscava a adequação das condições de trabalho em carvoarias.

Em 2002, é instituída a Coordenadoria Nacional de Erradicação do Trabalho Escravo, composta por aproximadamente 50 (cinquenta) Procuradores do Trabalho — quase dez por cento do quadro em atividade —, os quais compõem escala destinada a acompanhar as operações de erradicação do trabalho escravo promovidas pelo Ministério do Trabalho e Emprego. Tal acompanhamento tem por finalidade estabelecer contato mais próximo com os trabalhadores e viabilizar melhor coleta de provas que embasem a atuação judicial ou extrajudicial.

3. A AÇÃO CIVIL PÚBLICA COMO INSTRUMENTO DE DEFESA E PROMOÇÃO DOS DIREITOS FUNDAMENTAIS E COMBATE AO TRABALHO EM CONDIÇÕES ANÁLOGAS À DE ESCRAVO

O desenvolvimento do Direito do Trabalho, no ambiente capitalista pós Revolução Industrial, tem servido como um dos grandes pilares da implementação e

(4) BRASIL. Ministério Público do Trabalho. Procuradoria-Geral do Trabalho. *Relatório do Exercício de 1994,* Brasília, p. 113-117, 1995.

fortalecimento da justiça social, finalidade da ordem econômica, entre nós, com vistas a assegurar a todos uma existência digna (art. 170, *caput*, da CF).

Enfocando o tema sob a perspectiva de um desafio brasileiro, Mauricio Godinho Delgado aborda o papel do Direito do Trabalho no processo de inclusão social:

> [...] o Direito do Trabalho foi o grande instrumento que as democracias ocidentais mais avançadas tiveram de integração social, de distribuição de renda, de democratização social. Um poderoso e eficaz instrumento que conseguiu exatamente estabelecer uma forma de incorporação do ser humano ao sistema socioeconômico, em especial daqueles que não tenham outro meio de afirmação senão a própria força de seu labor. Trata-se de uma generalizada e eficiente modalidade de integração dos seres humanos ao sistema econômico, ainda que considerados todos os problemas e diferenciações da vida social, um notável mecanismo assecuratório de efetiva cidadania. Está-se diante, pois, de um potente e articulado sistema garantidor de significativo patamar de *democracia social.*[(5)] (grifos do autor)

A submissão, aos ditames da justiça social, dos brasileiros reduzidos a condições análogas à de escravo exige a reafirmação de sua dignidade também a partir do exercício da atividade profissional.

Em recente ensaio jusfilosófico, Gabriela Neves Delgado nos leva à reflexão sobre a existência de um direito fundamental ao trabalho digno, elemento imprescindível na construção da identidade pessoal e social e na "concretização das liberdades básicas dos homens"[(6)]. Assim, as várias referências constitucionais ao labor humano devem ser vistas sob a ótica do trabalho e emprego decentes.

Para tanto, faz-se necessário, à luz do quadro jurídico posto, o olhar diretamente voltado para a efetividade dos direitos fundamentais, por força do contido no art. 5º, § 1º, da Constituição Federal, o qual confere, no sentir de Ingo W. Sarlet[(7)], verdadeiro mandado de otimização de preceitos contagiados, de uma maneira ou de outra, pelo Princípio da Dignidade da Pessoa Humana.

Nesse sentido, espera-se que Judiciário e Ministério Público tomem parte do processo histórico-cultural de identificação e compreensão da dignidade da pessoa humana, contribuindo para a evolução das relações social-trabalhistas.

A dignidade da pessoa não deve ser considerada exclusivamente como algo inerente à natureza humana (no sentido de uma qualidade inata, pura e simplesmente), isto na medida em que a dignidade possui também um sentido cultural,

---

(5) DELGADO, Mauricio Godinho. *Capitalismo, trabalho e emprego.* São Paulo: LTr, 2005. p. 128.

(6) DELGADO, Gabriela Neves. *Direito fundamental ao trabalho digno.* São Paulo: LTr, 2006. p. 71.

(7) SARLET, Ingo Wolfgang. *A eficácia dos direitos fundamentais.* 5. ed. rev. atual. e ampl. Porto Alegre: Livraria dos Advogados, 2005. p. 270.

sendo fruto do trabalho de diversas gerações e da Humanidade em seu todo, razão pela qual as dimensões natural e cultural da dignidade da pessoa se complementam e interagem mutuamente.[(8)]

O papel de juízes e procuradores do trabalho assume relevo na promoção dos direitos fundamentais dos trabalhadores escravizados e na generalização do Direito do Trabalho, especialmente no âmbito da sociedade agrícola brasileira, onde historicamente a aplicação desse ramo da ciência jurídica tem sido comprometida.[(9)]

Nas áreas de expansão do agronegócio brasileiro[(10)], convivem, de maneira antagônica, mão de obra escrava e sofisticadas máquinas agrícolas, elementos propulsores de um desenvolvimento capaz de gerar importantes incrementos comerciais, de reflexos nacionais e internacionais. Aí encontra-se o grande contingente de trabalhadores marcado pelo analfabetismo, desemprego e falta de qualificação profissional, forçado a migrar, especialmente dos Estados do Maranhão, Piauí e Tocantins, até mesmo em razão do precário acesso a alimentos em quantidade e qualidade suficientes[(11)], situação que o Índice de Desenvolvimento Humano — IDH dessas unidades da Federação[(12)] é capaz de explicar. São pessoas sedentas por satisfazer suas necessidades pessoais e as de sua família, famintos pela construção de sua dignidade a partir de um posto de trabalho e que, por isso, chegam a "dispor" da liberdade de ofertar sua mão de obra a quem de seu interesse for, ou até mesmo de seu direito de ir e vir. Ocorre que, como alerta Gabriela Delgado, "ao mesmo tempo em que o trabalho possibilita a construção da identidade social do homem, pode também destruir a sua existência, caso não existam condições mínimas para o seu exercício".[(13)]

Além das particularidades que cercam os trabalhadores submetidos a condições análogas à de escravo — que fortemente obstaculizam a discussão judicial individualizada das afrontas a seus direitos fundamentais —, outro elemento deve impulsionar o Ministério Público do Trabalho a abraçar a causa de erradicação do trabalho escravo, com as consequentes repercussões nos órgãos da Justiça do Trabalho: a chamada crise do processo civil clássico.

A efetividade da solução dos conflitos sob a ótica individualista, privatística, é posta em xeque, sendo também questionada a capacidade do Judiciário de dar

---

(8) *Ibidem*, p. 117.

(9) DELGADO, Mauricio Godinho. *Op. cit.*, p. 129-134.

(10) A respeito da economia da escravidão, conferir SAKAMOTO, Leonardo. *Os compadres da casa-grande*. Disponível em: <http://www.reporterbrasil.org.br/exibe. php?id=56> Acesso em: 10.5.2006.

(11) IBGE traça perfil inédito sobre Segurança Alimentar no Brasil. Disponível em: <http://www.ibge.gov.br/> Acesso em: 19.5.2006.

(12) Conferir estudos elaborados pelo Programa das Nações Unidas para o Desenvolvimento — PNUD sobre o IDH dos Estados Brasileiros no ano de 2000. Disponível em: <http://www.pnud.org.br/atlas/ranking/IDH-M%2091%2000%20Ranking%20 decrescente%20de%20Estados%20(pelos%20dados%20de%202000).htm> Acesso em: 13.5.2006.

(13) DELGADO, Gabriela Neves. *Op. cit.*, p. 237.

pronta e razoável resposta à grande demanda por solução de conflitos de natureza individual, conforme alerta Marcos Neves Fava.(14)

A ação civil pública adquire, nesse contexto, feição fortemente voltada para a realização da cidadania, aqui entendida como "expressão de garantia plena dos direitos fundamentais — principalmente em relação aos de dimensão social — e da realização dos meios para a sua efetividade".(15) Também contribui para a construção cotidiana da justiça social, porquanto a ação impositiva, por meio dos mecanismos, canais e órgãos existentes, tendente a realizar o direito e efetivá-lo de forma eficaz em prol dos indivíduos e das várias coletividades, na busca de equilíbrio e do bem-estar social, é o que dá concretude à ideia de cidadania, principalmente quando se trata dos direitos considerados fundamentais, *status* hoje constitucionalmente reconhecido aos direitos ou interesses coletivos e difusos, em sua feição material ou extrapatrimonial.(16)

Consoante alerta Ileana Mousinho, a democracia participativa não se exercita apenas pelo referendo, plebiscito ou iniciativa popular, mas, também, por intermédio de inquéritos civis e ação civil pública — instrumento político de participação social, ou seja, na feliz expressão de Ada Pellegrini Grinover, "a Ação Civil Pública é um instrumento privilegiado de participação política e exercício permanente da cidadania".(17)

O MPT, eleito pela sociedade para a defesa dos direitos sociais constitucionalmente assegurados aos trabalhadores, tem procurado fazer valer os comandos constitucional e legal que nesse sentido apontam, utilizando-se, para tanto, naquilo que concerne aos trabalhadores submetidos a condições análogas à de escravo, de instrumentos de natureza coletiva, nomeadamente da ação civil pública.

Informações coletadas pela Coordenadoria Nacional de Erradicação do Trabalho Escravo do MPT — CONAETE demonstram, em números acumulados até fevereiro do corrente ano, o ajuizamento de 98 (noventa e oito) ações civis públicas na 8ª Região, 16 (dezesseis), na 10ª, e 14 (quatorze), na 23ª, além de atuações em outras unidades da Federação, todas voltadas para o combate ao trabalho escravo.

4. A AÇÃO CIVIL PÚBLICA E SEU OBJETO

Embora ainda se divirja quanto ao conteúdo próprio da ACP, especialmente no que tange à possibilidade de sua utilização para defesa dos interesses individuais

---

(14) FAVA, Marcos Neves. *Ação civil pública trabalhista.* São Paulo: LTr, 2005. p. 76-84.

(15) MEDEIROS NETO, Xisto Tiago de. *Dano moral coletivo.* São Paulo: LTr, 2004. p. 258.

(16) *Ibidem*, p. 259.

(17) MOUSINHO, Ileana Neiva. *Os direitos sociais e as políticas públicas:* possibilidades e limites de sua efetivação por meio da ação civil pública. Dissertação (Mestrado em Direito) — Faculdade de Direito. Fortaleza: Universidade Federal do Ceará, 2005.

homogêneos, há interessante sinalização doutrinária e jurisprudencial[18] no sentido de que direitos coletivos *lato sensu* estão inseridos no âmbito das pretensões nela deduzíveis.

Luís Antônio Camargo de Melo propõe uma ampliação do objeto da ação civil pública (leia-se: ação coletiva), quando ajuizada na defesa de direitos (ou interesses) individuais homogêneos, principalmente quando o bem tutelado é a liberdade, a saúde e a vida de cidadãos reduzidos a condições análogas às de escravos, pois submetidos a regime de trabalho forçado e/ou trabalho degradante.[19]

Também Marcos Fava[20] e Xisto Tiago[21] procuram dissociar a eficácia da tutela jurisdicional da nomenclatura que se venha a emprestar à *actio*, bastando-lhes a expressão "ação coletiva" para a defesa dos interesses metaindividuais.

Em que pese a razoável utilização, por membros do MPT, da chamada ação civil coletiva para a defesa de interesses individuais homogêneos, inspirada no Código de Defesa do Consumidor, a proposta de Camargo de Melo e Marcos Fava traz maior racionalidade no uso das ações coletivas, em benefício dos trabalhadores, contribuindo para que se evitem decisões díspares no que tange à própria configuração do labor em condições análogas à de escravo, uma, em sede de ação civil pública, e a outra, em ação civil coletiva.

Reitere-se que as naturais dificuldades encontradas pelos trabalhadores submetidos a condições análogas à de escravo para levarem ao Judiciário suas pretensões — uma vez comprometida sua cidadania política e social — estão a exigir o tratamento coletivo da questão, até porque a efetividade da tutela jurisdicional, conforme alerta Sarlet[22], guarda estreita conexão com a dignidade da pessoa humana.

Ou seja, imprimir a maior efetividade possível aos direitos fundamentais concernentes à igualdade, à não discriminação, à proibição de tratamento degradante, ao trabalho digno, passa pelo reconhecimento do caráter de fundamentalidade do acesso à Justiça, o que, muito especialmente no que diz com os trabalhadores submetidos a condições análogas à de escravo, guarda relação umbilical com a ação civil pública.

Nesse contexto, destacam-se, como objeto das ações civis públicas, ao lado das obrigações de fazer e não fazer, o dano moral individual (entre as pretensões de caráter individual homogêneo) e o dano moral coletivo.

---

(18) Supremo Tribunal Federal e Superior Tribunal de Justiça têm importantes decisões que albergam a legitimidade do Ministério Público para a defesa dos interesses individuais homogêneos em sede de ação civil pública. Entre todos: RE-AgR-394180, Rel. Min. Ellen Gracie, DJ 10 dez. 2004, e AgRg no RESP-633470, Rel. Min. Nancy Andrighi, DJ 19.12.2005.

(19) MELO, Luís Antônio Camargo de. Ação coletiva no combate ao trabalho escravo. In: RIBEIRO JÚNIOR, José Hortêncio *et al.* (org.). *Ação coletiva na visão de juízes e procuradores do trabalho.* São Paulo: LTr, 2006. p. 176.

(20) FAVA, Marcos Neves. *Op. cit.*, p. 89.

(21) MEDEIROS NETO, Xisto Tiago de. *Op. cit.*, p. 249-253.

(22) SARLET, Ingo Wolfgang. *Dignidade da pessoa humana e direitos fundamentais.* Porto Alegre: Livraria do Advogado, 2006. p. 96.

Quanto às obrigações de fazer e não fazer na defesa de interesses difusos e coletivos *stricto sensu*, sua inserção em ações civis públicas, embora mediante cláusulas quase sempre voltadas para o cumprimento do disposto no ordenamento legal, trazem a distinção da cominação de *astreintes* e têm a relevante finalidade de "prevenção de futuros danos aos referidos direitos"(23). Não se podem perder de vista, também, os inovadores e vantajosos efeitos da coisa julgada referidos no art. 103 do Código de Defesa do Consumidor, justificadores da ambição por um provimento judicial que diga respeito às obrigações mencionadas.

As obrigações de fazer e não fazer relacionadas ao meio ambiente de trabalho — fortemente abordadas em ações civis públicas e termos de ajuste de conduta — TAC (art. 5º, § 6º, da Lei n. 7.347/1985) no combate ao trabalho escravo — guardam vinculação com a dignidade da pessoa humana, conforme alerta Gabriela Delgado(24), para quem não há falar-se em trabalho digno ante a ausência de condições mínimas de saúde e segurança no labor.

A discussão em torno do dano moral individual, sob a ótica de sua inclusão em ações de natureza coletiva, ou mesmo em TAC, é relativamente recente no âmbito do MPT, especialmente no que diz com o trabalho em condições análogas à de escravo. Ponderam, os procuradores do trabalho, de um lado, a já repisada dificuldade individual de acesso ao Judiciário por parte dos trabalhadores escravizados e, do outro, a percepção muito particular do atingimento de seu moral a partir do labor indigno a que submetidos. A constatação, entretanto (arts. 103 e 104 do CDC), de que a atuação do legitimado coletivo não prejudicará pretensões individuais em patamares mais elevados do que os valores consignados em TAC, ou mesmo obtidos via ação coletiva — especialmente nas hipóteses que envolvam trabalho em condições análogas à de escravo, quando praticamente não há intervenção dos trabalhadores —, tem impulsionado a atuação dos membros do MPT, com interessantes conquistas.(25)

4.1. O DANO MORAL COLETIVO E SUA DESTINAÇÃO

Juntamente com o Cadastro Nacional de Empregadores que submeteram trabalhadores a condições análogas à de escravo (Portaria n. 540/2004 do MTE), o dano moral coletivo é apontado como uma das grandes vitórias da sociedade brasileira no combate ao trabalho em condições análogas à de escravo, com reconhecimento internacional.(26)

---

(23) MELO, Raimundo Simão de. *Ação civil pública na Justiça do Trabalho*. São Paulo: LTr, 2004. p. 99.

(24) DELGADO, Gabriela Neves. *Op. cit.*, p. 23.

(25) Em abril de 2005, no Estado do Maranhão, *v. g.*, durante operação do Grupo Móvel, negociações dirigidas pelo procurador do trabalho, Dr. Marcelo José Fernandes da Silva, culminaram com o pagamento, a 37 (trinta e sete) trabalhadores, de R$ 3.500,00 (três mil e quinhentos reais) a título de dano moral individual. Firmou-se TAC posteriormente juntado à ACP n. 0017-2001-001-16-00-5.

(26) Relatório Global do Seguimento da OIT sobre Princípios e Direitos Fundamentais no Trabalho — 2005. Sumário Brasil. Disponível em: <http://www.oitbrasil.org.br/trabalho_forçado/oit/relatório/sumario.pdf> Acesso em: 13.5.2006.

Na esteira da evolução doutrinária e jurisprudencial sobre o tema, pode-se afirmar que, no tocante às ações civis públicas que dizem com o trabalho em condições análogas à de escravo, as primeiras pretensões relativas a dano moral coletivo foram deduzidas a partir do ano de 2001, influenciadas por debates havidos na cidade de Belém — PA, por ocasião do "Seminário Internacional Trabalho Forçado — Realidade a ser Combatida", realizado em novembro de 2000.

Dúvidas não mais existem quanto ao cabimento da indenização por dano moral decorrente da relação de trabalho, tampouco acerca da competência da Justiça do Trabalho para apreciá-lo.

Especificamente no que tange às indenizações decorrentes da submissão de trabalhadores a condições análogas à de escravo, a jurisprudência dos Tribunais Regionais do Trabalho da 8ª e 10ª Regiões — para citar apenas duas Cortes Trabalhistas — encoraja o prosseguimento da luta pelo estabelecimento de maior respeito à dignidade dos trabalhadores brasileiros.

Se considerarmos o primeiro pedido formalizado pelo MPT e julgado procedente, no Estado do Pará(27) — R$ 30.000,00 (trinta mil reais) —, e a maior condenação observada até o presente momento, também no âmbito da 8ª Região(28) — R$ 5.000.000,00 (cinco milhões de reais) —, não será difícil perceber o relevante papel que a evolução do pensamento jurisprudencial assume a respeito do tema.

Na perspectiva do particular condenado por sujeitar trabalhadores à condição análoga à de escravo, portanto, o crescente valor das indenizações impostas pela Justiça do Trabalho, atenta à extensão, natureza, gravidade e repercussão do ato lesivo, à capacidade econômica do infrator(29) e à eventual reincidência, contribui, paulatinamente, para a prevenção de novas infrações, dado seu caráter sancionador e pedagógico.

Sob a ótica difusa e coletiva, no entanto, há de se questionar a efetividade da reversão dos valores a título de dano moral coletivo, consignados em ACP, ou mesmo, TAC, para o Fundo de Amparo ao Trabalhador — FAT, instituído pela Lei n. 7.998/1990. Tem-se entendido que o FAT, à míngua de outro Fundo mais específico, deve ser o destinatário daquelas indenizações, atendendo ao disposto no art. 13 da Lei n. 7.347/1985.

A principal fonte de recursos do FAT é oriunda dos programas PIS/PASEP. Embora as "multas decorrentes do inadimplemento dos Termos de Ajuste de Conduta firmados perante o Ministério Público do Trabalho" e as "multas, juros ou indenizações decorrentes de decisões do Poder Judiciário" disponham de números de referência específicos para recolhimento ao FAT, mediante Documento de

(27) Processo 00491-2002-117-8-00, DJU 19.12.2002.

(28) Processo 01780-2003-117-8-00, DJU 23.2.2006.

(29) MEDEIROS NETO, Xisto Tiago de. *Op. cit.*, p. 173.

Arrecadação de Receitas Federais — DARF[30], não foi possível obter junto à Secretaria de Políticas Públicas de Emprego do Ministério do Trabalho e Emprego, ou mesmo, ao Conselho Deliberativo do Fundo de Amparo ao Trabalhador — CODEFAT, informações exatas acerca do montante revertido ao FAT a partir de ACP ou TAC, o que compromete a exata compreensão sobre sua efetividade nesse propósito.

Dados fornecidos por Procuradorias Regionais do Trabalho dão uma ideia dos valores referentes a dano moral coletivo inseridos em ação civil pública ou ação civil coletiva voltadas para o combate ao trabalho escravo, com destinação prevista para o FAT. Assim, no bojo das 98 (noventa e oito) ações civis públicas ajuizadas no âmbito da 8ª Região, os pedidos do MPT giraram em torno de R$ 54.000.000,00 (cinquenta e quatro milhões de reais; na 10ª Região, 16 (dezesseis) ações civis públicas geraram pretensões superiores a R$ 700.000,00 (setecentos mil reais); na 23ª Região, foram ajuizadas 14 (quatorze) ações civis públicas e 2 (duas) ações civis coletivas, com pedidos que extrapolam a marca dos R$ 8.900.000,00 (oito milhões e novecentos mil reais).

Ainda que as condenações impostas pela Justiça do Trabalho em referidas ações, ou mesmo os acordos judiciais entabulados, estejam distantes dos valores pleiteados, as cifras sugerem que sua utilização diretamente voltada para os trabalhadores libertos da condição escrava poderia ter grande eficácia no resgate de sua cidadania, cuja retomada tem início com as operações do Grupo Móvel de Fiscalização do MTE[31].

De qualquer forma, o art. 10 da Lei n. 7.998/1990 preceitua destinar-se o FAT ao pagamento do abono salarial, ao financiamento de programas de desenvolvimento econômico e ao custeio do Programa de Seguro-Desemprego.

O abono salarial, considerados seus requisitos fixados no art. 9º da Lei n. 7.998/1990, dificilmente alcançará os trabalhadores resgatados da condição análoga à de escravo, pessoas que, em sua maioria, apenas a partir de seu resgate têm reconhecida a primeira formalização de relação de emprego.

Os programas de desenvolvimento econômico inserem-se no contexto de geração de emprego e renda, alguns voltados para a área urbana e outros, para o meio rural. Tais projetos, no entanto, também não se mostram capazes de atender diretamente os trabalhadores escravizados, porquanto destinados a micro e pequenos empresários, ou à agricultura familiar[32], realidades afastadas do contexto socioeconômico em que situadas tais pessoas.

---

(30) Ato Declaratório Executivo n. 72 da Coordenação-Geral de Administração Tributária da Secretaria da Receita Federal — CORAT. DOU 13.8.2004.

(31) Dados apresentados pela Secretaria de Inspeção do Trabalho do MTE à Comissão Nacional de Erradicação do Trabalho Escravo — CONATRAE, durante reunião realizada no dia 24 maio 2006, Ministério da Justiça, Brasília, revelam que, entre os anos de 1995 e 2006 (até 17 maio), foram pagos R$ 23.997.485,42 a título de indenização por rescisão do contrato de trabalho a 19.102 trabalhadores resgatados em 420 operações do Grupo Móvel.

(32) *Programas de geração de emprego e renda.* Disponível em: <http://www.bndes. gov.br/empresa/fundos/fat/emprego_renda.asp> Acesso em: 10.5.2006.

O Programa do Seguro-Desemprego, por sua vez, tem por finalidade prover assistência temporária ao trabalhador desempregado, inclusive àqueles resgatados da condição análoga à de escravo, além de promover ações visando à sua orientação, recolocação e qualificação profissional.

Com o advento da Lei n. 10.608/2002, garantiu-se aos trabalhadores retirados da condição análoga à de escravo o pagamento de três parcelas de seguro--desemprego.

A legislação não assegura, todavia, a necessária qualificação profissional com o objetivo de dar início ao processo de efetiva inserção social dos resgatados a partir do trabalho, do trabalho digno.

Após contatos estabelecidos com os Delegados Regionais do Trabalho dos Estados do Maranhão, Piauí, Pará e Tocantins, constatei a inexistência de qualquer projeto de orientação, recolocação ou qualificação profissional, financiado por recursos do FAT, destinado especificamente aos trabalhadores oriundos da exploração escrava.

Ressalte-se competir às Secretarias Estaduais do Trabalho, a partir das demandas apresentadas pelas Comissões Municipais do Trabalho, elaborar os Planos Estaduais de Qualificação Profissional, os quais serão submetidos às Comissões (ou Conselhos) Estaduais de Emprego, e, posteriormente, à Secretaria de Políticas Públicas de Emprego do MTE com vistas à solicitação de meios pecuniários para implementação dos projetos junto ao CODEFAT.

Em contrapartida, setores da sociedade civil desenvolvem projetos de orientação e qualificação profissional precipuamente voltados para a causa da erradicação do trabalho escravo, sem que para isso contem com verbas oriundas do FAT.

A título de exemplo, o Projeto "Escravo, nem pensar!", promovido pela ONG Repórter Brasil, cuja finalidade é a capacitação de professores, educadores e líderes comunitários para a introdução do tema concernente ao trabalho escravo junto a suas comunidades, em especial nas escolas. Mais de uma mil pessoas foram atingidas, até o momento, nos quatorze municípios alcançados pela iniciativa, nos Estados do Pará, Maranhão, Piauí e Tocantins.(33)

Em Açailândia — MA, o Centro de Defesa da Vida e dos Direitos Humanos CDVD, ali instalado há dez anos, leva adiante projeto de qualificação profissional de trabalhadores oriundos do trabalho em condições análogas à de escravo. Tendo firmado parcerias com SENAI e SEBRAE, são ofertados quatro meses de preparação teórica e prática objetivando sejam instaladas, proximamente, cooperativas de artesanato em madeira e reciclagem de produtos oriundos do carvão vegetal. Os

---

(33) *Projeto "Escravo, nem pensar!"*. Disponível em: <http://www.reporterbrasil.org.br/conteudo.php?id=45> Acesso em: 10.5.2006.

recursos foram obtidos junto a entidades ligadas à Igreja Católica Apostólica Romana.[34]

Assim, embora, a partir de suas destinações legais, possa-se concluir que o FAT está direcionado à redução das desigualdades regionais e sociais e à busca do pleno emprego como um dos princípios da ordem econômica nacional, não se evidencia correspondência aos anseios que sobre ele pesam no combate ao trabalho escravo.

5. A AÇÃO CIVIL PÚBLICA COMO INSTRUMENTO DE JUSTIÇA RESTAURATIVA — A ATUAÇÃO DO MPT E DA JUSTIÇA DO TRABALHO

Tem-se verificado, entre juízes e procuradores do trabalho que mais de perto se deparam com as questões atinentes ao trabalho em condições análogas à de escravo, tendência em procurar a maior efetividade possível para as indenizações a título de dano moral coletivo.

O MPT pretende, inclusive, a partir de adiantados estudos internos, contribuir com o processo legislativo no que tange à destinação das condenações pecuniárias oriundas de ações civis públicas, fixadas em termos de ajuste de conduta ou mesmo arbitradas pela Justiça do Trabalho em questões não meramente individuais. Vislumbra-se, dessa maneira, a possibilidade de constituição de um Fundo de Defesa dos Direitos Difusos e Coletivos dos Trabalhadores e a possibilidade da aplicação dos recursos para ele revertidos em medidas diretamente relacionadas com a natureza da infração e do dano causado.

Referindo-se a Carlos Alberto Bittar e Sérgio Severo, Xisto Tiago conclui:

> Pode-se ainda vislumbrar, em sede de danos morais oriundos da ofensa a direitos difusos e coletivos [...], a relevância dessas novas formas de reparação, uma vez que, expressando a coletividade uma síntese de interesses passíveis de proteção jurídica (inclusive os de natureza extrapatrimonial), por isso mesmo impossibilitando uma reparação individualizada em relação aos seus membros, rende-se ensejo a que se possam adotar outras obrigações (de fazer, por exemplo) de índole reparatória, que, em alguns casos, até melhor traduziriam a compensação e o sancionamento buscados, tendo em conta, respectivamente, a situação do lesado (a própria coletividade) e do lesante.

Sendo assim, é dever buscar-se sempre e abertamente a opção mais adequada e justa para se reparar o dano moral, em quaisquer de suas ocorrências e à vista

---

(34) As informações relativas ao CDVD foram obtidas diretamente junto à sua sede de Açailândia — MA, inexistindo, por ora, comunicação via rede mundial de computadores.

das suas peculiaridades, não se restringindo apenas às hipóteses de reparação *in natura* ou por compensação pecuniária.[35]

Inúmeras têm sido as situações em que juízes e procuradores do trabalho, em busca da melhor e mais adequada reparação possível aos danos causados à coletividade pelo labor em condições análogas à de escravo, têm optado pela conversão, em obrigação de fazer, da imposição de recolhimento, ao FAT, de valores relativos a dano moral coletivo. A título exemplificativo, alguns desses momentos devem ser citados.

No Estado do Pará[36], entabulou-se, em abril de 2005, acordo judicial envolvendo não só obrigações de fazer e não fazer, mas, também, o valor de R$ 1.000.000,00 (um milhão de reais) estipulado como reparação moral à coletividade. A quantia foi empregada na aquisição de equipamentos destinados ao Ministério do Trabalho e Emprego, tais como veículos, computadores e rádios-comunicadores, os quais vêm sendo utilizados também pelas equipes do Grupo Móvel no combate ao trabalho em condições análogas à de escravo. Apenas o saldo remanescente foi destinado ao FAT.

Em maio de 2005, no Estado do Mato Grosso[37], igualmente chegou-se a Termo de Conciliação judicial quanto ao valor de R$ 1.000.000,00 (um milhão de reais) arbitrado ao dano moral coletivo. Foram impostas à ré diversas obrigações, tais como: instalação de posto de saúde, em sua propriedade, com capacidade para atendimento ambulatorial e primeiros socorros de seus empregados, dotado de equipamentos voltados para as áreas de clínica médica, odontologia e fisioterapia; aquisição de ambulância para serviços junto ao posto de saúde; aquisição de ônibus para o transporte escolar de trabalhadores e seus dependentes; construção de duas quadras poliesportivas, vestuários e espaço para desenvolvimento de atividades culturais e de recreação; construção de casas para os profissionais da área de saúde que venham a trabalhar no posto de saúde criado, bem assim, de vinte moradias para trabalhadores e suas famílias; aquisição de diversos equipamentos e sua destinação ao hospital público do município em que situado o empreendimento rural.

Também no âmbito da 23ª Região, no mês de novembro de 2005, realizou-se operação de monitoramento do Grupo Móvel de Fiscalização com vistas a dar cumprimento ao disposto no art. 4º da Portaria n. 540/2004 do MTE. Averiguava-se a possibilidade de excluir-se determinada empresa rural do Cadastro de Empregadores que submeteram trabalhadores a condições análogas à de escravo. Em foco, ainda,

(35) MEDEIROS NETO, Xisto Tiago de. *Op. cit.*, p. 87.

(36) Processo n. 1309-2004-007-08-00, em que atuaram o procurador do trabalho, Dr. Paulo Germano Costa de Arruda, e a juíza do trabalho, Dra. Maria de Nazaré Medeiros Rocha.

(37) Processo n. 00207-2002-056-23-00, em que atuaram a procuradora do trabalho, Dra. Sueli Teixeira Bessa, e a juíza do trabalho, Dra. Eleonora A. L. Bonaccordi.

o cumprimento de termo de ajuste de conduta. Constatada a mesma prática lesiva, firmou-se aditivo ao mencionado TAC, com inclusão de cláusula específica sobre o dano moral coletivo voltada para a construção de uma unidade escolar na zona rural do Município de Nova Bandeirantes, com capacidade mínima para trinta alunos. Estipulou-se investimento não inferior a R$ 54.000,00 (cinquenta e quatro mil reais), com previsão também de aquisição dos móveis e equipamentos necessários ao funcionamento da escola. Na hipótese de descumprimento do acordado, anuiu-se com o depósito, junto ao FAT, da quantia de R$ 100.000,00 (cem mil reais).[38]

Os exemplos citados não encerram todas as possibilidades que juízes e procuradores do trabalho têm à sua disposição para melhor adequarem a reparação pelas lesões de natureza coletiva. A atenção poderá voltar-se, criteriosamente, para a sociedade civil, que papel relevantíssimo tem no combate ao trabalho em condições análogas à de escravo. Não é o Estado, por exemplo, quem aloja trabalhadores que conseguem fugir da situação de escravidão; ao contrário, são entidades compostas por nacionais e estrangeiros dedicados ao resgate da dignidade de inúmeros brasileiros e que, muitas vezes, não têm condições de a eles oferecer melhores condições materiais, ou mesmo ampliar sua esfera de atuação.

A recomposição do dano difuso e coletivo junto às próprias comunidades lesadas pela prática do trabalho escravo — inclusive as de origem dos trabalhadores — pode representar o atendimento de importantes demandas de razoável número de cidades brasileiras, marcadas pelo isolamento geográfico, político e econômico, condizendo, ainda, com a expectativa social "da reparação, que é a reeducação do ofensor, além do exemplo pedagógico para outros potenciais ofensores".[39]

A postura de magistrados e procuradores voltada para tal modalidade de restabelecimento da ordem jurídico-coletiva pode ser vista na perspectiva do que se tem denominado de Justiça Restaurativa. Não se pretende, aqui, uma abordagem aprofundada do tema, ainda eminentemente relacionado a práticas penais e objeto de grandes indagações e controvérsias, até mesmo quanto à sua eficiência e adequação ao sistema jurídico pátrio, uma vez inspirado na *common law*. Interessa-nos, neste momento, apenas ressaltar a proximidade entre os objetivos perseguidos pelos adeptos da Justiça Restaurativa e pelos juízes e procuradores do trabalho que se deparam com a realidade do trabalho em condições análogas à de escravo, ou seja, o atendimento mais célere e eficaz possível das necessidades das vítimas.

Segundo Renato Sócrates Gomes Pinto, "as práticas restaurativas são aplicáveis a qualquer tipo de conflito — na família, na vizinhança, na escola, no ambiente de trabalho, enfim, nas comunidades em geral, inclusive no sistema de justiça [...]".[40]

---

(38) TAC n. 115/2005 — PRT 23ª Região, com atuação da procuradora do trabalho, Dra. Márcia de Freitas Medeiros.

(39) MELO, Raimundo Simão de. *Op. cit.*, p. 105.

(40) PINTO, Renato Sócrates Gomes. *A construção da justiça restaurativa no Brasil* — o impacto no sistema de justiça criminal. Disponível em: <http://www.idcb.org.br/documentos/sobre%20justrestau/construcao_dajusticarestaurativanobrasil2.pdf> Acesso em: 5.5.2006.

Abordando o tema sob a ótica penal, o Presidente do Instituto de Direito Comparado e Internacional de Brasília salienta que, embora conceito em construção, pode-se dizer que a Justiça Restaurativa baseia-se num procedimento de consenso, em que a vítima e o infrator, e, quando apropriado, outras pessoas ou membros da comunidade afetados pelo crime, como sujeitos centrais, participam coletiva e ativamente na construção de soluções para a restauração dos traumas e perdas causadas pelo crime, [...], ou seja, um acordo objetivando suprir as necessidades individuais e coletivas das partes e se lograr a reintegração social da vítima e do infrator.[(41)]

Instaura-se, como se percebe, uma espécie de mediação, e vários juízes do trabalho têm assumido a postura ativa de mediador nas conciliações em ações civis públicas que versam sobre dano moral coletivo em razão de trabalho escravo. Ministério Público do Trabalho — que se faz voz dos trabalhadores e da sociedade — e réu, com seus advogados, devem buscar o acordo no plano restaurativo.

A ideia, então, é se voltar para o futuro e para a restauração dos relacionamentos, ao invés de simplesmente concentrar-se no passado e na culpa. A justiça convencional diz você fez isso e tem que ser castigado! A Justiça Restaurativa pergunta: o que você pode fazer agora para restaurar isso?[(42)]

Nas hipóteses de assinatura de termo de ajuste de conduta, de natural menor conflituosidade, MPT e empregador deverão compor-se no mesmo sentido, de maneira que as obrigações impostas ao infrator propiciem concreta e perceptível reparação à comunidade e, nessa perspectiva, também aos próprios trabalhadores lesados. Se, nas etapas conducentes à formalização de acordo judicial ou de TAC, não há maior participação direta da sociedade, não se podem olvidar, todavia, os possíveis efeitos coletivos e até mesmo difusos de tais deliberações.

No momento em que se discute a competência criminal da Justiça do Trabalho, mas, independentemente dela, os princípios informadores da Justiça Restaurativa podem ensejar, a partir dos instrumentos já previstos no ordenamento jurídico — com relevo para a ação civil pública —, maior "promoção dos direitos humanos e da cidadania, da inclusão e da paz social, com dignidade".[(43)]

Conclusão

No trabalho escravo contemporâneo, muitas vezes os vínculos pessoais e profissionais são desvirtuados tendo por base o discurso de que trabalhadores humildes, analfabetos, desempregados, desprovidos de qualificação profissional, de moradia

(41) *Idem*.

(42) PINTO, Renato Sócrates Gomes. In: SLAKMON, Catherine; VITRO, Renato Campos de; PINTO, Renato Sócrates Gomes (orgs.). *Justiça restaurativa* — coletânea de artigos. Brasília: Ministério da Justiça (Brasil) e PNUD — Programa das Nações Unidas pra o Desenvolvimento, 2005. p. 22.

(43) *Ibidem*, p. 35.

decente em suas cidades de origem, estão culturalmente acostumados às situações de degradância a que submetidos, especialmente no Brasil rural. Milhares de pessoas, então, como consequência de seu trabalho, passam a ter acesso à mesma água destinada a animais; pernoitam em locais abertos, no meio da mata, cobertos por simples plástico amparado em estacas de madeira e têm seus salários retidos sob a justificativa de dívida pela parca alimentação consumida e pelos equipamentos adquiridos para a realização do trabalho; têm sua liberdade de locomoção cerceada em razão de vigilância armada, coação física, moral, psicológica etc.

Também se tem justificado a prática aviltante do trabalho em condições análogas à de escravo a partir do balizamento social de grande parte da população brasileira.

O cenário de limitações sociopolítico-culturais, no entanto, antes de inviabilizar o combate ao trabalho em condições análogas à de escravo, está a exigir de todas as esferas de poder esforço ainda mais concentrado para dar cumprimento aos mandamentos constitucionais que, de uma maneira ou de outra, voltam-se para o respeito à dignidade do ser humano.

Tem-se observado crescente e alentadora participação do Judiciário e do Ministério Público em discussões outrora consideradas inerentes apenas ao Parlamento ou ao Executivo, num processo evolutivo de interação entre instituições marcadas pela vontade popular.

A democratização do Ministério Público do Trabalho e da Justiça do Trabalho será maior na medida em que ofertada a resposta jurisdicional a incontável número de brasileiros sujeitos a regime de trabalho análogo ao de escravo.

A utilização da ação civil pública com essa finalidade tem intrínseca relação com o Princípio da Dignidade da Pessoa Humana, pois viabiliza a tutela judicial efetiva, voltada para a defesa do trabalho decente. A ampliação do objeto da ACP, ou, quanto menos, sua não limitação, e posturas estatais direcionadas para a pronta restauração dos danos sofridos pelos trabalhadores e pela sociedade mostram-se importantes passos no processo de erradicação do trabalho em condições análogas à de escravo.

A conversão dos membros do Ministério Público do Trabalho e da Justiça do Trabalho à dignidade da pessoa humana enquanto princípio basilar de sua atuação os tem transmudado em essenciais agentes transformadores dessa realidade que tão negativamente marca a sociedade brasileira.

A Jurisprudência sobre a Caracterização do Trabalho em Condições Análogas à de Escravo no Brasil

Firmino Alves Lima(*)

Introdução

O objetivo do texto é apresentar um breve panorama da evolução da jurisprudência sobre o trabalho em condições análogas à de escravo e seu papel decisivo no combate desta chaga social que ainda assola nosso País. Para tanto, o autor colacionou uma série de decisões judiciais envolvendo tal consideração pelo Poder Judiciário brasileiro, ao tratar de questões específicas envolvendo esta complexa e instigante questão.

O trabalho escravo é a forma mais grave de exploração do trabalho humano. Ela não somente atenta contra os princípios mais elementares da proteção do trabalho, mas contra a condição humana do trabalhador vitimado. Outrora considerado como prática comum entre vencedores e vencidos em guerras, a escravidão veio sendo paulatinamente combatida na história da civilização humana, principalmente nos séculos XIX e XX. Mas ainda não foi derrotada.

(*) Mestre e doutor em Direito de Trabalho pela Universidade de São Paulo, é Juiz Federal do Trabalho, atualmente titular da 1ª Vara do Trabalho de Piracicaba, na 15ª Região. Integra o Conselho Consultivo da Escola Judicial do Tribunal Regional do Trabalho da 15ª Região como representante dos Juízes titulares. Foi Presidente da Associação dos Magistrados da Justiça do Trabalho da 15ª Região — AMATRA XV no biênio 2005-2007, integra a Comissão de Direitos Humanos da Associação Nacional dos Magistrados da Justiça do Trabalho — ANAMATRA. Foi colaborador da Organização Internacional do Trabalho — OIT no desenvolvimento de políticas do combate ao trabalho infantil no Estado da Bahia.

Ainda que a humanidade tenha cada vez mais proscrito o trabalho em tais condições, na realidade ele ainda persiste em todo o mundo. No Brasil sua existência é inegável. Estima-se que cerca de 25.000 trabalhadores, atualmente, trabalham em condições análogas à de escravidão[1]. Dados do Ministério do Trabalho e Emprego indicam que entre 1995 e 2006 foram libertadas cerca de 22 mil pessoas pelos grupos móveis de fiscalização[2], expondo a gravidade e a dimensão do problema em nosso País. Por outro lado a dificuldade encontrada no combate a tal prática fica evidenciada, uma vez que o número de libertações é muito inferior ao número de trabalhadores escravizados.

A prática desta forma de exploração do trabalho humano não é nova no Brasil. Embora tal prática só tenha sido reconhecida oficialmente em 1995 pelo Governo Federal, desde os anos 1970 o trabalho escravo vem sendo constatado, principalmente nas regiões Norte e Centro-Oeste do País, principalmente nas chamadas *fronteiras agrícolas*. Muito embora o maior número de libertações de trabalhadores tenha ocorrido nos Estados do Pará, Tocantins, Maranhão, Mato Grosso, Mato Grosso do Sul e Bahia, são encontrados trabalhadores escravos em todas as regiões do País, inclusive no Estado de São Paulo.

O combate ao trabalho escravo vem descobrindo formas cada vez mais inusitadas de exploração do trabalho humano em diversas atividades econômicas. Ledo engano considerar que o trabalho escravo é encontrado somente em regiões longínquas do País, cada vez mais tem avançado para as regiões mais desenvolvidas também. E não somente brasileiros, mas também um contingente de trabalhadores estrangeiros ilegais vem sofrendo esta modalidade de tratamento.

O trabalho escravo, muitas vezes, é utilizado para auxiliar uma atividade ilegal — desmatamento, tráfico de drogas, venda ilegal de madeira, falsificações, entre outras — fazendo com que o seu combate esteja cada vez mais dificultado, acobertado pelo crescente domínio das atividades ilícitas no Brasil e pela violência que as protege.

A dificuldade maior da jurisprudência verificada nas decisões anteriores a 2003 está na conceituação do que seja trabalho em condições análogas à de escravo. A ideia tradicional no nosso País do trabalho em tais condições é visualizada pelas imagens de trabalhadores africanos no século XIX, acorrentados e constantemente açoitados, realizando atividades agrícolas extremamente desgastantes. No entanto, sabemos que o trabalho escravo moderno apresenta outras características. Não basta a ofensa à liberdade de trabalho da vítima de tal prática, mas também a

---

(1) OIT — Organização Internacional do Trabalho. *Trabalho escravo no Brasil do século XXI*. 2005. Disponível em: <http://www.oitbrasil.org.br/download/sakamoto_final.pdf> Acesso em 23.1.2011.

(2) OIT — Organização Internacional do Trabalho. *Trabalho escravo no Brasil do século XXI*. 2006. Disponível em: <http://www.oitbrasil.org.br/info/downloadfile.php?fileId=300> Acesso em 23.1.2011.

desconsideração de sua condição humana, submetendo-o às mais brutais e indignas situações.

A alteração do art. 149 do Código Penal fornecida pela Lei n. 10.803/2003, trouxe um grande suporte à caracterização do trabalho em condições análogas à de escravo, descrevendo-o da seguinte forma:

> Art. 149. Reduzir alguém a condição análoga à de escravo, quer submetendo-o a trabalhos forçados ou a jornada exaustiva, quer sujeitando-o a condições degradantes de trabalho, quer restringindo, por qualquer meio, sua locomoção em razão de dívida contraída com o empregador ou preposto: Pena — reclusão, de dois a oito anos, e multa, além da pena correspondente à violência.
>
> § 1º Nas mesmas penas incorre quem: I — cerceia o uso de qualquer meio de transporte por parte do trabalhador, com o fim de retê-lo no local de trabalho; II — mantém vigilância ostensiva no local de trabalho ou se apodera de documentos ou objetos pessoais do trabalhador, com o fim de retê-lo no local de trabalho.
>
> § 2º A pena é aumentada de metade, se o crime é cometido: I — contra criança ou adolescente; II — por motivo de preconceito de raça, cor, etnia, religião ou origem.[3]

Antes da positivação do tipo penal acima, era bem mais difícil a caracterização do trabalho escravo moderno, principalmente para efeitos criminais, uma vez que a norma penal original não descrevia a conduta tipificada. A jurisprudência formada antes da publicação da referida norma desenvolveu elementos que foram utilizados pelo legislador criminal, sem sombra de dúvidas, pois a similitude entre as duas caracterizações é bastante intensa.

Um ponto é importante e deve ser destacado antes de começar a analisar decisões judiciais. O trabalho escravo, em grande parte dos casos, é realizado mediante o emprego de violência por parte dos empregadores. Por outro lado, a proibição de deixar o trabalho, a forma de aprisionamento do trabalhador escravizado e a coação praticada sobre o trabalhador são exercidas mediante o uso da violência. Os grupos responsáveis pelo combate do trabalho escravo dependem do apoio de forças policiais ou mesmo das forças armadas, para realização de suas atividades. Não bastasse isso, em grande parte, os trabalhadores escravizados são trazidos de grandes distâncias, o que dificulta sobremaneira a reivindicação de direitos trabalhistas perante a Justiça do Trabalho.

O panorama gera grande temor por parte dos ex-escravizados em ajuizar reclamações trabalhistas individuais contra seus ex-empregadores, pois muitos correm o risco de perderem a vida, principalmente em comunidades remotas. E para complicar ainda mais, tal situação dificulta sobremaneira a produção de prova das condições de trabalho por parte da vítima, com destaque para a obtenção de provas testemunhais. Assim, a edificação de jurisprudência mediante ações individuais é bem mais difícil, ainda que ocorra em alguns casos pontuais.

---

(3) BRASIL. Código Penal. *Redução a Condição Análoga à de Escravo.*

Os conceitos sobre trabalho em condições análogas à de escravo construídos pelas primeiras decisões foram formados em questões laterais das principais matérias discutidas de processos individuais. Não são processos em que, exatamente, são envolvidas questões centrais do trabalho escravo, mas sim, questões envolvendo outros temas, que abordam incidentalmente o conceito de trabalho em condições análogas à de escravo.

Tal sintoma é percebido claramente em uma decisão do Tribunal Regional do Trabalho da 8ª Região, datada de 6.4.1999. Esta decisão faz o reconhecimento de vínculo empregatício de uma trabalhadora que, segundo a decisão, preencheu os requisitos do art. 3º da Consolidação das Leis do Trabalho, salvo a percepção de salários. Para tanto considerou o seguinte:

> VÍNCULO EMPREGATÍCIO — DOMÉSTICA DE SEDE DE FAZENDA — SUDESTE DO PARÁ — SALÁRIO — Merece integral reforma a R. Sentença, em virtude da Reclamante ter demonstrado que prestou serviços sob dependência, subordinação e em caráter contínuo. De outro lado, o fato de não ter ocorrido a paga de salário não inviabiliza o reconhecimento do contrato de trabalho, pois é comum nas áreas rurais do Sudeste do Pará, os empregadores titulares de fazendas negarem os mais elementares direitos aos seus empregados, inclusive, sucedendo até mesmo o regime hediondo de trabalho escravo. Acórdão 1ª Turma Processo TRT606/99. Rel. Juiz José Augusto Figueiredo Affonso. (Votação unânime)

A referida decisão considerou que no Sudeste do Pará a prática do trabalho escravo era comum, associando a situação dos autos a tal condição. O referido regional afirma estar ciente de tal prática naquela região e, com o conhecimento de tal fato, aponta seu convencimento sobre a questão, superando o pressuposto da falta de salários na pactuação envolvendo aquela reclamante.

A decisão reconhece que a aludida reclamante demonstrou todas as condições de trabalho doméstico e, assim, deveria ter o vínculo empregatício reconhecido. Ela também refutou a falta de pagamento de salários como um elemento excludente do reconhecimento de vínculo empregatício doméstico. A consideração do trabalho escravo se deu por um critério singelo associado ao conceito original sobre tal modalidade de trabalho, o da falta da contraprestação salarial diante de uma prestação continuada e subordinada. Além de tal elemento, o acórdão afirma a existência da referida prática na região em que foi desenvolvido o vínculo reconhecido (Região de Marabá). É uma decisão sensível à realidade do local dos fatos e atenta ao exame das provas dos autos, realizando a caracterização do vínculo empregatício pela existência do uso de trabalho em condições análogas à de escravo na região, bem como pela incontroversa existência de trabalho sem o pagamento de salários.

No mesmo sentido, a decisão do processo TRT-RO 707/2000, do mesmo Tribunal, porém da 3ª Turma, afirma claramente que a prática do trabalho escravo é muito comum no interior do Estado do Pará, ainda que não fosse a situação dos autos. Do mesmo modo, a decisão do processo TRT-RO 4191/2001 (julgado em 16.8.2001) afirma que a prática do trabalho escravo é muito comum naquele Estado, ainda que não fosse o caso dos autos, não havendo comprovação de tal prática, de acordo com a decisão exarada pelo referido Tribunal.

Uma outra decisão, de 25.8.1998, do mesmo Tribunal, reconhece a existência da prática do sistema de contratação de dívidas como forma de aprisionamento do trabalhador. Apesar de não ser este o objeto da lide, a matéria do processo envolvia a ilegalidade de descontos feitos por dívidas do armazém da própria empregadora. A decisão exarada no Processo n. 2.231/1998, também da 1ª Turma do Tribunal Regional do Trabalho da 8ª Região reconheceu a referida prática, muito comum para a caracterização de trabalho escravo, julgando como ilegais, nos termos do art. 462 consolidado e do art. 9º da Lei n. 5.889/1973, os descontos decorrentes de compra em armazém da própria empresa agrícola situada no Município de Paraupebas.

Ao fundamentar a decisão, que não trata propriamente do trabalho em condições análogas à de escravo, frise-se bem, baseou-se no mesmo elemento de prova nos autos, principalmente com as máximas de experiência reconhecidas no art. 335 do Código de Processo Civil. Leo Rosenberg define como máximas de experiência, as regras de experiência e cultura geral que servem para a apreciação jurídica (subsunção) dos fatos, particularmente quando a aplicação do direito depende de juízos de valor e representam elementos essenciais da mesma norma jurídica aplicável. Ela se serve da premissa maior da norma jurídica no silogismo do Juízo judicial para a comprovação de fatos, em particular, na apreciação da prova para examinar o valor probatório do meio de prova, formando a premissa maior do silogismo judicial em relação à estimação das afirmações sobre os fatos[(4)].

Da referida decisão merece ser transcrita a seguinte passagem:

> Aliás, a existência de armazéns em empresas rurais, distantes de núcleos urbanos, tem servido ao longo do tempo para causar o surgimento de trabalho escravo. Isso porque o trabalhador acaba por contrair dívida muito acima de seu salário, sem nunca poder saldá-la, passando a trabalhar praticamente de graça para o patrão, como foi o caso dos trabalhadores em seringais, no período áureo da borracha e como se vê ainda em nossos tempos, em algumas fazendas no sul do Pará. Tribunal Regional do Trabalho da 8ª Região, Processo TRT-RO 2231/98, 1ª Turma, Rel. Juíza Maria Joaquina Siqueira Rebelo.

Esta consideração é extremamente importante para demonstrar que a jurisprudência reconhecia a prática do trabalho em condições análogas à de escravo

(4) ROSENBERG, Leo. *Tratado de derecho processual civil*. Trad. de Angela Romera Vera. Buenos Aires: Juridicas Europa-America, 1955. v. 2, t. II, p. 211.

mediante algumas situações típicas e alguns fatos peculiares desta modalidade de prestação laboral. A última decisão deixa claro que práticas como a venda de produtos alimentícios pelo próprio empregador não podem ser juridicamente aceitas, como forma de coibir situações que pudessem favorecer o surgimento de trabalho escravo.

Um grande salto positivo é verificado no combate ao trabalho em condições análogas à de escravo quando tal prática é questionada mediante ações civis públicas ajuizadas pelo Ministério Público do Trabalho. Este tipo de ação despersonifica o conflito entre o trabalhador e o empregador e, assim, poderia enfrentar melhor as ameaças de retaliações por parte dos empregadores mais violentos. Também tais ações já trazem uma prova pré-constituída, facilitando o julgamento e sensibilizando os magistrados para a dura realidade destes desafortunados trabalhadores.

Dentro do combate ao trabalho escravo, as elogiáveis ações concretas do Ministério do Trabalho e do Ministério Público do Trabalho merecem todo o destaque, principalmente pelos riscos que os integrantes de tais atividades correm pelo interior, ao constatarem a mencionada prática *in loco*. Suas ações muitas vezes são respondidas com atos violentos efetivos, ou mesmo cercados de atitudes intimidatórias contra as autoridades. O covarde assassinato de três integrantes do Ministério do Trabalho em Unaí, no Estado de Minas Gerais, até hoje sem punição efetiva dos culpados, é uma clara demonstração dos riscos ao combate desta chaga social.

As incursões do *Grupo Especial de Fiscalização Móvel* foram responsáveis pela libertação de um grande número de trabalhadores escravizados. Do mesmo modo e com a mesma coragem, os magistrados de primeiro grau que acompanhavam tais atividades, além de constatarem pessoalmente as condições de trabalho, procediam a libertação e a imediata entrega da prestação jurisdicional aos vitimados escravizados, determinando o pagamento das verbas trabalhistas sonegadas.

As ações civis públicas postulam a consideração da prática de trabalho em condições análogas à de escravo e a aplicação de penalidades aos maus empregadores, principalmente na reparação de danos morais coletivos. É uma importante iniciativa, fundamental para combater a prática do trabalho em condições análogas à de escravo, principalmente nos Estados do Pará, Mato Grosso, Maranhão e Tocantins. As mencionadas ações foram fundamentais para a construção de uma definição jurisprudencial do que era trabalho em tais condições.

Nessa esteira, a decisão da pioneira Ação Civil Pública ajuizada pelo Ministério Público do Trabalho n. 00491-2002-117-8-00, cujo recurso foi julgado pela 1ª Turma do E. Tribunal Regional do Trabalho da 8ª Região, em 17.12.2002, confirmou a decisão de primeiro grau, que condenou uma empresa agropecuária a pagar danos morais coletivos pela prática de trabalho em condições degradantes. A importância da decisão não reside somente na consideração da violação de direitos transindividuais de ordem coletiva, como também faz a caracterização do trabalho em condições análogas à de escravo dentro de um conceito mais abrangente. Uma determinada passagem daquela decisão é extremamente importante:

> No caso dos autos, entendo que todos os quesitos ficaram evidenciados, pois os empregados tiveram que se desligar do emprego, de forma abrupta, por força de fiscalização que detectou toda sorte de violência perpetrada contra as normas constitucionais que resguardam a segurança, higiene e medicina do trabalho.
>
> Ora, por evidente que a dispensa sem justo motivo tem a sua reparação com a percepção de indenização plena, o que foi reconhecido aos diversos empregados que lá se encontravam trabalhando em situação degradante, mas o dano moral tem uma conotação puramente subjetiva, ao contrário do dano patrimonial, que traz prejuízo material ao que sofre o dano.
>
> Pelo que destes autos consta, a reclamada imputou a um conjunto de trabalhadores que não se pode quantificar, pois aqueles que foram indenizados restringem-se aos que estavam no local por ocasião da fiscalização, o exercício de atividade profissional em condições sub-humanas, pois o ambiente de trabalho não tinha a menor salubridade, sem instalações higiênicas, sem água potável, com trabalho a céu aberto e não eram fornecidos os equipamentos de proteção.
>
> Essa atitude da ré abala o sentimento de dignidade, falta de apreço e consideração, tendo reflexos na coletividade, pois as normas que regem a matéria envolvendo a saúde, segurança, higiene e meio ambiente do trabalho e do trabalhador são de ordem pública. (Tribunal Regional do Trabalho da 8ª Região — 1ª Turma, Processo n. 5.309/2002, Rel. Juiz Convocado Luis José de Jesus Ribeiro)

Alguns pontos da decisão merecem destaque. Em primeiro lugar, a demonstração nos autos de que houve exigência de trabalho em condições degradantes, mantendo os trabalhadores em condições sub-humanas, foi suficiente para caracterizar uma forma de trabalho em condição análoga à de escravo, diversa daquela tradicional ideia baseada em aprisionamento físico ou por dívida, sem pagamento de salários ou mediante violência ou coação. Insta frisar bem que, na época, não havia ainda a nova redação do art. 149 do Código Penal.

Outro ponto importante é o reconhecimento da violação da dignidade dos trabalhadores, com reflexos na coletividade, impondo ao empregador faltoso o pagamento de indenização por dano moral coletivo. Trata-se de posicionamento extremamente adequado, posto que o reflexo da lastimável conduta verificada não atinge somente os trabalhadores e suas famílias. Toda a sociedade acaba sentindo os reflexos negativos desta conduta.

No entanto, a mesma empregadora foi condenada no Processo n. 01780-2003-117-8-00, em 23.2.2003, pela prática reiterada de exigência de trabalho em condições análogas à de escravo, só que desta vez a mesma turma elevou a condenação em danos morais coletivos para R$ 5.000.000,00 (cinco milhões de reais), destinada ao FAT — Fundo de Amparo ao Trabalhador.

Nesse mesmo sentido, outra decisão do E. Tribunal Regional do Trabalho da 8ª Região, também da 1ª Turma, em outra Ação Civil Pública originária da Vara de Paraupebas, afirmou o seguinte:

> TRABALHO EM CONDIÇÕES SUBUMANAS. DANO MORAL COLETIVO PROVADO. INDENIZAÇÃO DEVIDA. Uma vez provadas as irregularidades constatadas pela Delegacia Regional do Trabalho e consubstanciadas em Autos de Infração aos quais é atribuída fé pública (art. 364 do CPC), como também pelo próprio depoimento da testemunha do recorrente, é devida indenização por dano moral coletivo, vez que a só notícia da existência de trabalho escravo ou em condições sub-humanas no Estado do Pará e no Brasil faz com que todos os cidadãos se envergonhem e sofram abalo moral, que deve ser reparado, com o principal objetivo de inibir condutas semelhantes. Recurso improvido. Tribunal Regional do Trabalho da 8ª Região, 1ª Turma, Rel. Juíza Suzy Elizabeth Cavalcante Koury, Processo TRT-RO 4453/2003, Julgado em 30.9.2003.

A ementa acima transcrita aponta a consideração como trabalho escravo a exigência de trabalho mediante condições sub-humanas. Ela reconheceu o abalo e, principalmente, a vergonha de toda a sociedade, quando demonstrada essa situação. As principais constatações daqueles autos foram: a) a venda de gêneros alimentícios em armazém da empresa, permitindo vendas superiores aos próprios salários; b) trabalhadores sujeitos a ameaça contra sua vida; c) falta de assistência médica aos acidentados; d) exposição a risco de vida por falta de treinamento; e) falta de banheiros e sanitários nos alojamentos; f) inexistência de recolhimento de FGTS; g) venda de Equipamentos de Proteção Individual — EPIS; h) manter trabalhadores sem registro; i) submeter os trabalhadores a condições degradantes, como alojamentos precários, sem banheiros, sem água potável, com cobertura de lona preta e palha.

Importante notar que diversas situações caracterizaram o trabalho escravo, não somente a violência contra a liberdade dos trabalhadores, mas as lamentáveis condições de trabalho, sem o menor respeito aos direitos trabalhistas, bem como aos requisitos mínimos devidos à vida humana em condições dignas.

Por seu turno uma decisão do Tribunal Regional do Trabalho da 10ª Região, de 7.5.2003, demonstra que as condições sub-humanas de trabalho caracterizam o trabalho escravo, como a atenção especial e a repulsa que o Poder Judiciário deve ter em relação a tais práticas. A decisão do Des. Ribamar Lima Júnior realça que a inexistência de empregados acorrentados, de vigilância ostensiva armada, muito menos o endividamento dos trabalhadores, não afasta a existência de trabalho em condições análogas à de escravo.

A decisão de segundo grau, que reformou a sentença recorrida, apontou que para a caracterização do trabalho escravo basta, como exemplo, *a falta de condução, a falta de dinheiro, carência de alimentação, da longa distância ou difícil acesso ao local de trabalho, além de seu afastamento das autoridades fiscalizadoras.* Apontou o relator que a pretensão do Ministério Público do Trabalho foi fundada no pedido de reconhecimento de condição de trabalho análoga à de escravo, sendo importante frisar que tal condição foi postulada na referida ação, antes da alteração do art. 149 do Código Penal.

A ementa da referida decisão deixa bem claro o seu propósito em favor da condenação em danos morais: a de reconhecer situações como a verificada naqueles autos como condição análoga à de escravo e, condenar a empresa ré ao pagamento da indenização por dano moral coletivo. Assim expressou a ementa da importante decisão, *verbis*:

> DANO MORAL. TRABALHO EM CONDIÇÕES ANÁLOGAS À DE ESCRAVO. Além de justa a reparação do dano moral requerida, bem como da procedência das verbas rescisórias trabalhistas reivindicadas em consequência do aludido dano, também justificador da extinção das relações empregatícias, torna-se impostergável um indispensável e inadiável "Basta!" à intolerável e nefasta ofensa social e retorno urgente à decência das relações humanas de trabalho. Torna-se, portanto, urgente a extirpação desse cancro do trabalho forçado análogo ao de escravo que infeccionou as relações normais de trabalho, sob condições repulsivas da prestação de serviços tão ofensivas à reputação do cidadão brasileiro com negativa imagem do País, perante o mundo civilizado. Processo 00073-2002-811-10-00-6 RO, Tribunal Regional do Trabalho da 10ª Região, 2ª Turma, Julgado em 7.5.2003, DJ de 30.05.2003, Rel. Des. Ribamar Lima Jr.

A construção jurisprudencial formulada ao longo dos primeiros anos da primeira década do milênio encontrou seus alicerces na consideração das condições análogas à de um escravo mediante um conceito mais contemporâneo. Foi abandonado o critério tradicional do trabalho escravo como a jurisprudência entendia naquela época, e também mais adiante. Conforme uma decisão do Supremo Tribunal Federal, proferida em 2007, o critério prevalecente ainda era o de cerceio à liberdade de ir e vir, como demonstra a ementa abaixo transcrita:

> TRABALHO ESCRAVO — DESCUMPRIMENTO DE NORMAS DE PROTEÇÃO AO PRESTADOR DE SERVIÇOS. O simples descumprimento de normas de proteção ao trabalho não é conducente a se concluir pela configuração de trabalho escravo, pressupondo este o cerceio à liberdade de ir e vir. Supremo Tribunal Federal, RE 466.508-MA, Proferido em 2.10.2007, 1ª Turma, Rel. Min. Marco Aurélio, votação unânime.

No sentido de uma jurisprudência que superasse o inadequado conceito tradicional acima exposto, a decisão proferida pelo Tribunal Regional do Trabalho da 8ª Região no processo 00682-2003-114-08-00-9, deixa claro que a consideração do trabalho em condições análogas à de escravo são aquelas que ferem o respeito à dignidade humana do trabalhador. Nesse sentido, a ementa afirma que:

> AÇÃO CIVIL PÚBLICA — TRABALHO RURAL EM CONDIÇÕES ANÁLOGAS À DE ESCRAVO. DANO MORAL COLETIVO. INTERESSES DIFUSOS E COLETIVOS. O pedido de

indenização por dano moral coletivo não se confunde com o pleito de reparação dos danos individualmente sofridos pelo trabalhador. A indenização por dano moral coletivo tem a mesma natureza pedagógica-preventiva, mas também visa reparar a ordem jurídica violada e os interesses difusos e coletivos da sociedade, indignada pela transgressão dos direitos mais comezinhos do cidadão-trabalhador, retirando--lhe a garantia constitucional do respeito e dignidade da pessoa humana. Tribunal Regional do Trabalho da 8ª Região, 3ª Turma, Processo 00682-2003-114-08-00-9, Rel. Juiz Antonio Oldemar Coelho dos Santos, de 13.04.2005.

As práticas mencionadas no feito em questão envolviam: a) coação, fraude, erro ou dolo, no sentido de compelirem os trabalhadores da fazenda a utilizarem armazém ou cantina; b) imposição de sanções em função de dívidas ilegais; c) falta de anotação da carteira profissional dos trabalhadores; d) pagamento de salários utilizando bebidas alcoólicas ou drogas nocivas; e) inobservância de descansos; f) fornecer recibos de pagamento de salário discriminados; g) fornecimento de Equipamentos de Proteção Individual — EPIS, os quais eram cobrados dos trabalhadores.

A referida decisão já se baseia no tipo penal introduzido pela Lei n. 10.803/2003, apontando que foram encontradas armas utilizadas pelos seguranças da fazenda dentro da propriedade rural, fornecimento de equipamentos de trabalho a título oneroso, restrição à liberdade de ir e vir por conta de dívidas manifestamente abusivas, tratamento degradante relativamente às condições de higiene e segurança e aliciamento de mão de obra com uso de "gatos".

Efetivamente, a simples leitura da decisão na íntegra causa revolta diante das condições em que foram encontrados os trabalhadores, bem como a prepotência dos proprietários da fazenda. Um deles afirmou que "não iria fornecer hotel cinco estrelas para peão". São situações que pedem ações enérgicas contra os aproveitadores desta modalidade de trabalho.

E, no mesmo sentido, a decisão proferida no processo 01327-2003-112-08-00-4, do Tribunal Regional do Trabalho da 8ª Região, em 4.10.2005, da lavra do Juiz Georgenor de Sousa Franco Filho, da 1ª Turma, ao afirmar na primeira parte da ementa que:

> I. TRABALHO FORÇADO. DANO MORAL COLETIVO. A prática do trabalho forçado viola um dos mais importantes fundamentos da República Federativa do Brasil, qual o da dignidade da pessoa humana (art. 1º, III, da Constituição). A sociedade deve combatê-lo. O Estado deve reprimi-lo. O Poder Judiciário, então, deve agir, quando provocado, no sentido de restabelecer o cumprimento dessa norma. Logo, caracterizado o trabalho forçado, é evidente o dano moral coletivamente considerado, que vulnera o respeito indispensável a que todo ser humano tem direito. Processo 01327-2003-112-08-00-4, Tribunal Regional do Trabalho da 8ª Região, em 4.10.2005, 1ª Turma, Rel. Juiz Georgenor de Sousa Franco Filho.

Importante frisar que, no caso acima, a decisão reconheceu a existência de trabalho forçado, adotando a terminologia utilizada pela Organização Internacional do Trabalho, adequando-a à situação em que os trabalhadores tinham seu direito de ir e vir restrito, bem como estavam aprisionados pelo sistema de contração de dívidas inaceitáveis. Segundo a referida decisão, esta forma de limitação da liberdade do trabalhador fere o respeito à dignidade do ser humano.

Com apoio na doutrina especializada, o Tribunal Regional do Trabalho da 8ª Região, por meio da decisão da lavra do Des. Lúcio Vicente Castiglioni, caracterizou o trabalho em condições análogas à de escravo da seguinte forma:

> DANO MORAL COLETIVO. TRABALHO EM CONDIÇÕES DEGRADANTES. CARACTERIZAÇÃO. Afigura-se perfeitamente possível a ocorrência de dano moral coletivo proveniente de perversas relações de trabalho, quando em detrimento da dignidade da pessoa humana e de sua liberdade, na hipótese de restar configurado o trabalho em condições análogas à escravidão, em razão de sua ampla repercussão perante a sociedade mundial e o transtorno social causado: "... se o trabalhador presta serviços exposto à falta de segurança e com riscos a sua saúde, temos o trabalho em condições degradantes. Se as condições de trabalho mais básicas são negadas ao trabalhador, como o direito de trabalhar em jornada razoável e que proteja sua saúde, garanta-lhe descanso e permita o convívio social, há trabalho em condições degradantes. Se, para prestar o trabalho, o trabalhador tem limitações na sua alimentação, na sua higiene, e na sua moradia, caracteriza-se o trabalho em condições degradantes. Se o trabalhador não recebe o devido respeito que merece como ser humano, sendo, por exemplo, assediado moral ou sexualmente, existe trabalho em condições degradantes". (BRITO FILHO, José Cláudio Monteiro de. *Trabalho com redução do homem a condição análoga à de escravo e dignidade da pessoa humana*). Processo 00611-2004-118-08-00-2, Tribunal Regional do Trabalho da 8ª Região, 2ª Turma, Rel. Lúcio Vicente Castiglioni, 2ª Turma, 14.12.2005.

A decisão realça a posição doutrinária de José Cláudio Monteiro de Brito Filho ao afirmar que a consideração do trabalho escravo não está restrita ao cerceamento da liberdade do trabalhador. Ao contrário, a doutrina tem se curvado ao reconhecimento de que o trabalho prestado em condições degradantes e em jornadas exaustivas, como foi verificado naquele feito, também pode ser considerado como tal modalidade de trabalho. O acórdão menciona a lição do referido juslaborista no seguinte sentido: trabalho degradante é aquele que fere a dignidade que o ser humano deva receber, em especial a falta de garantias mínimas de saúde e segurança, faltando a ele as condições mais elementares.

Acompanhando a tendência de reconhecimento da violação da obrigação de tratamento digno a qualquer ser humano, o Tribunal Regional do Trabalho da 3ª Região, mediante voto condutor da Des. Maria Lúcia Cardoso de Magalhães, proferida no processo 00227-2005-129-03-00-1, de 8.7.2006, assim definiu o trabalho em condições análogas à de escravo:

> TRABALHO EM CONDIÇÕES ANÁLOGAS À DE ESCRAVO. DANO MORAL COLETIVO. Dadas as condições degradantes em que se encontravam os trabalhadores, restaram violados os direitos humanos, violação essa que o Brasil comprometeu-se a reprimir em decorrência de Tratados Internacionais. Tribunal Regional do Trabalho da 3ª Região,

3ª Turma, Rel. Des. Maria Lúcia Cardoso de Magalhães, Processo 00227-2005-129-03-00-1, Proferido em 8.7.2006.

Da referida decisão, merece destaque o reconhecimento de que a exigência de trabalho em tais condições fere os tratados internacionais de direitos humanos dos quais o Brasil é signatário. Tais tratados assumem valor de norma constitucional se incorporados ao nosso ordenamento antes da Emenda Constitucional n. 45, de 2004, conforme a redação então vigente do § 2º do art. 5º da nossa Carta política.

Na mesma esteira, é importante destacar a decisão proferida pelo Tribunal Regional do Trabalho da 5ª Região, no processo 0071500-16.2006.5.05.0661 RO, por meio de voto condutor da Des. Dalila Andrade, da 2ª Turma daquela Corte. Não obstante a questão fosse uma matéria de cunho administrativo referente a um auto de infração lavrado pelo Ministério do Trabalho, a decisão assim se posiciona:

> RELAÇÃO DE EMPREGO. CONDIÇÕES DE TRABALHO DESUMANAS E DEGRADANTES CONFIGURANDO O CRIME DE REDUÇÃO À CONDIÇÃO ANÁLOGA À DE ESCRAVO. AUTO DE INFRAÇÃO DO MINISTÉRIO DO TRABALHO E EMPREGO. SUBSISTÊNCIA. É inadmissível que, em pleno século XXI, empresa agrícola localizada em uma das regiões mais ricas do Estado da Bahia, onde ocorre o plantio e cultivo de soja, contrate empregados, sujeitando-os a condições de trabalho desumanas e degradantes, alojando-os em barracas de zinco, de chão batido, sem camas, muito menos instalações sanitárias ou refeitórios. Tal conduta, além de violar preceitos internacionais, como a Declaração Universal dos Direitos Humanos que estabelece, no art. 23, que "Toda a pessoa tem direito ao trabalho, à livre escolha do trabalho, a condições equitativas e satisfatórias de trabalho", ofende princípios fundamentais da Carta Magna consistentes na dignidade da pessoa humana, no valor social do trabalho e na proibição de trabalho desumano ou degradante (incisos III e IV do art. 1º e inciso III do art. 5º). Processo 0071500-16.2006.5.05.0661, Ac. n. 019282/2007, Relatora Des. Dalila Andrade, 2ª Turma, DJ 7.8.2007.

Importante destacar na referida decisão a alusão à violação do art. 23 da Declaração Universal dos Direitos do Homem, que possui como base ético-filosófica o respeito à condição que cada um dos seres humanos deve receber, iguais em direitos e em dignidade. Ainda que a referida norma internacional seja uma declaração de direitos e, de tal forma, não tenha força vinculante como tratado, não custa lembrar a gravidade da conduta do trabalho escravo ao violar diretamente a principal norma de direitos humanos existente no planeta.

O caminho traçado pela jurisprudência trabalhista, no sentido de conceber o reconhecimento do trabalho em condições análogas à de um escravo, para as situações que violem a dignidade da pessoa humana do trabalhador, alcançou o Tribunal Superior do Trabalho em 2007.

Em uma decisão com forte valoração humanista, o Min. Aloysio Corrêa da Veiga, da 6ª Turma, proferiu a decisão abaixo transcrita. Ela é importante em dois pontos: o primeiro é reconhecer o instrumento da ação civil pública como adequado para defesa de direitos transindividuais. O segundo aspecto a ser destacado é que a decisão reconhece o direito à reparação de dano moral que atingiu toda a coletividade, quando praticados atos passados que violem a honra e a dignidade dos trabalhadores envolvidos, ainda que a situação tenha sido resolvida.

> AGRAVO DE INSTRUMENTO. AÇÃO CIVIL PÚBLICA. DANO MORAL COLETIVO. REPARAÇÃO. POSSIBILIDADE. ATO ATENTATÓRIO À DIGNIDADE DOS TRABALHADORES RURAIS DA REGIÃO. Não resta dúvida quanto à proteção que deve ser garantida aos interesses transindividuais, o que encontra-se expressamente delimitado no objetivo da ação civil pública, que busca garantir à sociedade o bem jurídico que deve ser tutelado. Trata-se de um direito coletivo, transindividual, de natureza indivisível, cujos titulares são os trabalhadores rurais da região de Minas Gerais ligados entre si com os recorrentes por uma relação jurídica base, ou seja, o dispêndio da força de trabalho em condições que aviltam a honra e a dignidade e na propriedade dos recorridos. Verificado o dano à coletividade, que tem a dignidade e a honra abaladas em face do ato infrator, cabe a reparação, cujo dever é do causador do dano. O fato de ter sido constatada a melhoria da condição dos trabalhadores em nada altera o decidido, porque, ao inverso da tutela inibitória que visa coibir a prática de atos futuros, a indenização por danos morais visa reparar lesão ocorrida no passado, e que, de tão grave, ainda repercute no seio da coletividade. Incólumes os dispositivos de lei apontados como violados e inespecíficos os arestos é de se negar provimento ao agravo de instrumento. Processo: AIRR — 56140-15.2004.5.03.0096. Data de Julgamento: 3.10.2007, Relator Ministro Aloysio Corrêa da Veiga, 6ª Turma, DJ 19.10.2007.

Acompanhando este entendimento, uma decisão interessante do Tribunal Regional do Trabalho da 3ª Região destaca que a exigência de trabalho em condições análogas à de um escravo, não somente atinge as vítimas mas, também, as coletividades titulares de direitos transindividuais. Nesse sentido, a referida decisão baseia-se no escólio de Xisto Tiago de Medeiros Neto, apontando as mazelas que o trabalho em tais condições proporciona.

> AÇÃO CIVIL PÚBLICA — CONDIÇÕES DEGRADANTES DE TRABALHO — DANO MORAL COLETIVO — Na lição de Francisco Milton Araújo Júnior, "o dano moral pode afetar o indivíduo e, concomitantemente, a coletividade, haja vista que os valores éticos do indivíduo podem ser amplificados para a órbita coletiva. Xisto Tiago de Medeiros Neto comenta que 'não apenas o indivíduo, isoladamente, é dotado de determinado padrão ético, mas também o são os grupos sociais, ou seja, as coletividades, titulares de direitos transindividuais. (...)'. Nessa perspectiva, verifica-se que o trabalho em condições análogas à de escravo afeta individualmente os valores do obreiro e propicia negativas repercussões psicológicas em cada uma das vítimas, como também, concomitantemente, afeta valores difusos, a teor do art. 81, parágrafo único, inciso I, da Lei n. 8.078/1990, haja vista que o trabalho em condição análoga à de escravo atinge objeto indivisível e sujeitos indeterminados, na medida em que viola os preceitos constitucionais, como os princípios fundamentais da dignidade da pessoa humana (art. 1º, III) e dos valores sociais do trabalho (art. 1º, IV), de modo que não se pode declinar ou quantificar o número de pessoas que sentirá o abalo psicológico, a sensação de angústia, desprezo, infelicidade ou impotência em razão da violação das garantias

constitucionais causada pela barbárie do trabalho escravo" (Dano moral decorrente do trabalho em condição análoga à de escravo: âmbito individual e coletivo. *Revista do TST*, Brasília, v. 72, n. 3, p. 99, set./dez. 2006). Tribunal Regional do Trabalho da 3ª Região, 6ª Turma, Rel. Des. Jorge Berg de Mendonça, proferido em 22.11.2008.

A favor do entendimento que o trabalho em condições análogas à de escravo também envolve a existência de condições degradantes de trabalho que violem a dignidade da pessoa humana do trabalhador, o Supremo Tribunal Federal, por intermédio do seu Tribunal Pleno, com voto condutor do Min. Joaquim Barbosa, finalmente reconheceu tal situação. O fez incidentalmente em uma decisão proferida em um Recurso Extraordinário de natureza penal, no qual os recorrentes discutiam a competência da Justiça Federal e da Justiça Comum para apreciar a acusação da prática de diversos delitos relacionados ao trabalho.

A ementa da referida decisão não faz alusão expressa à caracterização da condição análoga à de escravo, quando menciona que a competência é da Justiça Federal para apreciação de crimes que versam sobre trabalho em condições análogas à de escravo.

> DIREITO PENAL E PROCESSUAL PENAL — ART. 149 DO CÓDIGO PENAL — REDUÇÃO À CONDIÇÃO ANÁLOGA À DE ESCRAVO — TRABALHO ESCRAVO — DIGNIDADE DA PESSOA HUMANA — DIREITOS FUNDAMENTAIS — CRIME CONTRA A COLETIVIDADE DOS TRABALHADORES — ART. 109, VI, DA CONSTITUIÇÃO FEDERAL — COMPETÊNCIA — JUSTIÇA FEDERAL — RECURSO EXTRAORDINÁRIO PROVIDO — A Constituição de 1988 traz um robusto conjunto normativo que visa à proteção e efetivação dos direitos fundamentais do ser humano. A existência de trabalhadores a laborar sob escolta, alguns acorrentados, em situação de total violação da liberdade e da autodeterminação de cada um, configura crime contra a organização do trabalho. Quaisquer condutas que possam ser tidas como violadoras não somente do sistema de órgãos e instituições com atribuições para proteger os direitos e deveres dos trabalhadores, mas também dos próprios trabalhadores, atingindo-os em esferas que lhes são mais caras, em que a Constituição lhes confere proteção máxima, são enquadráveis na categoria dos crimes contra a organização do trabalho, se praticadas no contexto das relações de trabalho. Nesses casos, a prática do crime prevista no art. 149 do Código Penal (Redução à condição análoga à de escravo) se caracteriza como crime contra a organização do trabalho, de modo a atrair a competência da Justiça Federal (art. 109, VI da Constituição) para processá-lo e julgá-lo. Recurso extraordinário conhecido e provido. (STF — RE 398.041-6 — Rel. Joaquim Barbosa — DJe 19.12.2008 — p. 103)

No entanto, o v. acórdão menciona claramente que a prática dos atos alegados naquele feito atenta contra o respeito da dignidade humana de cada trabalhador, da seguinte forma:

> A meu sentir, a "organização do trabalho" a que alude o dispositivo em dis-cussão deve necessariamente englobar um outro elemento: o "homem", compreen-dido na sua mais ampla acepção, abarcando aspectos atinentes à sua liberdade, autodeterminação e dignidade.

E em outra passagem:

> Assim, Senhor Presidente, entendo que, no contexto das relações do trabalho — contexto este que como já disse, sofre o influxo do princípio constitucional da dignidade da pessoa humana, o qual ilumina todo o sistema jurídico-constitucional, a prática do crime prevista no art. 149 do Código Penal se caracteriza como crime contra a organização do trabalho.

Fica claro, então, que o reconhecimento que a exigência do trabalho em condições análogas à de escravo implica em grave violação da dignidade do ser humano. Daí a decisão proferida pela 2ª Turma do mesmo Tribunal, no recurso extraordinário RE 541627, publicada em 20.11.2008, afirmou a seguinte colocação no item 6 de sua extensa ementa:

> As condutas atribuídas aos recorridos, em tese, violam bens jurídicos que extrapolam os limites da liberdade individual e da saúde dos trabalhadores reduzidos à condição análoga à de escravos, malferindo o princípio da dignidade da pessoa humana e da liberdade do trabalho. Supremo Tribunal Federal, 2ª Turma, RE 541.627, de 14.10.2008, Rel. Min. Ellen Gracie, DJ 20.11.2008.

A decisão do E. Supremo Tribunal Federal acima transcrita reconhece a construção jurisprudencial no sentido de que as condições análogas à de escravo não somente atentam contra a liberdade, mas contra a integridade e a dignidade do trabalhador, implicando em um conceito muito mais amplo que o tradicional conceito de escravidão. A jurisprudência cunhada no início da primeira década do milênio, em poucos anos veio a ser reconhecida pelas Cortes superiores, bem como pela alteração do Código Penal.

Mais recentemente, analisando uma daquelas ações civis públicas ajuizadas em 2003 no Estado do Pará, o Tribunal Superior do Trabalho decidiu da seguinte forma uma questão envolvendo reiterada prática de trabalho em condições análogas à de escravo:

> RECURSO DE REVISTA — DANO MORAL COLETIVO — REDUÇÃO DE TRABALHADOR A CONDIÇÃO ANÁLOGA À DE ESCRAVO — REINCIDÊNCIA DAS EMPRESAS — VALOR DA REPARAÇÃO. O Tribunal local, com base nos fatos e nas provas da causa, concluiu que as empresas reclamadas mantinham em suas dependências trabalhadores em condições análogas à de escravo e já haviam sido condenadas pelo mesmo motivo em ação coletiva anterior. Com efeito, a reprovável conduta perpetrada pelos recorrentes culmina por atingir e afrontar diretamente a dignidade da pessoa humana e a honra objetiva e subjetiva dos empregados sujeitos a tais condições degradantes de trabalho, bem como, reflexamente, afeta todo o sistema protetivo trabalhista e os valores sociais e morais do trabalho, protegidos pelo art. 1º da Constituição Federal. O valor da reparação moral coletiva deve ser fixado em compatibilidade com a violência moral sofrida pelos empregados, as condições pessoais e econômicas dos envolvidos e a gravidade da lesão aos direitos fundamentais da pessoa humana, da honra e da

integridade psicológica e íntima, sempre observando os princípios da razoabilidade e proporcionalidade. Na hipótese, ante as peculiaridades do caso, a capacidade econômica e a reincidência dos recorrentes, deve ser mantido o *quantum* indenizatório fixado pela instância ordinária. Intactas as normas legais apontadas. Recurso de revista não conhecido. Processo: RR n. 178000-13.2003.5.08.0117 Data de Julgamento: 18.8.2010, Relator Ministro: Luiz Philippe Vieira de Mello Filho, 1ª Turma. Data de Publicação: DEJT 27.8.2010.

A mencionada decisão do Tribunal Superior do Trabalho, bem mais recente, reconhece como elementos caracterizadores do trabalho em condições análogas à de escravo os seguintes componentes: a) afronta direta à dignidade do ser humano; b) ofensa à honra objetiva e subjetiva dos empregados sujeitos a condições degradantes de trabalho.

Uma recente decisão do Tribunal Regional do Trabalho da 15ª Região explica bem a evolução da jurisprudência sobre o trabalho escravo. O voto da Juíza Convocada Luciane Storel da Silva procura, com sucesso, exemplificar o trabalho em condições análogas à de escravo, da seguinte forma:

DIREITO CONSTITUCIONAL. DIREITO DO TRABALHO. TRABALHO EM CONDIÇÕES ANÁLOGAS À DE ESCRAVO. RECURSO ATENTATÓRIO. SITUAÇÃO FÁTICA FARTAMENTE COMPROVADA. LITIGÂNCIA DE MÁ-FÉ. A escravidão, o trabalho forçado e a servidão por dívida possuem características próprias, mas todas essas figuras constituem violação dos direitos humanos fundamentais, especialmente o da dignidade humana. Na realidade, a multiplicidade de casos práticos de exploração da mão de obra humana contemporânea não permite firmar posicionamento acerca de uma sociedade tipicamente escravagista, mas se pode falar, como se tem falado, em trabalho escravo contemporâneo ou neoescravidão, no qual o ser humano é levado ao extremo da exploração, tratado como bicho, sem reconhecimento e concessão de direitos mínimos de sobrevivência digna e os que não aceitam são simplesmente descartados, sabendo-se, inclusive, do descarte por assassinatos de crueldade inigualável. Nossa Constituição Federal, seguindo esse norte, houve por bem fixar como um dos pilares do Estado Democrático o valor social do trabalho, que ombreia o valor da livre iniciativa, mas não é menos importante. Infraconstitucionalmente, o Brasil já adotou algumas medidas contra o trabalho escravo contemporâneo, como se vê do art. 149 do Código Penal, com reação dada pela Lei n. 10.803/2003. Ainda, o Brasil é signatário das convenções internacionais que pretendem erradicar o trabalho forçado, as normas que ensejam a aplicação de sanções aos exploradores encontram respaldo constitucional, já que diretamente ligados aos direitos humanos. Neste caminho, o Ministério Público do Trabalho e o Ministério do Trabalho e Emprego têm empenhado-se no combate ao trabalho escravo contemporâneo, sendo que os empresários rurais que o praticam são incluídos numa "lista suja", periodicamente editada, impedindo-os que se utilizem de auxílios e incentivos fiscais, justamente porque o Estado não pode validar e, mais do que isso, incentivar essa prática, por meio da concessão de incentivos, oriundos dos cofres públicos, com empregadores que, por meio desse exercício, colocam-se diametralmente opostos aos princípios e pilares democráticos insculpidos em nossa Magna Carta, como alhures dito. A realidade dos autos exalta que o empreendimento da Reclamada utiliza-se de trabalho forçado, em ambiente degradante, com condições ostensivamente inadequadas, mantendo os trabalhadores sem liberdade de locomoção, em verdadeiro exílio, em evidente afronta à dignidade da pessoa humana e ao valor social do trabalho, insculpidos no art. 1º, CF, além do art. 5º e seu § 2º, nele se incluindo as Convenções Internacionais ns. 29 e 105, ratificadas pelo Brasil, o art. 7º, ambos da CF, além de tipificado o crime do art. 149 do CP. Acresço, ainda, que, do painel probatório extrai-se que, de fato, os trabalhadores ficavam dias inteiros sem água, inclusive para o banho, sendo comum faltar papel higiênico, a comida não era suficiente, algumas vezes chegava estragada. Ainda, extrai-se que o número de banheiros e vasos sanitários era insuficiente e, "como eram muitos homens o banheiro não tinha como parar limpo", além de a comida, por vezes, chegar morna ou fria e não haver local para aquecer as marmitas, nem mesmo para armazenar mantimentos (geladeiras). Por esse esposado, conclui-se que o recurso da Reclamada é um verdadeiro atentado ao bom-senso, revelando nitidamente sua má-fé, tentando esquivar-se maliciosamente da realidade que a sua própria testemunha, e seu depoimento pessoal, confirmam, colhendo pequenas frases para tirá-las do contexto e dar sustento a seu recurso. Diante disso, nos termos dos arts. 14 e 17 do CPC, a Reclamada deve responder pelas penas por litigância de má-fé, devendo arcar com multa no valor de 1% do valor da causa e indenização de 20%, também sobre o valor da causa, que deverá ser atualizado para esse fim, ambas reversíveis ao Reclamante. Recurso da Reclamada não provido. Tribunal Regional do Trabalho da 15ª Região, Processo n. 0061700-74.2008.5.15.0156, 2ª Turma, Rel. Juíza Convocada Luciane Storel da Silva, publicado em 16.4.2010.

O ponto mais interessante da referida decisão é a consideração de que o trabalho em condições análogas à de escravo, seja por qual meio for (trabalho escravo, servidão por dívida ou trabalho forçado), possui características próprias, mas o mesmo elemento comum: a violação da dignidade da pessoa humana do trabalhador. A decisão aponta para o tratamento indigno, tal qual fosse "tratado como bicho", sem reconhecimento de direitos mínimos de sobrevivência digna.

Chama a atenção as condições indignas que foram praticadas no Estado de São Paulo, o que dispõe de melhores condições econômicas do País. A constatação da referida decisão demonstra que o trabalho em condições análogas à de escravo vem caminhando para as localidades com economia mais pujante, utilizando-se das práticas verificadas no início da década passada nas comunidades mais longínquas.

Conclusão

Como pode ser visto, o papel da jurisprudência trabalhista foi fundamental para cunhar uma definição mais precisa do que seja trabalho em condições análogas à de escravo. As primeiras decisões reconheciam a prática, no entanto, com uma postura muito mais audaciosa, a jurisprudência procurou erigir bases para a construção de um conceito de trabalho em condições análogas à de escravo bem além da antiquada conceituação de escravidão.

Mas ainda há muito caminho para outros avanços. Falta o reconhecimento de práticas processuais mais eficientes, suficientemente reconhecidas para atender a tais demandas judiciais, principalmente no que tange à obtenção das provas. Tratando-se de conduta discriminatória, os princípios processuais utilizados a favor da proibição da discriminação podem ser utilizados também em tais casos, especialmente a inversão do ônus da prova, quando apresentada alguma situação de verossimilhança de trabalho em tais condições.

O papel da jurisprudência vem sendo decisivo para o combate desta terrível chaga, procurando adequar a caracterização do trabalho escravo a novas formas de exploração do trabalho humano. Sem o arrojo verificado nas decisões acima, certamente o Brasil não teria se tornado uma referência mundial no combate ao trabalho escravo. O Poder Judiciário de um modo geral, a Justiça do Trabalho em particular, vêm contribuindo muito para esta árdua e incessante tarefa.